MAURICE DONNAY

DE L'ACADÉMIE FRANÇAISE

—

MOLIÈRE

—

HUITIÈME ÉDITION

—

PARIS

ARTHÈME FAYARD et Cⁱᵉ, ÉDITEURS

18-20, RUE DU SAINT-GOTHARD

MOLIERE

8° Ln²⁷
60716
A

MAURICE DONNAY

DE L'ACADÉMIE FRANÇAISE

—

MOLIÈRE

PARIS

ARTHÈME FAYARD, ÉDITEUR

18 ET 20, RUE DU SAINT-GOTHARD

MOLIERE [1]

L'Enfance et l'Education

J'ai à vous parler de Molière. Prendre la parole sur un si grand sujet, le 1ᵉʳ février 1911, vous raconter la vie et les ouvrages de cet auteur, avoir une opinion sur ses comédies après Boileau qui l'a connu, après Voltaire, après Sainte-Beuve, Saint-Marc Girardin, et Weiss, et Brunetière, et Jules Lemaître, cela m'apparaît à moi-même d'une grave outrecuidance ; c'est une entreprise dont, seul, je n'aurais jamais eu l'idée. Cette idée, elle est venue pourtant à l'esprit des amis de ces conférences : devant leur cordiale insistance et, comme je n'ai pas de volonté, j'ai entrepris cet énorme travail de relire et, le plus souvent, de lire pour la première fois, tout ce qui

(1) Ce cours a été professé à la Société des Conférences (Février-Avril 1911).

a été écrit depuis plus de deux siècles sur Molière. Oui, on veut tout lire pour ne pas répéter ce que d'autres ont dit. Quel enfantillage ! Mais tout lire, ce n'est pas possible ; il faudrait être prévenu au moins trois ans d'avance ; il y a autour de Molière un formidable travail d'exégèse : écrits relatifs aux pièces, écrits biographiques et littéraires, c'est une grosse bibliothèque. Ce n'est jamais fini d'écrire et de parler sur Molière. Il y a deux ans, M. Abel Lefranc faisait un cours, au Collège de France, sur Molière. Dernièrement, M. Eugène Rigal réunissait en deux volumes une série d'études très intéressantes et très personnelles sur Molière ; et ce n'est pas seulement en France que l'on est dans ce train, mais en Angleterre et en Allemagne.

Eh bien, n'ayant pu matériellement tout entendre et tout lire, je pense que pour parler de Molière avec quelque espoir de pouvoir dire sur son génie des choses nouvelles, et peut-être même pour dire véritablement quelque chose de nouveau, il vaudrait mieux n'avoir rien lu... que ses ouvrages à lui. Oui, pour sa tranquillité personnelle, il vaudrait mieux les avoir lus dans une de ces éditions publiées au commencement du siècle dernier, par exemple l'édition imprimée en 1823 par Firmin-Didot, une merveille de typographie, avec les notes de tous les commentateurs jusqu'à ce jour, parmi lesquels Bret, Cailhava, Népomucène Lemercier, Riccoboni, et les notes nouvelles de Jules Taschereau. Avec des remarques grammaticales un peu pionnes, des commentaires judicieux et moraux, des critiques parfois un peu naïves, une telle édition ne vous trouble pas. Mais on ne peut conserver aucune illusion sur ses propres connaissances, si l'on a manié la belle édition de MM. Eugène Despois et Paul Mesnard, un monument de savoir et d'érudition.

La première biographie de Molière que nous ayons, courte mais bonne, sobre mais exacte, est celle que le comédien La Grange écrivit en 1682 pour la première édition des œuvres complètes du poète. On chercherait en vain, dans cette Préface de 1682, des indiscrétions sur la vie privée ; il n'y est parlé que de l'auteur, de ses pièces, pas une seule fois de ce qu'on croyait, à cette heureuse époque, ne pas intéresser le public. Comme on se trompait !

En 1705, Le Gallois, sieur de Grimarest, fit paraître une *Vie de M. de Molière*. Grimarest n'avait pas connu son personnage, mais il avait interrogé des contemporains. En outre, il était lié avec le comédien Baron, l'élève et, dans sa jeunesse, le protégé de Molière. Baron racontait, Grimarest écrivait. De là un petit livre rempli d'anecdotes, de souvenirs, présentés sans ordre et sans style et, surtout, sans l'ombre de scepticisme. Grimarest affirme les faits avec une assurance qui nous touche. Chemin faisant, il commet quelques erreurs, ce qui mettait Boileau en colère, mais lui, il a la conscience calme. « On « ignore ce grand Homme, dit-il, le Public est « rempli d'une infinité de fausses Histoires à son

« occasion... J'en ai eu plus de peine à dévelop-
« per la vérité, mais je la rends sur des Mé-
« moires très assurés et je n'ai point épargné les
« soins pour n'avancer rien de douteux. J'ai
« écarté aussi beaucoup de faits domestiques qui
« sont communs à toutes sortes de personnes ;
« mais je n'ai point négligé ceux qui peuvent
« réveiller mon lecteur ». Evidemment, réveiller
le lecteur ou l'auditeur, tout est là. Cependant
ces quelques lignes de Grimarest témoignent d'un
grand souci d'être bien informé et, somme toute,
son petit livre contient bon nombre de bons renseignements et de traits véritables qui n'ont pas
encore été démentis. Voltaire s'est contenté de
le récrire en l'abrégeant et, jusqu'à la fin du dix-
huitième siècle, c'est Grimarest qui est consulté
et qui fait foi.

Mais en 1821, avec Beffara, un commissaire de
police moliériste (on peut employer ce mot, il est
de 1652), avec Beffara et Jules Taschereau, la
biographie de Molière entre dans la voie docu-
mentaire, critique, historique, scientifique, moderne. Il faudrait une grande heure rien que
pour lire la liste des ouvrages qui ont été écrits
sur Molière, sa famille, sa belle famille, ses comédiens, ses amis, ses ennemis, ses indifférents,
depuis la petite brochure de Beffara et le livre
de Taschereau, en passant par Eudore Soulié,
Bazin, Louis Moland, Loiseleur, Chardon et tant
d'autres, jusqu'à la belle notice biographique de
Paul Mesnard, qui les résume tous en les contrô-
lant. Depuis bientôt cent ans on a fouillé les ar-

chives nationales, départementales, les études de
notaires, les registres des paroisses ; on a dépouillé des mémoires, des correspondances ; mais,
à force d'en savoir trop, on s'aperçoit qu'on ne
sait plus rien ou pas grand'chose ; certains faits
se contredisent ; la plupart des historiettes et des
anecdotes sont controuvées ; des controverses se
sont élevées ; il s'en faut que tous les points
obscurs aient été éclaircis. A l'heure actuelle, on
ne sait pas si Molière a épousé la sœur ou la fille
de sa maîtresse, Madeleine Béjart ; si sa femme
Armande l'a trompé non ou oui et avec qui ?
C'est que l'on apporte dans la résolution de tels
problèmes des préoccupations, des préférences,
des sympathies et même des pudeurs qui n'ont
rien à voir avec la chose en soi. Larroumet qui
a d'ailleurs écrit un volume charmant sur la
Comédie de Molière, dit quelque part : « Il serait
« d'une importance capitale pour l'honneur du
« grand poète que sa femme ait été seulement la
« sœur de Madeleine, qu'elle ait été la fille de
« Marie Hervé ». Mais non, en quoi l'honneur du
poète est-il intéressé ?

Et puis, dans la plupart de tous ces livres, il
ne resterait que le tiers du texte, si l'on retran-
chait les il n'est pas possible que... tout porte à
croire que... rien d'invraisemblable à ce que...
il n'est pas trop téméraire de supposer que... il
n'est pas défendu d'essayer de deviner... d'après
un ensemble de présomptions probantes qui...
on peut choisir entre deux hypothèses, etc., formules dubitatives et modestes sous lesquelles

l'auteur, le plus souvent, cache un féroce parti pris. Joignez à cela que nous n'avons pas une seule lettre de Molière, pas un billet, aucun renseignement sur lui émanant directement de lui, pas un manuscrit, nous n'avons que ses pièces imprimées. — Eh bien, dira quelqu'un, parlez-nous de ces pièces imprimées ; c'est ce qu'on vous demande, tenez-vous-en là. — Oui, mais si nous n'en savons pas assez, nous en savons déjà trop. Il faudrait nous imposer une invraisemblable prétérition pour ne pas tenir compte que dans ces comédies « il s'est joué le premier « en plusieurs endroits sur des affaires de sa « famille et qui regardaient ce qui se passait « dans son domestique ». La Grange ne nous l'aurait pas dit que nous le sentirions plus d'une fois en lisant son œuvre, car il a la plus belle qualité de l'auteur dramatique et de tout écrivain : la sincérité, la sincérité envers les autres et envers soi-même.

Alors, nous sommes curieux de ces affaires de famille et de ce qui se passait dans son domestique. De ce qu'il fut en même temps qu'auteur, comédien, directeur et le mari d'Armande Béjart, et l'ami de Boileau, et le protégé et l'amuseur, amuseur à merci de Louis XIV, cela doit expliquer bien des côtés de son œuvre si diverse, de son œuvre qui va des *Précieuses ridicules* aux *Femmes savantes* et qui s'élève de la *Jalousie du Barbouillé* à la jalousie d'Alceste. Alors, nous voudrions connaître ses amours, ses amitiés, ses haines. Enfin, c'est un grand homme, mais c'est un homme et, si rien de ce qui touche à l'humanité ne lui est étranger, nous ne devons rien négliger de ce qui touche à son humanité à lui. Aussi, en attendant que je puisse l'appeler Molière, je prendrai le petit Poquelin dès son berceau, bien qu'un de ses biographes, un des mieux informés, ait dit qu'il dut mener dans ce berceau, comme tous les autres enfants, une vie végétative !

Il était fils et petit-fils de tapissiers ; sa mère, Marie Cressé, était elle-même fille d'un tapissier qui signait Louis de Cressé, avec la particule. Il fut baptisé le 15 janvier 1622 à Saint-Eustache. On n'a pas retrouvé son acte de naissance dont la date reste inconnue. En ce temps-là, les enfants étaient baptisés le plus tôt possible après leur naissance, rarement le jour même, le plus souvent le lendemain ou le surlendemain ; mais parfois il s'écoulait plusieurs jours, et même plusieurs semaines entre la venue au monde et le baptême. En supposant que Jean Poquelin soit né le 13, le 14 ou le 15 janvier, il arrivait avant les neuf mois d'usage. Ses parents s'étaient mariés le 27 avril 1621 et, là-dessus, M. Jules Loiseleur fait observer plaisamment que ce n'est pas le seul signe de précocité que le futur auteur du *Misanthrope* ait donné, mais que c'est assurément le premier.

Donc, on ne sait pas la date exacte de sa naissance ; on ne connaît pas non plus l'emplacement exact de sa maison natale. Beffara pensait que cette maison se trouvait au numéro 40 de la rue Saint-Honoré (au numéro 40 en 1828). Pour Eudore Soulié, c'est la maison qui se trouvait à l'angle de la rue Saint-Honoré et de la rue des Vieilles-Etuves, aujourd'hui rue Sauval, d'où une plaque commémorative posée en 1876 sur la petite maison qui occupe cet emplacement : une plaque de marbre noir que le temps a blanchie. Mais une plaque de marbre blanc, qu'en revanche le temps a noircie, au-dessous du buste de Molière par Coysevox indique la maison qui porte le numéro 31 de la rue du Pont-Neuf, comme ayant été bâtie sur l'emplacement de celle où est né Molière. Et pourtant, si l'on ne sait pas exactement à quel endroit de la rue Saint-Honoré il est né, par son acte de baptême on sait bien que ses parents habitaient rue Saint-Honoré à l'époque de sa naissance. Enfin, à l'heure actuelle, il y a à Paris deux plaques qui nous renseignent, dont l'une on sait bien qu'elle ment, et l'autre, on n'est pas certain qu'elle dise tout à fait la vérité. Et c'est tout le temps comme ça ! M. André Hallays nous raconte comment les habitants de Montauban firent cesser une indécision du même genre et même des querelles, au sujet de la maison natale d'Ingres. « Il s'était établi, entre di- « vers propriétaires d'immeubles, une furieuse « controverse. On la termina par un referendum. « Le suffrage universel donna son avis. Mainte- « nant, la question est jugée, irrévocablement « jugée ». Mais cela s'est passé à Montauban. Les Parisiens ne se passionnent pas à ce point pour leurs grands hommes. Il est vrai que Paris est un peu plus au Nord.

Ce que l'on peut affirmer, c'est que le petit Jean Poquelin a vécu sa petite enfance entre la boutique et l'atelier d'un marchand tapissier, rue Saint-Honoré, sur la paroisse Saint-Eustache, dans un quartier commerçant, bruyant, animé, près des Halles et du Pont-Neuf. On ne peut pas être plus Parisien. Il est enfant de Paris et du cœur de Paris comme François Villon, comme Boileau. M. Poquelin, le père, vend de beaux meubles destinés à une belle clientèle. Dans la boutique, son fils voit venir des dames de riche bourgeoisie et, en même temps, il est élevé près du peuple. A l'atelier, il est en contact avec les ouvriers, braves gens sans haine et sans envie. Les rapports entre eux et le patron sont familiaux et cordiaux. Le patron est plus près de son étymologie que maintenant, il faut tout dire. C'était une bonne corporation que celle des tapissiers, où l'on tenait à l'honnêteté, à la moralité. Ils n'admettaient pas, comme apprentis, les enfants naturels. C'est excessif ! Dans leurs statuts, ils exigeaient que l'apprenti fût né en légitime mariage, et qu'il fût, en outre, de bonne famille et de probité. Mais le maître devait le traiter comme son propre fils, comme enfant de prud'homme. Habituellement, les ouvriers qui n'étaient pas mariés mangeaient chez le patron ; quelquefois, ils couchaient dans sa maison, sous les toits, et le patron leur donnait alors : pain, pot, feu, lit et chandelle.

Ainsi, le petit Poquelin apprenait à connaître les

humbles travailleurs, à les aimer, sans méfiance ; et les premières impressions qu'il en reçoit sont claires et chaudes ; aussi, dans son théâtre, il y a une certaine tendresse, même quand il « les blague », pour les gens du peuple.

Le plus souvent possible, ses parents lui faisaient cadeau d'un petit frère ou d'une petite sœur. Et, c'est ainsi que de Jean, il devint Jean-Baptiste, pour le distinguer d'un petit cadet qu'on avait appelé aussi Jean. On aimait ce nom-là dans la famille. Le grand-père, le père, deux fils s'appellent Jean. Les dimanches et les jours fériés qui étaient alors nombreux, dans la belle saison, la petite famille allait à la campagne, à Saint-Ouen, chez le grand-père maternel, Louis Cressé, où M. et Mme Poquelin avaient une chambre, et il y avait dans la maison de Saint-Ouen six boules de buis pour amuser les enfants, et des verges pour les fouetter, car on fouettait beaucoup à cette époque. Louis XIII fut fouetté furieusement et Jean-Baptiste Poquelin le fut certainement aussi.

Et puis, il allait à l'école paroissiale. L'enseignement primaire était alors donné dans les Petites Ecoles, dont le chef direct était le grand chantre de Notre-Dame qui nommait les maîtres et les maîtresses. Ceux-ci enseignaient aux enfants la lecture, l'écriture, la grammaire, l'arithmétique, le calcul tant au jet qu'à la plume. Le français n'était pas admis comme méthode d'enseignement : les élèves apprenaient la lecture et même la prononciation française dans les livres latins.

Les maîtres faisaient aux enfants le catéchisme et les préparaient à la communion. « Ils doivent, « disait le très sage Martin Sonnet, leur inculquer « la science des saints et les bonnes mœurs, avec « la pratique de toutes les vertus chrétiennes et « morales ; en deux mots, la science et la vertu « qui sont les deux plus beaux dons et les deux « plus belles qualités, et les deux plus beaux ta- « lents qu'un homme puisse posséder en ce « monde. »

Les maîtres devaient faire attester la sincérité de leur foi catholique et la pureté de leurs mœurs par trois personnes honorables et par le curé de leur paroisse. Les règlements leur prescrivaient de lire la *Vie des Saints,* l'*Imitation de Jésus-Christ,* l'*Introduction à la vie dévote,* l'*Ecriture sainte,* etc. (1)

Tels étaient l'enseignement primaire et les institutions laïques en 1630.

Jean-Baptiste Poquelin grandissait donc entre la famille et l'école, la boutique et l'atelier, lorsque, à dix ans, il perdit sa mère. Elle mourut le 15 mai 1632. L'inventaire fait après son décès nous révèle son goût pour les belles choses : ses cotillons sont en gros de Naples, en ratine de Florence, ou bien en moire de couleur changeante ; son linge de corps est en toile de fin lin; elle a de l'argenterie, beaucoup de bijoux et très beaux.

(1) Cf. *La vie privée d'autrefois : Ecoles et Collèges.* Alfred FRANKLIN.

Plus tard, Molière aimera aussi le confortable et le luxe. Quant à Jean Poquelin, le père, il paraît avoir aimé surtout l'argent; il avait caché deux mille livres dans la maison de Saint-Ouen, au fond d'un coffre à linge, et qu'on eut beaucoup de peine à lui faire sortir, après la mort de sa pauvre femme; on soupçonne aussi qu'il prêtait des petites sommes à des petites gens à la petite semaine. Ainsi qu'on le croyait de la nature à cette époque, ce veuf avait horreur du vide; il se remariait bientôt avec Catherine Fleurette, fille de marchand, qui mourut elle-même, après deux accouchements trop rapprochés, le 12 novembre 1636. Nous n'avons aucun renseignement sur cette Catherine Fleurette qui fut pendant quatre ans la belle-mère de Jean-Baptiste Poquelin. Et, comme il y a deux belles-mères dans le théâtre de Molière : la charmante Elmire de *Tartuffe* et l'odieuse Béline du *Malade imaginaire*, les Moliéristes sont bien embarrassés, car il n'est pas raisonnable de penser que le souvenir de Catherine Fleurette ait pu faire concevoir au poète deux belles-mères si différentes. Une chose certaine, c'est qu'il n'y a pas de mères dans le théâtre de Molière... il y en a peu, et qui n'agissent pas comme mères, excepté, peut-être, Mme Jourdain. Et, de ce que Jean-Baptiste Poquelin, très jeune, a perdu sa mère, on peut dire que le théâtre de Molière a perdu les mères. En revanche, il n'y a guère de pièces, farces ou comédies, où il n'y ait un ou plusieurs pères, et qui, le plus souvent, tiennent à leurs écus, ne les lâchant pas facilement, dont l'un même est avare, avec un grand A, l'*Avare*.

C'est vers cette époque de la mort de Catherine Fleurette que l'on pense que le maître tapissier vint s'installer dans la maison au coin des rues Saint-Honoré et des Vieilles-Etuves. C'était un vieux logis à colombages du quinzième siècle et qui portait le nom de Maison des Singes, à cause que, sur son poteau d'angle, des singes étaient sculptés et peints qui grimpaient le long d'un oranger. Et il faudrait n'avoir aucun sens du symbole pour ne pas se réjouir qu'un Jean-Baptiste Poquelin qui devait devenir l'auteur et l'acteur comiques que l'on sait, ait vécu son adolescence dans une maison ornée d'un tel poteau cornier et qui s'appelait la Maison des Singes.

Pour le moment, il n'était pas question d'être auteur ou acteur comique : le maître tapissier élevait son fils pour être tapissier, et, sans doute, il lui réservait la survivance de la charge de tapissier du Roi que son frère Nicolas Poquelin lui avait résignée quatre ans auparavant. Alors, il serait intéressant de connaître comment et pourquoi Jean-Baptiste Poquelin fit ses études au collège de Clermont ; car enfin, pour vendre des meubles, pour être tapissier et même tapissier du Roi, des humanités n'étaient point nécessaires : le père et l'oncle en étaient bien la preuve. Grimarest raconte, à ce sujet, toute une histoire, et que je veux vous lire, parce qu'elle vous donnera une idée du style et de la manière de ce gentil biographe.

Molière avait un grand'père qui l'aimoit éperduement, et comme ce bon homme avoit de la passion pour la Comédie, il y menoit souvent le petit Pocquelin, à l'Hôtel de Bourgogne. Le père qui appréhendait que ce plaisir ne dissipât son fils, et ne lui ôtât toute l'attention qu'il devoit à son métier, demanda un jour à ce bon homme pourquoi il menoit si souvent son petit-fils au spectacle ? « Avez-vous », lui dit-il, avec un peu d'indignation, « envie d'en faire un Comédien ? — Plût à Dieu », lui répondit le grand'père, « qu'il fût aussi bon Comédien que Belleroze » (c'étoit un fameux Acteur de ce tems-là). Cette réponse frapa le jeune homme, et sans pourtant qu'il eût d'inclination déterminée, elle lui fit naître du dégoût pour la profession de Tapissier ; s'imaginant que puisque son grand-père souhaitoit qu'il pût être Comédien, il pouvoit aspirer à quelque chose de plus qu'au métier de son père.

Cette prévention s'imprima tellement dans son esprit, qu'il ne restoit dans la boutique qu'avec chagrin : de manière que revenant un jour de la Comédie, son père lui demanda pourquoi il estoit si mélancolique depuis quelque tems ? Le petit Pocquelin ne put tenir contre l'envie qu'il avoit de déclarer ses sentiments à son père : il lui avoüa franchement qu'il ne pouvait s'accommoder de sa Profession : mais qu'il lui feroit un plaisir sensible de le faire étudier. Le grand-père, qui étoit présent à cet éclaircissement, appuya par de bonnes raisons l'inclination de son petit-fils. Le père s'y rendit. et se détermina à l'envoyer au Collège des Jésuites.

Voilà ce que raconte Grimarest. Evidemment, c'est ingénieux et sympathique, mais il n'est guère vraisemblable que le père Poquelin se soit déterminer à envoyer son fils étudier chez les Jésuites, dans la pensée que ce fils deviendrait un comédien, embrasserait une profession réputée alors contre les bonnes mœurs. Le grand-père aimait éperdument son petit-fils ; c'était le premier enfant de sa fille, morte si jeune, et, dans cette grande affection de l'aïeul, mieux que dans le goût plus tard des belles choses, du confortable et du luxe, je vois une preuve que le fils ressemblait à la mère. Cette ressemblance flattait le bon homme. On devait dire dans la famille Cressé : « Il n'est pas du tout du côté de Poquelin... il est de notre côté, c'est un Cressé ! » Enfin, vers quatorze ans, Jean-Baptiste Poquelin était sûrement un petit garçon très intelligent, d'une intelligence dont s'émerveillait le grand-père qui a dû alors insister auprès du père, sans parler d'en faire un comédien : « Vous devriez le faire étudier... je vous « assure, il a des dons surprenants... vous ne « vous en apercevez pas parce que vous êtes son « père ; mais avec moi, il cause de confiance... « eh bien, parfois, il m'étonne ce gamin ; il a des « petites réparties tout à fait plaisantes, et même « fort au-dessus de son âge. Laissez-le poursuivre « ses études... l'instruction n'a jamais nui à per- « sonne... et puis, chez les Jésuites, l'enseigne- « ment est gratuit, etc. ». Bref, il entra au collège de Clermont qui, depuis les lettres patentes du roi Louis XIII permettant aux Jésuites d'ouvrir les classes, avait repris toute sa splendeur. C'était le collège élégant, où les fils des grands seigneurs, des principaux magistrats et des riches bourgeois faisaient leurs études. Les bons pères n'étaient pas peu fiers de cette belle clientèle : ils étaient très flattés de la question nobiliaire. En 1652, ils disaient : « Nous avons deux mille élèves dont

« trois cents de la première noblesse », et un peu
plus tard, en 1682, le P. Talon écrivait au Grand
Condé : « Nous ne savons plus où loger nos pen-
« sionnaires, tant le nombre en est grand ; il y
« en a trente qui cherchent place » (parmi lesquels il citait quatre marquis, dont un, accompagné de six personnes) ; et il terminait ainsi :
« Voilà ce que Mgr le duc de Bourbon attire tous
« les jours en ce collège, et voilà, monseigneur, ce
« que nous devons à Votre Altesse Sérénissime
« et à tous ceux de sa maison ».

On admet que c'est en 1636 que Jean-Baptiste
Poquelin commença de suivre les classes, en qualité d'externe. Or, deux ans après, en 1638, il y
avait, disent les *Litteræ Annuæ,* deux mille ex-
ternes (*scolastici*) et trois cent trente internes
(*convictores*) dont trois princes : Armand, prince
de Conti, Henri de Savoie, fils du duc de Nemours,
et Henri de Lorraine, fils du prince d'Elbeuf. C'est
ce qui a fait dire que Molière s'était trouvé dans
les mêmes classes avec le prince de Conti ; mais
c'est impossible ; il y avait entre eux sept années
de différence. Le jeune Poquelin n'a pas pu voir
le jeune Armand, séparé des autres, sur une
chaise et même dans une petite chaire, écoutant
attentivement, car il fut bon élève, *princeps non
minus animo quam genere,* écoutant le cours que
dictait le père professeur et qu'écrivait pour lui
un abbé, car les princes ne prenaient jamais des
notes eux-mêmes, tandis que les écoliers vulgaires, serrés, pressés, perchés sur les gradins des
salles sombres, au rez-de-chaussée, autour de la

grande cour de Langres, écrivaient dessus leurs genoux. Poquelin n'a pas pu admirer le petit prince dans sa petite chaire ; mais ces choses se racontaient et, pour achever de lui donner le sens de l'inégalité, il pouvait voir, en revanche, parmi les internes, ceux que nous appelons aujourd'hui boursiers, et qu'on appelait, alors, sans détours, *pauperes,* les pauvres, et qui même étaient revêtus d'une sorte de lévite de couleur triste, pour les distinguer des autres internes qui payaient.

A Clermont, Poquelin eut certainement comme recteur le **P.** Jacobus Dinet ou le **P.** Julien Hey-neufve ; comme professeur de rhétorique, le **P.** Nicolas Nau ou le **P.** Philippe Briet. On ne pense pas qu'il ait suivi le cours de théologie positive du **P.** Petau, dont le nom latin était **P.** Petavius, ni qu'il ait suivi le cours de cas de conscience, car il y avait un cours de cas de conscience. Je tiens tous ces renseignements de M. Dupont-Ferrier, professeur d'histoire à Louis-le-Grand et qui prépare une belle histoire du vieux lycée, car le lycée Louis-le-Grand est, comme vous le savez, l'ancien collège de Clermont.

Maintenant, quel chemin devait suivre le jeune Poquelin, pour aller de la rue Saint-Honoré à la rue Saint-Jacques, où était le collège de Clermont ? Il pouvait prendre la rue de l'Arbre-Sec, la place de l'Escolle, le quai de la Mégisserie, la vallée de Misère, le pont Notre-Dame, la rue de la Lanterne, le Petit-Pont ; ou bien il pouvait prendre le Pont-Neuf où il y avait la Samaritaine, et puis le Cheval de Bronze, et puis surtout des

charlatans, des banquistes, des chanteurs ; oui, le
Pont-Neuf, le quai des Augustins, la rue de la
Bucherie, la rue Saint-Séverin ; ou bien, il pouvait prendre... vous voyez d'ici le développement ;
il y a là, pour un moliériste, de quoi s'amuser ;
je m'étonne qu'on n'y ait pas songé ; c'est la matière d'un fort volume. Enfin, quelque chemin
qu'il ait pris, le voilà en classe, écolier comme
Abraham Bosse nous les montre sous Louis XIII,
avec les cheveux longs sur le dos, la collerette, les
culottes flottantes, et, les jours où il pleuvait,
couvertes de cette boue de Paris qui, d'après l'analyse des savants du temps, était à base de soufre,
puait et brûlait le drap, boue caractéristique du
pays latin : on disait que Lutèce venait de *lutum.*

Une fois en classe, était-il *inter dignitates, sena-
tores, equites, legati,* c'est-à-dire parmi les digni-
taires, les sénateurs, les chevaliers, les lieute-
nants, ou bien parmi ceux de la dixième décurie,
decima decuria ! Vous voyez que les bons Pères
ne craignaient pas les distinctions entre élèves, ni
l'émulation. La Grange nous dit, et nous n'avons
aucune peine à le croire, que le succès de ses
études fut tel qu'on pouvait l'attendre d'un génie
aussi heureux que le sien. Après cinq années de
Clermont, il pourra lire Plaute et Térence dans le
texte, quand il voudra. C'était la marque de l'enseignement de ce collège de faire d'excellents
latinistes. Une fois passée la porte de l'établisse-
ment, de dehors en dedans, il était absolument
défendu à Johannes-Baptistus Poquelin de parler
une autre langue que le latin : de là, deux sortes

de latin, le latin congru et le latin incongru ; l'un
qui se parlait dans les classes, entre professeurs
et élèves, et l'autre qui se parlait entre élèves
dans les jeux, les communications journalières.
Mais le grec était aussi remarquable à Clermont ;
ce n'était pas la spécialité de Port-Royal, et des
élèves des Jésuites ont pu soutenir une thèse dans
cette langue. C'était l'âge d'or des Lettres : l'histoire même était considérée comme un art d'agrément.

Les bons Pères ne supprimaient pas les distri-
butions de prix ; ils en faisaient même trois, il est
vrai que les prix étaient peu nombreux, il fallait
vraiment les mériter ; mais ils rendaient ces so-
lennités éclatantes par des représentations théâ-
trales qui attiraient beaucoup de monde. On jouait
devant de très grands personnages, devant le cardinal, devant le roi. On représentait les comédies
de Térence, de Plaute, des tragédies de Sénèque.
Tous les rôles étaient joués par les élèves, mais
par les internes seulement ; Poquelin n'a donc pas
pu jouer. Mais, s'il a du goût déjà pour le théâtre,
ces spectacles donnés dans son collège, où il voit
agir ses petits camarades, frappent l'imagination
d'un jeune garçon. Il y assiste tout enflammé.

Sorti de Clermont excellent humaniste, Jean-
Baptiste Poquelin compléta ces excellentes humanités par une année de philosophie avec le célèbre
Gassendi ! Il s'était lié d'une grande amitié au
collège avec le jeune Chapelle qui, depuis, fut
toujours son ami. Chapelle était fils de M. Luillier, dit Grimarest, sans pouvoir être son héritier

de droit ; et cette pudique périphrase signifie que Chapelle était le fils naturel de M. Luillier. Maître des comptes et libertin, très répandu parmi les hommes de lettres et les savants, Pierre Luillier connaissait Gassendi. En 1641, le philosophe était descendu chez le maître des comptes qui en profita pour faire donner à Chapelle des leçons de philosophie, auxquelles assistait aussi le jeune Poquelin.

Comme auditeurs, il y avait encore François Bernier, un jeune homme de vingt ans, studieux, sérieux, et qui semble avoir été placé auprès de Chapelle comme une sorte de camarade précepteur ; il y avait encore Cyrano de Bergerac ! C'était le plus âgé des quatre. Il avait vingt et un ans. Comme, au sortir du collège, il faisait la fête, son père l'avait engagé dans une compagnie des gardes. Il avait eu des duels nombreux. Blessé au siège de Mouzon, puis grièvement au siège d'Arras, il avait dû renoncer au métier des armes. Revenu à Paris, il se glissa dans la société des disciples de Gassendi qui se seraient bien passés de ce compagnon tumultueux, « mais le moyen de « se débarrasser d'un jeune homme aussi insi- « nuant, aussi vif, aussi gascon que Cyrano » ?

Gascon ! Quelqu'un a découvert dernièrement que Cyrano n'était pas du tout de Bergerac en Gascogne, mais d'un Bergerac entre Chevreuse et Dampierre, dont il prit le nom en entrant au régiment des gardes. Quant à son autre nom, Cyrano, voici comment il l'expliquait lui-même : « Mage et Roi étaient jadis *unum et idem*. On appel..il le roi Cir, en français Sire, et comme ce mage, ce roi, ce Cir, pour faire des enchantements, se campait au milieu d'un cercle, c'est-à-dire d'un O, on l'appelait Cir en O ». Et on raconte aussi qu'il n'improvisait pas de vers, et qu'il n'était pas du tout bretteur. Voilà ce qu'on dit maintenant. Que voulez-vous ? on ne sait plus, n'est-ce pas ? Tout s'écroule. Enfin, il fut reçu aux études et aux conversations que Gassendi conduisait chez Pierre Luillier, avec Poquelin, Chapelle et Bernier.

Tels étaient les disciples. Parlons maintenant du maître. Les modernes manuels de philosophie le négligent, parce qu'il n'a pas inventé un système très personnel, et qu'il s'est contenté d'ajuster Epicure au niveau du christianisme et de la raison. Ils en disent seulement quelques mots au sujet de sa fameuse querelle avec Descartes. Mais au dix-septième siècle, Gassendi avait une grande réputation ; il passait pour un esprit universel, novateur et émancipé, et, de fait, il fut historien, physicien, métaphycien, astronome, géomètre, prédicateur, helléniste, et j'en oublie ! Il fut, en France, le premier disciple de Bacon et l'ami de Galilée. En 1645, il fut question de lui pour être précepteur du roi. Né près de Digne, de parents obscurs mais pieux, il montra de la précocité, puisqu'à quatre ans il débitait de petits sermons, et, trompant la surveillance de sa mère, se levait la nuit pour observer les astres. Il se destinait à l'état ecclésiastique. Il prenait des leçons avec le curé de son village, et étudiait de lui-même à la faible lueur de la lampe de l'église.

A **dix ans**, il harangue l'évêque de **Digne**, **en** visite pastorale. Ce sont bien là les traits d'une enfance célèbre. L'évêque harangué et étonné l'emmène à **Digne**, où le jeune Gassendi fait des études remarquables. En rhétrorique, on l'appelle le petit docteur ; il compose des petites comédies ; à vingt et un ans, il obtient **à la fois** une chaire de philosophie et de théologie, **dans** l'Université d'Aix, et conserve la chaire de philosophie. Il a des curiosités pour l'astrologie, mais s'en repent bientôt.

Cependant, il réunissait, en secret, un grand nombre de notes critiques sur Aristote ; et bientôt il publiait les deux premiers livres de ses Exercices paradoxaux contre Aristote. Cela fit du bruit. En 1624, c'était une chose hardie que d'écrire contre Aristote dont, seules, la philosophie et la physique étaient enseignées dans les Universités. Il sortait délibérément de la routine. Il risquait de passer pour fou ! Alors, quelle philosophie enseignait-il à Jean-Baptiste Poquelin, Chapelle, Bernier et Cyrano de Bergerac ? Eh bien, il leur enseignait une physique, une logique et une morale conformes à la doctrine d'Epicure. Encore un coup, il ajustait l'épicurisme au christianisme. C'était un prêtre et un bon prêtre. **De** toutes ses forces, il démontrait à ses jeunes disciples les preuves de la simplicité et de l'immortalité de l'âme ; il leur démontrait aussi combien la morale d'Epicure avait été dénaturée, combien ses théories sur les plaisirs du ventre avaient été mal interprétées, et quelle erreur **c'était** de faire de la doctrine épicurienne une sorte de doctrine circéenne qui changeait les hommes en pourceaux ; alors que le philosophe grec enseignait, au contraire, que la tempérance était la vertu fondamentale et que le bonheur n'était pas dans la volupté, mais dans une sage observation des lois de la nature. Par son exemple, il prouvait que l'on peut être épicurien et de mœurs rigides, tout en restant simple, honnête et enjoué. Il empruntait pour discuter et convaincre la méthode de Socrate, il employait volontiers l'ironie. Il ressemblait à saint Vincent de Paul, avec la figure plus épaisse, les lèvres plus grasses, l'œil gros. Pour ses élèves, il était « le divin Gassendi, si sage, si savant en toutes choses ». On aimerait qu'il eût enseigné en se promenant, comme en Grèce, au milieu des jardins.

Mgr Dupanloup a dit : « C'est dans une classe « de philosophie bien faite, sous un maître digne « de donner ce grand et bel enseignement, c'est là « que l'esprit, le cœur, le caractère des jeunes « gens prennent leur forme, leur maturité, leur « valeur décisive ». Or, Gassendi était un maître digne de donner ce grand et bel enseignement. Comment ses jeunes disciples le prirent-ils ? Ils paraissent, eux aussi, avoir faussé la doctrine d'Epicure, n'avoir pas recherché le plaisir stable, ni fait reposer le bien dans la tranquillité absolue et dans l'ataraxie. Chapelle ne fut pas d'avis qu'il suffit d'un peu de pain et d'eau pour satisfaire les désirs naturels et nécessaires. Il y mêla beaucoup de vin. Débauché de très bonne heure

par son père (et peut-être au sortir d'une leçon de
Gassendi), il devint un ivrogne fieffé, et à vingt ans
ses tantes furent obligées de le faire enfermer à
Saint-Lazare. Cyrano fut sobre et chaste, paraît-il.
Son ami Le Bret dit qu'il buvait de l'eau et ne
se souciait pas des femmes, tant pis ! mais, un
jour, voyant Fagotin, le singe de Brioché, sur le
quai de Nesles, déguisé en bretteur à la Cyrano,
il fend, l'épée au poing, les rangs des badauds
et embroche Fagotin, ce qui n'est pas d'un philosophe.

Bernier semble avoir été plus raisonnable. Après
avoir étudié la médecine à Montpellier et s'être
fait recevoir docteur, il fit de merveilleux voyages.
Mais il écrivit un jour à Saint-Evremont : « Je
« vais vous faire une confidence que je ne ferais
« pas à Mme de la Sablière, à Mme Lenclos,
« et que je tiens d'un ordre supérieur : je vous
« dirai que l'abstinence des plaisirs me paraît un
« péché ». Cette confidence n'eût pas effarouché
pourtant Ninon de Lenclos, l'élève de Saint-Evremont et du chevalier de Méré. Quant à Jean-
Baptiste Poquelin, nous verrons que ce n'est pas
non plus par tous les côtés qu'il fut néo-épicurien,
au sens gassendiste. En attendant, au sortir des
leçons du prêtre-philosophe, il courait au théâtre.

Nous avons vu que son grand-père maternel,
Louis Cressé, l'y emmena tout jeune. Maintenant
il pouvait y aller seul. Il y avait, à cette époque,
dans Paris, deux théâtres : l'Hôtel de Bourgogne
et le Marais.

L'Hôtel de Bourgogne était protégé par le roi et

avait pour directeur et premier sujet Bellerose ;
le Marais était protégé par le cardinal et avait
pour directeur et premier sujet Mondory.

Les deux théâtres étaient rivaux ; ils jouaient la
tragédie, la tragi-comédie, la pastorale ou pasto-
relle ou fable bocagère, et la farce. Dans les premières années du dix-septième siècle, la farce
faisait le régal du peuple et de la petite bourgeoisie. Toujours elle suivait la grande pièce en
cinq actes et en vers que précédait aussi un prologue facétieux. Ce n'était plus la vieille farce
française en vers octo-syllabes, mais un genre
imité de la farce italienne, de la *commedia del'
arte* où, sur un canevas déterminé mais sans rigueur, chaque acteur brodait les paroles et les
plaisanteries qui convenaient au type comique
dont il avait fait sa spécialité, auquel il donnait
un nom spécial. La farce était remarquable à
l'Hôtel de Bourgogne. Louis XIII voulait que la
troupe royale renfermât les meilleurs farceurs.
Obligé de plier devant le terrible cardinal dans
les affaires de l'Etat, il lui faisait des niches dans
les affaires de théâtre. Un jour, par son ordre,
trois des plus célèbres farceurs du Marais pas-
sèrent à l'Hôtel de Bourgogne. Jean-Baptiste Poquelin a pu voir sur ce théâtre le trio célèbre :
Gros Guillaume, Gaultier-Garguille et Turlupin ;
Gros Guillaume avec sa toque rouge, sa blouse
blanche, son énorme ventre cerclé de fer ;
Gaultlier-Garguille avec son habit noir à man-
ches rouges, sa cale noire, son masque, sa cheve-
lure blanche, sa ceinture, sa gibecière, sa dague

et ses grandes lunettes ; Turlupin, « **inépuisable**
« en rencontres et en « fourbes », se servant pour
« plaire à tout le monde des comédies de Plaute
« traduites en français, et de quelques autheurs
« italiens et espagnols ». Il a pu voir aussi Guillot-
Gorju, Jodelet, Jacquemin Jadot, Alizon, le docteur Boniface, Philippin. Enfarinés, barbouillés ou
masqués, vieillards avares et penards, docteurs
pédants, médecins grotesques, capitans fanfa-
rons, valets naïfs ou fourbes, jeunes femmes co-
quines, commères dessalées, quiproquos cocasses,
méprises burlesques, longues disputes entre
femme et mari, barbons enfermés dans un sac ;
le tout assaisonné de plaisanteries grasses, de propos orduriers, de gifles, de coups de pied au derrière et de coups de bâton ; il y a un poncif de la
farce dont, à dix-huit ans, un Jean-Baptiste Poquelin est tout pénétré, un répertoire dont il est
imprégné. La farce toute seule n'a pas fait son
éducation dramatique. A ce même Hôtel de Bourgogne, il a pu voir la belle comédie littéraire, les
Ménechmes et les *Sosies* de Rotrou. Mais c'est le
Marais qui est réputé pour le genre sérieux, noble
et héroïque. C'est à la troupe de Mondory que
Pierre Corneille avait donné sa première pièce,
Mélite, et Poquelin put voir jouer sur ce théâtre :
la *Veuve,* la *Galerie du Palais,* la *Place Royale,*
Médée, l'*Illusion comique* et enfin le *Cid* qui, en
révélant les talents admirables de monsieur Corneille, répandit « une consternation générale parmi
les auteurs « dramatiques », ce qui rapproche singulièrement cette époque de la nôtre. Ainsi, par la

farce certainement, mais aussi par la belle comédie et la sublime tragédie se forme obscurément, sournoisement, la future personnalité de Molière. Dans une salle basse, étroite, avec des galeries latérales, une haute estrade où s'agitent des comédiens, au parterre pour ses quinze sols, ou au *Paradis,* petit garçon ou adolescent, je vois un petit Poquelin cassé en deux par le rire de la farce, ou bien bouche bée, yeux dilatés, et tout frémissant aux beaux sentiments des héros de Du Ryer, Rotrou, Tristan, Pierre Corneille. Sûrement, il ne songe pas encore à être auteur, mais il veut être comédien. S'il entend Gaultier-Garguille débiter un prologue facétieux, rien ne lui semble plus enviable ; s'il entend Bellerose ou Mondory déclamer leurs grandes tirades, rien ne lui paraît plus magnifique.

Certes, en écoutant le *Cid,* il ne se doute pas qu'il collabora un jour avec Corneille, ni en voyant les *Sosies* qu'il les imitera dans *Amphitryon,* ni en applaudissant l'emphatique Montfleury (car il devait l'applaudir, à cet âge-là on applaudit tous les acteurs), qu'il le contrefera et le traînera dans le ridicule, ainsi que le couple Beauchâteau ; ni que Jodelet et son frère l'Espy seront dans sa troupe. Au théâtre du Marais, il a pu voir une jeune et belle comédienne, Madeleine Béjart, sans se douter — il a quatorze ans — qu'il la suivra un jour où elle voudra. Et Richelieu est en train de lui construire un théâtre, oui, au Palais-Cardinal, qui sera plus tard le Palais-Royal ; une salle avec un parterre en pente douce,

une scène modèle, et qui fut inaugurée solennel-
lement le 14 janvier 1641 par une grande pièce
à machines intitulée *Mirame,* due à la collaboration de Richelieu et du poète Desmarets. Et c'est
sur ce théâtre que seront joués l'*Ecole des Maris,*
l'*Ecole des Femmes,* le *Misanthrope, Tartuffe,* les
Femmes savantes, tous ses chefs-d'œuvre. Tout
cela, il ne le sait pas, et nous, cela nous émeut et
nous amuse de le savoir alors qu'il ne le sait pas ;
cela nous amuse de faire ainsi du déterminisme
après coup, de tirer l'horoscope d'un grand homme
mort, et de prédire de l'avenir passé.

Donc J.-B. Poquelin allait dans les théâtres. Il
y allait avec Cyrano qu'il adorait. Cyrano, plus
âgé, connaissait la vie ; il avait même vécu dange-
reusement ; il avait de l'entregent et un toupet
d'enfer ; il a dû faciliter l'entrée des coulisses à
son ami qui put ainsi réaliser le rêve de tout jeune
amateur de théâtre : connaître des acteurs et, surtout, des actrices, approcher ces demi-dieux et
ces déesses, leur parler.

Il fit son droit, prit ses licences à Orléans. On
les obtenait alors assez facilement. Charles Per-
rault raconte qu'étant allé prendre ses licences à
Orléans, avec deux jeunes gens de ses amis, ils
arrivèrent le soir dans cette ville, heurtèrent à la
porte des Ecoles, sur les dix heures, et firent réveiller trois docteurs qui, s'étant assurés que l'argent était prêt, les vinrent interroger avec leur
bonnet de nuit sous leur bonnet carré. Le son de
l'argent que l'on comptait derrière les candidat

pendant qu'on les interrogeait, ayant fait la bonté de leurs réponses, les trois candidats reprirent, licenciés, le chemin de Paris, après avoir vu l'église de Sainte-Croix, la figure de la Pucelle qui est sur le pont, et un grand nombre de boiteux et de boiteuses par la ville. J.-B. Poquelin ne comparut donc pas devant des juges bien sévères.

Quatre ou cinq ans auparavant, en 1637, il avait prêté serment pour la charge de tapissier et valet de chambre de Sa Majesté. Ainsi, il pouvait remplacer son père, à l'occasion. Cette charge s'exerçait par quartier ; elle avait plusieurs titulaires et chacun prenait son service auprès du roi, pendant trois mois de l'année. Soit que le père Poquelin fût trop tenu à Paris par son commerce et par de petites affaires à côté (trois grands mois font treize petites semaines), soit qu'il désirât éloigner son fils de Paris, du théâtre, des coulisses et des actrices, on admet généralement que J.-B. Poquelin fut de quartier auprès de Louis XIII, au printemps de 1642, pendant la campagne du Roussillon. Peut-être a-t-il connu ou retrouvé pendant ce voyage Madeleine Béjart, si cette comédienne faisait partie de la troupe qui joua chez Mme de Rohan, devant le roi, à Monfrin, où Louis XIII était venu se reposer et prendre les eaux.

Mais qu'est-ce qu'il veut faire? Ces licences prises à Orléans, ce voyage à la suite du roi, tout cela est assez déconcertant. Sera-t-il tapissier ou avocat ? Ici, un coup de théâtre, c'est le cas de le dire. Au commencement de l'année 1643, Jean-

Baptiste Poquelin annonçait à son père qu'il re-
nonçait à la survivance de la charge, et le priait
de pourvoir de ladite charge tel autre de ses enfants qu'il lui plairait. Le maître tapissier tâcha,
par toutes les voies, de détourner son fils de cette
résolution. La famille était en émoi. Bien que, par
un récent édit, Louis XIII eût relevé cette profession, l'Eglise nommait encore les comédiens dans
ses rituels avec les excommuniés, prostituées,
concubinaires, usuriers, sorciers et toutes personnes manifestement infâmes. Enfin, le père Poquelin fut obligé de céder ; il donna même à son fils
une somme de six-cent-trente livres sur la succession de la mère, et en avancement d'hoirie future
et paternelle. Cette somme était destinée à la fondation d'un théâtre. Jean-Baptiste n'était pas encore majeur : il y eut là un règlement de comptes
à l'amiable dans lequel le père Poquelin trouva
son avantage. Encore une fois, il est à remarquer
combien les pères, dans le théâtre de Molière, sont
intéressés.

A vingt-et-un ans, Jean-Baptiste Poquelin ne
songe pas du tout à être auteur, il veut être comédien. Décidément, c'est un Cressé. Trait d'ata-
visme : ce goût très vif que le grand-père avait
pour le théâtre est devenu chez le petit-fils une
passion, une vocation. Et puis, soit à Monfrin, soit
à Paris, avant ou après le voyage du Roussillon,
on ne sait pas au juste à quel moment, il a rencontré Madeleine Béjart, il en est tombé amoureux.
Alors, malgré Clermont et son latin, malgré Gassendi et sa philosophie, et les études de droit, et

la bonne et sûre maison de son père, et la très
honorable charge de tapissier-valet de chambre de
Sa Majesté, oui, malgré tout cela, pour les beaux
yeux d'une comédienne, il entre dans le tripot
comique. J'aime que la raison d'un tel parti soit
une raison sentimentale ; et tout reste dans l'ordre
véritable et naturel, si, à vingt-et-un ans, une
intelligente et jolie fille lui fait faire une sottise...
dont les résultats, d'ailleurs, seront magnifiques.

L'Illustre Théâtre. — La Province. — L'Etourdi.— Le Dépit Amoureux.

Au printemps de l'année 1643, le 30 juin, fut signé, dans la maison de Marie Hervé, veuve de Joseph Béjart, l'acte par lequel Jean-Baptiste Poquelin se lia avec neuf autres personnes pour fonder l'*Illustre Théâtre*. Ces personnes étaient les sieurs Joseph Béjart le fils, Denis Beys, Clérin, Bonnenfant, George Pinel, Mlles Madeleine et Geneviève Béjart, Madeleine Malingre, Catherine des Urlis. Cela n'a l'air de rien, mais c'est considérable : ce sont les premiers sociétaires, dont trois appartiennent à la famille Béjart, sans compter Molière qui allait être de la famille, s'il n'en était déjà, « à la mode du Marais ».

Par deux femmes, Madeleine d'abord, et plus tard Armande, cette famille Béjart tient une place importante dans la vie de Molière, comme dans sa troupe et dans ses ouvrages. Le chef de la famille, Joseph Béjart, était huissier à la grande maîtrise des eaux et forêts. D'une demoiselle

Marie Hervé, épousée en 1615, il avait eu onze enfants, dont quatre furent comédiens : Joseph, Louis, Madeleine et Geneviève. Lui-même fut sans doute comédien sous le nom de sieur de Belleville et fit partie de troupes de campagne. Il mourut peu de temps avant la fondation de l'*Illustre Théâtre*. L'aînée des filles, Madeleine, avait compris de très bonne heure qu'elle n'avait rien à espérer, en s'attardant chez l'huissier comédien, au milieu de tant de frères et sœurs : c'était la misère. Elle tâcha à se débrouiller : elle était jolie, rousse, avec la peau très blanche, probablement, — ou bien alors, ce ne serait pas la peine, — un teint éclatant, très intelligente, le sens des affaires ; à dix-huit ans, elle avait déjà 2.000 livres, ce qui représente 12.000 francs de notre monnaie. Comment les avait-elle gagnées ? Un simple calcul de probabilités nous permettra de l'établir. Elle était comédienne au Marais. Le théâtre était réputé pour la tragédie, et le quartier pour la galanterie. Enfin Madeleine avait à elle 2.000 livres. Elle en empruntait 2.000 autres pour payer une petite maison avec jardin, qu'elle venait d'acheter, au cul-de-sac Thorigny, ce qui correspond au petit hôtel de nos jours dans le quartier des Champs-Elysées. Tels sont ses débuts, qui dénotent le goût de l'économie, de la propriété et de l'immeuble. Elle était galante, pratique et littéraire. Elle fut une des admiratrices de Rotrou : quand celui-ci fit imprimer son *Hercule mourant*, qu'il dédiait à Richelieu, à côté d'une belle ode au cardinal, on put lire, en tête

de la pièce, ce quatrain que Madeleine Béjart
avait envoyé au poète :

Ton Hercule mourant va te faire immortel ;
Au ciel, comme en la terre, il publiera ta gloire,
Et laissant ici-bas un temple à sa mémoire,
Son bûcher servira pour te faire un autel.

Rotrou était jeune, élégant ; il avait une jolie
tête ; il commençait à être célèbre ; et Madeleine
Béjart ne craignait pas d'être immortalisée,
comme la jeune fille dont parle Tallemant des
Réaux. Rotrou cajolait une jeune fille à Dreux, sa
patrie. Elle le recevait assez mal ; on lui dit :
« Vous maltraitez cet homme : Savez-vous qu'il
vous immortalisera ? — Lui ? dit-elle. Ah ! qu'il
y vienne, pour voir ».

Madeleine Béjart connut aussi M. de Modène,
chambellan des affaires de monseigneur, frère
unique du roi, Gaston d'Orléans. Il était marié
avec Marguerite de la Baume de Suze, noble
dame de Malicorne, beaucoup plus âgée que lui.
On lui avait imposé ce mariage. Alors il protesta
contre ce désordre en faisant un enfant à Madeleine Béjart. C'était une petite fille qui fut baptisée
Françoise le 11 juillet 1638. Elle était déclarée
fille de Madeleine Béjart et de messire Esprit Ré-
mond, chevalier, seigneur de Modène et autres
lieux.

C'est un drôle d'acte de baptême : la marraine
est Marie Hervé, la mère de la maman, et le parrain est le fils du père, Gaston de Modène, un
enfant de sept ans ; tenant pour lui, Jean-Bap-

tiste l'Hermite, cousin de Madeleine Béjart, frère du poète Tristan, familier, protégé de M. de Modane, poète lui-même, mais si peu, généalogiste et « casserole ». Pardonnez-moi cet anachronisme, mais il n'y a pas d'autre mot pour qualifier le rôle qu'il joua dans la conspiration de Sedan. Madeleine avait quitté le Marais et habitait alors rue Saint-Honoré ; elle espérait bien séparer M. de Modène de la dame de Malicorne et se faire épouser quelque jour. Mais, avec l'année 1639, une vie nouvelle commença pour M. de Modène. Nommé lieutenant du gouverneur de Charleville et du Mont-Olympe, il dut quitter Paris et s'installer dans une de ces places frontières de la Champagne ; puis il entra dans les manigances du duc de Guise, du duc de Bouillon et du comte de Soissons contre le cardinal ; trahi par son protégé Jean-Baptiste l'Hermite, blessé au combat de la Marfée, amnistié, il revint se remettre de tant d'émotions dans son château du Comtat. Loin des yeux, loin du cœur : il semble qu'il ait tout à fait oublié Madeleine ; on prétend même qu'il aimait Marie Courtin de la Dehors, avec tout ce que ce sentiment comporte. Marie Courtin, encore une comédienne, était la femme du pittoresque Jean-Baptiste l'Hermite qui fermait les yeux, ouvrait la bourse, et réparait son indélicatesse de Sedan en se faisant ruffian.

Tout cela n'est pas banal. Quant à Madeleine Béjart, abandonnée et bientôt sans ressources, elle était remontée sur les planches : elle avait joué en province ; puis, où, quand, comment ?

nous ne le savons pas, elle avait rencontré le
jeune Poquelin, d'où certainement la fondation de
l'Illustre Théâtre, avec trois Béjart dans la troupe.
L'acte de société avait été établi sous la direction de Madeleine : elle se faisait accorder la pré-
rogative de choisir « le roolle qui lui plaira », ce
qui est bien d'une directrice et d'une maîtresse.
Elle était très forte en affaires, bien conseillée ;
son oncle était procureur au Châtelet, et parmi ses
amis, différents actes citent des procureurs, un
avocat au Parlement, etc. « Molière, en formant sa
troupe, dit Grimarest, lia une forte amitié avec la
Béjart », et M. Paul Mesnard observe : « une pé-
rilleuse camaraderie tourne aisément à la liaison
galante ». Ah ! que cela est vrai. Elle était de
quatre ans plus âgée que lui ; mais, par l'expérience, elle l'était du double. Belle, intelligente,
comédienne, et même très bonne comédienne, la
première actrice de toutes, selon Tallemant, elle
dut tomber du premier coup Jean-Baptiste Poquelin. A vingt-deux ans, un jeune homme qui a
perdu sa mère de bonne heure, ou dont la mère
ne fut pas très tendre, penche volontiers vers une
femme plus âgée qui a déjà de l'autorité, sait
être maternelle un peu, pas trop, ce qu'il faut, lui
facilite une déclaration toujours si difficile, surtout s'il est très intelligent et très sensible, c'est-à-
dire sans hardiesse.

Là-dessus M. Paul Mesnard s'alarme pour Molière. Il écrit : « On voudrait trouver l'objet de son
premier amour plus digne d'une vie qui, au témoignage des contemporains autres que des diffa-

mateurs, fut, dans sa maturité, réglée par des sentiments élevés ». Mais non, pourquoi? Moi, je
trouve cela très bien. Tout de même, il l'excuse
en ces termes : « Molière, dans l'âge des passions,
ne devait pas être fort en garde contre les entraî-
nements. Il ne s'était sans doute pas fait comédien pour demeurer un Caton ». Évidemment.
Quant à Larroumet, c'est pour Madeleine qu'il
s'alarme ; il voudrait que sa liaison avec M. de
Modène « eût été la première et la dernière ».
Qu'est-ce que ça peut lui faire ? Enfin, ce qui est
fait est fait : l'Illustre Théâtre est fondé, Madeleine Béjart n'a plus rien à refuser à Jean-Baptiste Poquelin.

Pendant qu'on transformait en salle de spectacle un jeu de paume situé près de la porte de
Nesle, l'Illustre Théâtre s'en alla jouer à Rouen,
puis revint débuter à Paris dans les premiers
jours de janvier 1644. La nouvelle troupe voulait lutter avec l'Hôtel de Bourgogne : elle jouait
la tragédie, mais sans succès. Molière — nous
pouvons l'appeler ainsi maintenant, c'est le
nom qu'il a pris pour le théâtre et dont il signe
un petit acte notarié le 28 juin — Molière jouait
les rôles tragiques. Il n'y était pas bon. L'Illustre
Théâtre végétait, malgré les tragi-comédies d'un
poète comédien, Nicolas Desfontaines, qu'on avait
adjoint à la troupe, pièces dont les titres, du
moins, avaient toujours quelque chose d'illustre :
*Perside ou la suite de l'Illustre Bassa, Saint
Alexis ou l'Illustre Olympie, l'Illustre Comédien
ou le Martyr de Saint-Genest.* On jouait aussi

l'*Artaxerce* de **Magnon**, le *Scevole* de **Du Ryer**, et *la Mort de Chrispe ou les Malheurs domestiques du grand Constantin,* tragédie de Tristan l'Hermite, poète tragique fameux à l'époque. Madeleine était remarquable dans le personnage d'Epicharis, à qui Néron venait de faire donner la question. Ce rôle fut son chef-d'œuvre. Il y eut peut-être, au moment de la pièce de Tristan, un léger mouvement vers l'Illustre Théâtre, et même, par le canal du poète, gentilhomme ordinaire de la suite de Gaston d'Orléans, la troupe fut autorisée à se dire entretenue par Son Altesse Royale ; mais un tel entretien remplissait plus l'affiche que la caisse et n'engageait à rien Son Altesse Royale. Les sociétaires s'endettaient ; ils changèrent de place, mais comme les malades couchés changent de côté. Ils louèrent un autre jeu de paume, dit de la Croix-Noire. Ce ne fut pas plus brillant ; on continua de s'endetter. Les fournisseurs non payés, les prêteurs non remboursés perdirent patience. Bientôt l'homme qui fournissait les chandelles, un linger et un usurier recommandèrent pour dettes Molière aux prisons du Châtelet. Il y serait encore — c'est une façon de parler — sans un brave homme qui avait fait des travaux de pavage devant le théâtre et qui se porta caution. Molière fut libre grâce à Léon Aubry le bon paveur, dont j'estime que le buste devrait être à la Comédie-Française. Mais la troupe était presque réduite aux quatre Béjart ; tous les autres s'en étaient allés. Il est d'usage de déplorer que Molière ait été ainsi poursuivi, traqué, recommandé pour dettes aux prisons du Châtelet. Tout de même, il n'était pas déjà l'auteur du *Misanthrope*, mais un comédien de vingt-trois ans. Ces années de misère rendent, par la suite, l'homme plus dur ou plus pitoyable. Devant un malheureux, il pense : « J'ai passé par là ; tant pis, chacun son tour », ou bien il pense : « J'ai passé par là ; je sais ce que c'est ; ce n'est pas drôle ». Molière, lui, sera pitoyable, ayant connu la vie des pauvres comédiens. Le jour même de sa mort, bien que se sentant très incommodé, il voudra jouer pour ne pas faire perdre leur journée à cinquante pauvres ouvriers. Ce sera l'une de ses dernières pensées.

A la fin de l'été 1645, l'Illustre Théâtre ne jouait plus à Paris. Molière n'y reviendra que dans quatorze ans. Avec les débris de sa troupe, il part pour les provinces et, pendant quatorze ans, il mène la vie errante des comédiens de campagne. A Pâques de l'année 1646, nous voyons Molière et les Béjart réunis à la troupe de Charles du Fresne, sous la protection et au service de Bertrand de Nogaret, duc d'Epernon, alors gouverneur de la Guyenne. Nos comédiens jouent à Agen, Albi, Carcassonne, Toulouse, dans toute la contrée : on signale leur passage à Nantes où, sur les registres des délibérations de l'hôtel de ville, Molière est appelé *Morlierre ;* on trouve leur trace à Narbonne, où, dans le registre de l'église Saint-Paul, au bas d'un acte de baptême, a signé comme marraine, *Magdelaine de Baisar*, de Paris. Ils sont à Pézenas à l'automne de 1650, pendant

la session des Etats du Languedoc. Les Etats se
donnaient toujours, durant chacune de leurs ses-
sions, le divertissement de la comédie qui est
« le noble amusement des honnêtes gens, la digne
débauche du beau monde ». Les biographes se
sont appliqués à suivre Molière dans les provinces.
Il a passé par ici ; il repassera par là. Rien de
plus intéressant que cette chasse à Molière à travers les Guyenne, Lyonnais et Languedoc ; c'est
une sorte de rallye où les papiers sont des pièces
de comptabilité, des reçus, des contrats de mariage, des actes de baptême, au bas desquels il a
signé ou quelqu'un de sa troupe. Une sèche énu-
mération des villes par où lui et ses compagnons
ont passé serait fastidieuse. Ce sont les étapes
d'un long roman comique et que l'on devine admirable, mais dont on ne connaît pas les aventures,
les rencontres, les déboires, les espoirs, les liaisons, les ruptures, enfin tout ce qui serait intéressant. On peut avoir une idée de cette existence et
de ce qu'était la vie en province, à cette époque,
par le petit voyage de Chapelle et Bachaumont et
surtout par le livre amusant de Scarron. Mais,
encore un coup, on ne sait rien ou l'on ne sait
que peu de chose sur la troupe de Molière.

Sans doute, chez le duc d'Epernon, quand le galant et fastueux gouverneur donne des fêtes
splendides à sa maîtresse, Nanon de Lartigue,
ou bien dans les villes, pendant la session des
Etats, qui généralement payent bien, la troupe vit
largement, et Molière voit de la belle compagnie.
Mais, quand les comédiens s'en vont de ville en

ville, à pied ou à cheval, quelquefois avec une seule monture pour deux et même pour trois, escortant la charrette où sont entassées les malles, les valises, et les toiles peintes, le soleil, la pluie, la poussière, la boue et la fatigue sont les mêmes pour Molière et la Béjart que pour le Destin et Mlle l'Estoille ; dans les villages, dans les humbles bourgades, c'est la grange, le méchant tripot, où l'on joue la comédie ; c'est la mauvaise hostellerie avec ses contacts, ses promiscuités, les rixes, les batailles ; ce sont les plaisantins et les rieurs de petite ville et, autour des comédiennes, les gracieuseux, les beaux esprits qui les étourdissent « de quantité d'équivoques qu'on appelle pointes dans les provinces », les galants à toute outrance « car les provinciaux sont fort endemenés et patineurs » et « c'est une des grandes incommodités du métier, laquelle jointe à celle d'être obligé de pleurer et de rire lorsqu'on a envie de faire toute autre chose, diminue beaucoup le plaisir qu'ont les comédiens d'être quelquefois empereurs et impératrices, et être appelés beaux comme le jour, quand il s'en faut plus de la moitié ». On ne sait pas quelles pièces Molière et ses camarades jouaient : sans doute les nouvelles pièces de Corneille et aussi les tragédies de Du Ryer, de Mairet, de Tristan et, pour finir, quelque farce.

Par exemple, nous savons très bien qu'en 1653, la troupe était à Lyon, où elle jouait l'*Andromède* de Corneille. Là nous avons une indication précieuse et précise sur la composition de cette troupe. Nous y voyons le gros comédien Du Parc, et le maigre De Brie, personnage antipathique, bretteur, engagé surtout à cause de sa femme, la charmante Catherine De Brie, venue d'une troupe rivale ; dans le ménage, c'est elle qui a le talent. Et puis c'est Cyprien Ragueneau, le poète pâtissier, le père nourricier des Muses, comme l'appelle D'Assoucy ; il avait prêté de l'argent à ses confrères — c'est les poètes et non les pâtissiers que je veux dire — il prêtait sur rimes, ce qui n'est pas un prêt de père de famille, et il avait femme et enfants. Complètement ruiné, il dut fermer la boutique de la rue Saint-Honoré, quitter Paris, entrer dans une troupe de campagne, d'où il vint dans celle de Molière. Aussi méchant comédien que mauvais poète, on lui confiait en tremblant des rôles insignifiants. Dans *Andromède*, il jouait une panne, s'il est des pannes dans le théâtre de Corneille. Il faisait le chœur du peuple, n'avait que dix vers à dire et les disait comme un... pâtissier. Il mourut d'ailleurs l'année suivante.

Sous le nom de Vauselle, nous retrouvons le délicieux J.-B. l'Hermite. Il était là, avec sa femme et leur fille, Mlle Madelon, jeune personne de dix-huit ans, infiniment séduisante. La troupe s'appelait maintenant troupe de Molière et des Béjart. Ce n'était que justice. Elle contenait en effet quatre Béjart : un jeune frère, Louis, était venu rejoindre Joseph et ses deux sœurs, Madeleine et Geneviève, qui jouait sous le nom de Mlle Hervé ; et c'était encore une Béjart, une genfille petite Armande Béjart de dix ans qui, dans *Andromède* et sous le nom de Mlle Menou, disait les quatre vers du rôle d'Ephire.

Bientôt, par le mariage de Du Parc, la troupe allait faire une importante recrue. Il épousait Marquise Thérèse de Gorla, fille d'un charlatan opérateur. Elle avait débuté dans les parades, aux côtés de son père ; elle était bonne et surtout belle comédienne, d'une allure incomparable. Elle eut ce beau destin d'être aimée par une trinité de grands hommes : Molière, Corneille, Racine, nos plus grands classiques. Elle plut d'abord à Molière « mais leurs sentiments ne se trouvèrent pas conformes sur ce chapitre ». C'était un peu tôt ainsi ; elle venait de se marier, elle aimait sans doute son Gros-René, un garçon réjoui, homme fort rond de toutes les manières, et qui la devait faire rire. Il arrive souvent que ces déesses aiment un comique un peu gros. Enfin, elle résista à Molière. Ah ! c'est qu'il ne suffit pas d'avoir du génie pour être aimé ; autrement, ce serait trop commode. Alors, il tourna ses yeux vers la De Brie, qui l'accueillit avec plus de faveur.

Et Madeleine, que disait-elle de tout ça ? Ah ! dame, elle n'était pas très contente, mais elle était intelligente ; il y a toujours de la ressource avec une femme intelligente ; elle ne fait pas de drames.

« Comme elle vit que c'était un mal sans remède, elle prit le meilleur parti, qui était de s'en consoler en conservant toujours sur Molière l'autorité qu'elle avait eue ».

Elle supportait d'avoir cessé de plaire, mais elle ne voulait pas cesser d'administrer. Et c'est tant mieux pour Molière, car elle lui était d'une grande ressource et elle administrait bien. Si, à l'époque où nous sommes arrivés, la troupe connaît des jours de prospérité, c'est que la Béjart s'occupe de la partie matérielle. On a trouvé des contrats, des pièces judiciaires, où elle figure comme prêteuse, créancière, ou partie poursuivante. Elle place l'argent, elle le fait rapporter, fructifier et ne le laisse jamais dormir, comme dans ce supplice oriental où l'on frappe sur l'épaule du condamné chaque fois qu'il ferme les yeux. Elle souscrit en son seul nom, pour une somme de dix mille livres, à un emprunt contracté par la province du Languedoc.

Tragédienne ou soubrette, maîtresse ou belle-mère, elle sera toujours aux côtés de Molière comme une vigilante conseillère et un remarquable administrateur.

Cette année 1653 est donc une date dans la vie sentimentale de Molière. Le voici entre ces trois femmes : Madeleine Béjart, Marquise Du Parc, Catherine De Brie, la première délaissée, la deuxième dédaigneuse, la troisième charmante, douce, tendre, amoureuse, mais toutes les trois comédiennes et veillant aux rôles. En outre, la De Brie et la Du Parc ont auprès d'elles leurs maris. Oh! Molière n'a pas besoin d'aller loin pour étudier les rivalités féminines, les effets plaisants de la jalousie, les dépits et les raccommodements amoureux. Le poète a tout cela chez lui.

Dans les premiers jours de septembre 1653, la troupe entra au service du prince de Conti. Vous vous rappelez peut-être un Armand de Conti, au collège de Clermont, suivant les classes, bien séparé des autres dans sa petite chaire. Eh bien, c'est le même. Il venait de s'installer dans sa belle maison de la Grange des Prés, aux portes de Pézenas, avec sa maîtresse, Mme de Calvimont, aussi sotte que belle, paraît-il. Cette dame proposa aussitôt d'aller chercher des comédiens. L'abbé de Cosnac, alors attaché au prince, demanda à la troupe de Molière et de la Béjart qu'ils vinssent à la Grange. Mais une autre troupe qui avait pour directeur un nommé Cormier, et qui se trouvait dans le même temps à Pézenas, sollicita l'honneur et le profit de venir jouer à la Grange. Cormier fit des présents à Mme de Calvimont, aussi vénale que belle, semble-t-il, et joua.

Cependant Molière arriva — dit l'abbé de Cosnac — et ayant demandé qu'on lui payât au moins les frais qu'on lui avait fait faire pour venir, je ne pus jamais l'obtenir, quoiqu'il y eût beaucoup de justice ; mais M. le prince de Conti avait trouvé bon de s'opiniâtrer à cette bagatelle. Ce mauvais procédé me touchant de dépit, je résolus de les faire monter sur le théâtre à Pézenas et de leur donner mille écus de mon argent plutôt que de leur manquer de parole. Comme ils étaient prêts de jouer à la ville, M. le prince de Conti, un peu piqué d'honneur par ma manière d'agir accorda qu'ils viendraient jouer une fois sur le théâtre de la Grange. Cette troupe ne réussit pas dans sa première représentation au gré de Mme de Calvimont, ni par conséquent au gré de M. le prince de Conti, quoique, au jugement de tout

le reste des auditeurs, elle surpassât infiniment la troupe de Cormier, soit par la bonté des acteurs, soit par la magnificence des habits. Peu de jours après, ils représentèrent encore et Sarasin, à force de prôner leurs louanges, fit avouer à M. le prince de Conti qu'il fallait retenir la troupe de Molière, à l'exclusion de celle de Cormier.

Ce Sarasin était le secrétaire du prince et il était devenu amoureux de la Du Parc. Alors, il avait gagné Mme de Calvimont. En lisant ce passage des Mémoires de Cosnac, Sainte-Beuve se sentait pénétré d'une amère pitié, à la pensée qu'une sotte et une femme à cadeaux, entrée à l'étourdie dans une cabale contre Molière, aurait pu le priver d'un utile protecteur.

En 1654-1655, la troupe était à Montpellier, pendant la session des Etats, au service du prince de Conti. Après la clôture des Etats, elle séjourna de nouveau à Lyon, où fut représenté l'*Etourdi*.

Enfin ! c'est la première grande pièce de Molière. Vous voyez qu'il ne s'est pas pressé pour devenir auteur. Il a trente-trois ans ; depuis douze ans il est comédien. Sûrement ce fut sa première ambition. Sur les gradins du collège de Clermont, il ne songeait pas à être auteur et, sur les bancs de l'Hôtel de Bourgogne et du Marais, quand, farceurs ou tragiques, il admirait les comédiens fameux, s'il se projetait dans l'avenir, c'était en Bellerose ou en Mondory, bien plus même qu'en Guillot-Gorju ou en Jodelet. Il n'aspirait qu'à jouer la tragédie ; il l'a jouée d'abord à Paris, puis dans les provinces, et il la jouera encore. Il n'y a

pas de succès ; de l'avis de tous, **il y est mauvais** ;
qu'importe ? Il joue aussi la farce qui termine
toujours le spectacle et vient après la tragédie ;
mais il considère cela comme au-dessous de lui, et
pourtant il y est excellent. Et c'est cette farce
qu'il méprise et qu'il considère dans sa jeunesse
comme un art inférieur qui va être le point de départ de son œuvre, comme l'a très bien indiqué
M. Gustave Lanson : elle va occuper dans ses
comédies la plus grande place, non par la qualité
certes, mais par la quantité. Il avait déjà écrit
des petites farces depuis qu'il courait la province,
des improvisades à l'italienne. On a les titres d'une
dizaine, mais on n'a conservé intégralement que
le *Médecin volant* et la *Jalousie de Barbouillé*.
Il en écrivit sans aucun doute bien davantage ; **la**
plupart du temps, il n'avait qu'à broder sur un
canevas connu. En tout cas, les deux que nous
connaissons montrent de la verve ; le dialogue en
est vif et comique. Ces essais heureux l'encoura-
gèrent à écrire une grande pièce. Sans doute ses
camarades et Madeleine Béjart l'y poussèrent.
Mais, si de comédien il devint auteur, pour sa première pièce il n'invente pas : il n'a pas d'idée ou
bien il ne se fie pas à lui. Il arrange, il adapte et,
par endroits, il traduit une comédie italienne qui
a réussi, qui a fait ses preuves. D'abord, c'est la
mode de prendre ses sujets chez les Italiens et les
Espagnols ; la littérature n'est pas encore natio-
nalisée. Et puis le génie de Molière est à formation tardive, lente et progressive. Mairet a composé sa *Chryséide* à seize ans, au sortir de philo-

sophie ; Rotrou avait vingt ans quand il fit représenter à l'Hôtel de Bourgogne sa comédie l'*Hypocondriaque ou le Mort amoureux*, et Corneille vingt-deux ans quand on joua *Mélite*. Molière, à trente-trois ans, n'est encore que dans l'adolescence dramatique. Alors, idée principale, développements, personnages, il prend tout ou à peu près dans l'*Inavvertito* de Nicolo Barbieri, dit Beltrame : Fulvio devient Lélie ; Scapin, Mascarille ; Mezzetin, Trufaldin, etc., et s'il a besoin d'un stratagème lorsque, par exemple, Mascarille doit se procurer de l'argent pour l'enlèvement de Célie, il en trouve l'idée dans un conte d'Eutrapel. L'*Etourdi* est une comédie d'intrigue qui ne se raconte pas. Il suffit d'en énoncer le principe et d'en indiquer le procédé.

Deux jeunes gens, Lélie et Léandre, sont amoureux de la belle esclave Célie que garde jalousement l'avare Trufaldin, et Pandolfe, le père de Lélie, veut que son fils épouse Hippolyte, la fille de son ami Anselme.

Il faut donc que Mascarille, valet de Lélie, trouve ruses, détours, fourbes, inventions, pour frustrer Léandre, le rival de son maître, de ses prétentions quant à Célie. L'ingénieux Mascarille s'y emploie de son mieux, mais il doit lutter non seulement contre Trufaldin, le féroce gardien de Célie, et contre Pandolfe, le père de son maître, et contre Léandre, le rival de son maître, mais encore et surtout contre son maître lui-même, Lélie ou l'Etourdi qui, chaque fois que son valet invente une fourbe en sa faveur, la déjoue, la neutralise

par son étourderie, sa maladresse et, pour dire le
véritable mot, par ses gaffes continuelles. Oui,
Lélie, c'est le gaffeur, mais la plupart de ses
gaffes ont un motif sympathique. S'il aperçoit par
terre la bourse que Mascarille vient de dérober à
Anselme, il la ramasse et la rend à son propriétaire ; c'est d'un honnête et obligeant garçon. Si
Mascarille dit au rival Léandre, pour le dégoûter
de Célie, pis que pendre de la jolie esclave, Lélie
qui apprend par Léandre les médisances de son
valet, s'emporte et le veut battre, sans vouloir
rien comprendre aux signes d'intelligence que lui
fait Mascarille :

Non, non, point de clin d'œil et point de raillerie.
Je suis aveugle à tout, sourd à quoi que ce soit,
Fût-ce mon propre frère, il me la payeroit.
Et sur ce que j'adore oser porter le blâme
C'est me faire une plaie au plus tendre de l'âme.

Et c'est d'un sentiment délicieux, Lorsque, déguisé en Arménien, il s'introduit chez Trufaldin,
il ne parle pas pour ne point se compromettre,
mais il boit dans le verre de Célie; il met ses
lèvres où elle a mis ses lèvres; il lui fait du pied;
on entend sous la table

Un bruit, un triquetrac de pieds insupportable
Dont Trufaldin heurté de deux coups trop pressans
A puni par deux fois deux chiens très innocens.

Comme il est amoureux ! Bref, il en fait tant
que Trufaldin s'étonne et s'alarme. Enfin, quand

Mascarille veut faire coffrer Andrès, un jeune Egyptien fraîchement débarqué, et qu'on croit être un nouveau soupirant pour Célie, Lélie intervient pour rompre le stratagème, en héros de roman, en vrai désespéré ; il ne saurait souffrir qu'un honnête homme soit traîné honteusement ; il en répond sur sa mine ; il le cautionne et charge sur les recors. Ainsi, malgré ses gaffes, Lélie ne nous lasse pas, parce qu'il est candide, chevaleresque, généreux et amoureux. Et puis, il faut tout dire, Mascarille ne le prévient jamais de ce qu'il va faire. Connaissant son maître comme il le connaît, il le devrait avertir chaque fois qu'il prépare une fourbe. A un moment, Lélie lui dit même avec beaucoup de raison :

Je ne m'étonne pas si je romps tes attentes,
A moins d'être informé des choses que tu tentes,
J'en ferais encor cent de la sorte.

MASCARILLE

Tant pis.

LÉLIE

Au moins, pour t'emporter à de justes dépits
Fais-moi dans tes desseins entrer de quelque chose,
Mais que de leurs ressorts la porte me soit close,
C'est ce qui fait toujours que je suis pris sans vert.

Ça, c'est de Molière et c'est très amusant, parce qu'il a très bien vu le défaut et prévu l'objection ; mais il n'y remédie pas ; il semble dire:

C'est comme ça dans la pièce italienne, je n'y peux rien, moi; j'adapte, je traduis...

Mais quand Lélie est prévenu, il joue très bien son rôle. S'il s'agit de pleurer un père prétendu mort, il s'en acquitte le mieux du monde et seconde à merveille Mascarille.

Ce nom de Mascarille a été inventé par Molière; il vient de l'espagnol et veut dire « petit masque ». Quant au personnage, c'est ce qu'on appelle **un valet d'or**; il descend en ligne directe des valets de la comédie italienne, qui ont eux-mêmes pour grands ancêtres les esclaves de la comédie latine. Si Lélie est étourdi, Mascarille est étourdissant par ses inventions et son ingéniosité à réparer les sottises de son maître; il ne se lasse pas. D'abord il a pour Lélie une affection mêlée de pitié; c'est l'affection du fort pour le faible, du supérieur pour l'inférieur. Mascarille est supérieur par l'intelligence, et il le sait bien. Mais, en outre, c'est un grand artiste; il travaille surtout pour l'amour de l'art. Lorsque, pour la quatrième ou la cinquième fois, Lélie s'est venu mettre en travers d'une de ses ruses, il a beau dire :

Que Célie après tout soit ou libre ou captive,
Que Léandre l'achète ou qu'elle reste là,
Pour moi je m'en soucie autant que de cela.

ce n'est qu'un petit accès de mauvaise humeur. Au contraire la difficulté l'aiguillonne ; il veu*t* réussir; il y met tout son honneur, son honneur de fourbe; il veut que l'on crie sur son passage: *Vivat Mascarillus, fourbum imperator*, et, même dans son orgueil, il parle latin. Il s'entête, il s'acharne, et quand on lui raconte encore une fâcheuse intervention de Lélie, il s'écrie:

Oui, je suis stupéfait de ce dernier prodige
On dirait et, pour moi, j'en suis persuadé,
Que ce démon brouillon dont il est possédé
Se plaise à me braver et me l'aille conduire
Partout où sa présence est capable de nuire.
Pourtant, je veux poursuivre, et, malgré tous ses coups,
Voir qui l'emportera de ce diable ou de nous.

Et la lutte continue contre ce démon brouillon. Chez les personnages d'une comédie d'intrigue, il ne faut pas chercher un caractère; pourtant, par cet attachement protecteur à son maître, cet entêtement, cet amour-propre et cette ardeur à réussir, Mascarille, dans la classe des valets d'or, est une sorte de caractère.

D'ailleurs, ce n'est pas par le succès d'une de ses inventions que la comédie se termine; mais c'est un coup de hasard, une reconnaissance assez laborieuse qui fait le dénouement.

En dehors de Mascarille et de Lélie, les autres personnages sont effacés. On voit à peine les jeunes filles: Célie et Hippolyte. Les trois pères, Pandolfe, Anselme et Trufaldin sont avares. Trufaldin « se ferait fesser pour moins d'un quart d'écu ». La scène est à Messine, dans une place publique, dit une brève indication après la liste des personnages, car il faut une ville maritime pour expliquer Lélie déguisé en Arménien fraîchement débarqué et le débarquement soudain

d'Andrès, cru Egyptien, accompagné **d'une vieille**
fort hâve. Mais cette indication, Molière l'a mise
pour sa satisfaction personnelle; à aucun moment le nom de Messine n'est prononcé. Dans
cette place publique, jamais le marchand d'oran-
ges ne passe, ni le marchand de poteries avec
ses cruches de terre rouge aux anses fragiles.
Quant à cette odeur d'orangers fleuris dont toute
la ville est parfumée comme une chambre de
femme, comme dit Guy de Maupassant, je recon-
nais qu'il est difficile de la faire sentir aux spectateurs; mais il y a une extrême pénurie de renseignements et de détails locaux. On voit que
Molière n'y songeait même pas, que cela ne se
faisait pas de son temps.

Dans cette comédie de l'*Etourdi,* dont l'idée
principale et les développements sont pris un peu
partout, ce qui appartient incontestablement à
Molière, c'est déjà la vivacité, la franchise, la
bonne humeur, les tours particuliers, le pittoresque du dialogue, une façon d'exprimer les
choses, en un mot, la manière; je veux dire que,
si l'on connaissait toutes ses pièces, sauf celle-là
qui est la première, et qu'elle fût brusquement
mise au jour, on ne balancerait pas à l'attribuer
à Molière; on ne pourrait pas l'attribuer à un
autre que Molière. « Le style de cette pièce est
« faible et négligé, a dit Voltaire. Il y a beau-
« coup de fautes contre la langue, des vices de
« construction, des mots impropres et surannés ».
Une remarque aussi stupide surprend de la part
d'un homme aussi spirituel; il reproche à Mo

lière d'écrire le français de 1655, et de ne pas écrire comme Racine, La Bruyère ou Voltaire. Mais ce n'est pas la faute de Molière si la langue n'est pas encore fixée, ou plutôt, une langue n'étant jamais fixée, si elle n'a pas atteint ce degré de formation et de perfection un peu froide qui correspond à la grande période classique; sans compter que cette langue pure, précise, élégante, noble de la seconde moitié du dix-septième siècle a eu grand tort de rejeter ces mots que Voltaire trouve surannés et que La Bruyère regrettait. Et puis Molière sera toujours enclin à écrire pour ses personnages la langue parlée plutôt qu'à leur faire parler la langue écrite. Et puis voilà douze ans qu'il a quitté Paris, et c'est seulement depuis son départ que Vaugelas a fixé des règles que l'Académie, celle de 1647, a mission de faire observer; voilà douze ans qu'il court la province, et la province, à cette époque, est en retard sur Paris. On y dit encore « feindre » dans le sens d'hésiter, « éclairer » dans le sens de regarder, « semondre » pour conseiller, « congé » pour permission, « des nouveautés » pour des nouvelles, etc. Ce n'est pas la faute de Molière. Ceci dit, il faut reconnaître qu'il y a dans l'*Etourdi* des constructions bizarres, des inversions forcées; il y a de l'ellipse et même, n'ayons pas peur des mots, de l'anacoluthe. Il arrive que le poète nous propose de véritables énigmes, comme celle-ci, quand Lélie vante à Mascarille la beauté de Célie:

Dis si les plus cruels et plus durs sentiments
Ont rien d'impénétrable à des traits si charmants.

Ce qui signifie que le cœur le plus cruel et
le plus dur ne saurait résister aux charmes de
Célie.

Et encore celle-ci, un peu plus loin, du même
Lélie au même Mascarille, sur la même Célie:

Pour moi, dans ses discours comme dans son visage,
Je vois pour sa naissance un noble témoignage,
Et je crois que le ciel, dedans un rang si bas,
Cache son origine et ne l'en tire pas.

Et cela veut dire que le ciel cache l'origine de
Célie dans une basse condition, mais ne l'y a pas
fait naître.

D'autres fois, on sent que l'idée comprimée,
froissée, malmenée, est entrée de force dans le
vers, dans le vers implacable avec sa mesure, sa
césure et sa rime, comme un vêtement trop vo-
lumineux dans une valise trop petite: on serre,
on tasse, on bourre et l'on s'assied sur le cou-
vercle pour pouvoir fermer. Et puis Molière ne
sait pas encore faire le récit, surtout si le récit
n'est pas dans l'action. Écoutez ce que dit à
Célie, Andrès, cru Egyptien:

Vous le savez, Célie, il n'est rien que mon cœur
N'ait fait pour vous prouver l'excès de mon ardeur.
Chez les Véniliens, dès un assez jeune âge,
La guerre en quelque estime avait mis mon courage,
Et j'y pouvais un jour, sans trop croire de moi,

Prétendre, en les servant, un honorable emploi.
Lorsqu'on me vit, pour vous, oublier toute chose,
Et que le prompt effet d'une métamorphose,
Qui suivit de mon cœur le soudain changement,
Parmi vos compagnons sut ranger votre amant ;
Sans que mille accidens, ni votre indifférence,
Ayent pu me détacher de ma persévérance.
Depuis, par un hasard, d'avec vous séparé
Pour beaucoup plus de temps que je n'eusse auguré,
Je n'ai pour vous rejoindre épargné temps ni peine,
Enfin, ayant trouvé la vieille Egyptienne
Et plein d'impatience apprenant votre sort,
Que, pour certain argent qui leur importait fort
Et qui de tous vos gens détourna le naufrage,
Vous aviez en ces lieux été mise en otage,
J'accours vite y briser ces chaînes d'intérêt,
Et recevoir de vous les ordres qu'il vous plaît.

Voilà ce que dit Andrès; toute la tirade est dans ce style. Il faut avouer que ce n'est pas très clair. On sent que ce récit a été écrit sans joie et comme un petit pensum que l'auteur se serait donné.

Mais c'est sa première pièce, et il l'a faite en marchant ou bien à cheval sur les routes; une fois qu'il avait une centaine de vers dans la tête, il les écrivait à l'auberge, quand il pouvait. Je sais bien que le temps ni les circonstances ne font rien à l'affaire, mais tout de même... Et puis, à côté de petits passages obscurs, que de grandes trouées lumineuses et, pour quelques vers faibles et forcés, combien de vers charmants, venus sans efforts, allègrement frappés.

Victor Hugo a déclaré: « La mieux écrite de toutes les pièces de notre grand comique, à mon goût, c'est l'*Etourdi,* sa première œuvre ». **Ce que** Victor Hugo aimait dans cette comédie, c'est ce que Voltaire n'aimait pas, c'est-à-dire les mots impropres et surannés. Le style de Molière, dans l'*Etourdi,* est encore tout près de ce style Louis XIII dont les romantiques raffolaient. Le grand Théo écrivait le *Capitaine Fracasse* et, dans *Marion Delorme,* tout le côté épisodique, anecdotique et comique est excellent.

Un romantique devait goûter ces vers, quand Lélie vient avertir Trufaldin des projets de Léandre.

LÉLIE

Holà ! quelqu'un ; un mot.

TRUFALDIN, à sa fenêtre

Qu'est-ce ? qui vient me voir ?

LÉLIE

Fermez soigneusement votre porte ce soir.

TRUFALDIN

Pourquoi ?

LÉLIE

Certaines gens font une mascarade,
Pour vous venir donner une fâcheuse aubade ;
Ils veulent enlever votre Célie.

TRUFALDIN

O dieux !

LÉLIE

Et sans doute bientôt ils viennent en ces lieux.

Et en effet, voici les masques...
Alors, Trufaldin :

Oh ! les plaisans robins qui pensent me surprendre.

LÉLIE

Masques, où courez-vous ? Le pourrait-on apprendre ?
Trufaldin, ouvrez-leur pour jouer un momon

(*A Mascarille, déguisé en femme.*)

Bon Dieu ! qu'elle est jolie et qu'elle a l'air mignon !
Eh quoi, vous murmurez ? Mais, sans vous faire outrage,
Peut-on lever le masque, et voir votre visage ?

TRUFALDIN

Allez, fourbes méchans ; retirez-vous d'ici,
Canaille. Et vous seigneur, bon soir, et grand merci.

Voici des vers d'un autre genre: c'est lorsque
Andrès découvre une sœur en Célie, pour qui il
avait de l'amour. Il lui dit:

Qui l'aurait jamais cru que cette ardeur si pure
Pût être condamnée un jour par la nature !
Toutefois tant d'honneur la sut toujours régir,
Qu'en y changeant fort peu je puis la retenir.

Et Célie lui répond :

Pour moi, je me blâmais et croyais faire faute
Quand je n'avais pour vous qu'une estime très haute.
Je ne pouvais savoir quel obstacle puissant
M'arrêtait sur un pas si doux et si glissant,
Et détournait mon cœur de l'aveu d'une flamme
Que mes sens s'efforçaient d'introduire en mon âme.

Impossible de sortir, avec plus de délicatesse, d'une situation plus délicate. Et il y aurait tant d'autres vers à citer.

La troupe de Molière fit un assez long séjour à Lyon, en 1655; c'est là que D'Assoucy la rencontra. Il venait de Paris, se rendant à Turin. Ayant perdu tout son argent à jouer avec un marchand de cochons, il descendait la vallée du Rhône, à pied, suivi de deux jolis petits pages, trop jolis même, « pages de musique, chantres à chausses retroussées » vêtus de noir, couverts d'un petit manteau serré bordé d'un galon d'argent faux, et qui portaient son luth. En tête, marchait un âne « chargé d'un coffre tout rempli de chansons, d'épigrammes et de sonnets, tout caparaçonné de luths et de théorbes ». C'est dans cet équipage que D'Assoucy entra à Lyon, où ce qui le charma le plus « ce fut la rencontre de Molière et de MM. les Béjarre ». Il demeura trois mois parmi les jeux, la comédie et les festins.

Mais la troupe part pour Avignon. Ayant perdu un de ses pages et ayant ouï dire qu'il y avait dans Avignon une excellente voix de dessus dont il pourrait disposer, D'Assoucy s'embarque sur le Rhône avec Molière. En Avignon, il entre à l'académie où il perd son argent; alors, il continue à vivre aux crochets de Molière et de MM. les Béjarre. La vie est large, la table est bien garnie; chaque jour, sept ou huit plats.

Mais ce parasite est l'empereur du burlesque: il paye en bons mots et bouffonneries et en harmonie. Ayant Molière pour estimateur, il ne manque de rien. Ah! il y avait des types à cette époque. Il suit les comédiens à Pézenas où ils ont été mandés pour la session des Etats; de Pézenas il les accompagne à Narbonne; là il les quitte pour se diriger vers Montpellier. Ainsi, grâce à D'Assoucy qui écrit ses aventures, nous avons une petite partie de l'itinéraire de la troupe de Molière.

C'est à Béziers, au mois de décembre de l'année 1656, que fut représenté pour la première fois le *Dépit amoureux*. Pour beaucoup de personnes qui l'ont vu jouer à la Comédie-Française où à l'Odéon, le *Dépit amoureux* c'est, en deux actes clairs et rapides, une suite de scènes charmantes, tour à tour tendres, plaisantes et comiques. Lucile et Eraste s'aiment, se fiancent, se disputent, se jurent qu'ils ne s'aiment plus, veulent se séparer, s'aperçoivent qu'ils s'aiment toujours et même davantage, et se rejoignent. Et, fidèlement, Gros-René et Marinette, le valet et la servante, éprouvent pour leur propre compte, au fur et à mesure, les mêmes sentiments l'un pour l'autre, mais les expriment avec d'autres mots, et c'est la chanson populaire après la romance distinguée.

Exemple: Marinette apporte à Eraste ce billet de la part de sa maîtresse:

> Vous m'avez dit que votre amour
> Etait capable de tout faire ;
> Il se couronnera lui-même dans ce jour,
> S'il peut avoir l'aveu d'un père.

Faites parler les droits qu'on a dessus mon cœur,
        Je vous en donne la licence ;
        Et, si c'est en votre faveur,
    Je vous réponds de mon obéissance.

Et, pendant qu'Eraste relit la lettre tout bas et s'en pénètre:

MARINETTE, *à Gros René*

Et nous, que dirons-nous aussi de notre amour ?
Tu ne m'en parles point.

GROS RENÉ

                Un hymen qu'on souhaite
Entre gens comme nous, est chose bientôt faite.
Je te veux ; me veux-tu de même ?

MARINETTE

                    Avec plaisir.

GROS RENÉ

Touche : il suffit. .

MARINETTE

            Adieu, Gros René, mon désir.

GROS RENÉ

Adieu, mon astre.

MARINETTE

            Adieu, beau tison de ma flamme.

GROS RENÉ

Adieu, chère comète, arc-en-ciel de mon âme.

Si nous savions pourquoi Valère, le rival d'Éraste, se croit aimé de Lucile, et quelles raisons a Mascarille, pressé de questions par Éraste, de lui avouer que son maître et Lucile se sont engagé mutuellement et tacitement leur foi, ce *Dépit amoureux* en deux actes serait une petite pièce parfaite. Mais ce n'est que depuis le commencement du siècle dernier qu'il est joué sous cette forme.

Le *Dépit amoureux*, tel qu'il a été représenté la première fois et bien des fois après, est une grande comédie en cinq actes qui renferme bien les scènes charmantes que l'on connaît, mais noyées dans une sombre histoire que Molière n'a pas inventée, d'ailleurs ; il l'a empruntée à une comédie italienne, oui encore, intitulée l'*Interesse* (la Cupidité) et dont l'auteur est Nicolo Secchi. Cette histoire, déjà compliquée dans l'original, Molière l'a compliquée encore dans l'adaptation.

Le récit d'Andrès est de l'eau de roche à côté des deux récits d'une certaine Frosine, confidente d'Ascagne. Si, en les lisant, on n'a pas du papier à côté de soi pour traduire en prose quelques vers de notre Molière, il est impossible de s'en tirer. Ah ! non, le récit des événements passés et lointains n'est pas son affaire. On sent que ça lui a donné du mal, que ça l'a ennuyé. Je vous promets qu'il ne recommencera plus. Enfin, on arrive tout de même à comprendre qu'il s'agit d'une double substitution d'enfants. Je veux vous faire profiter de mon travail.

Albert avait déjà une petite fille, **Lucile**, lorsque sa femme lui a donné une autre petite fille.

Mais, voulant retenir dans sa famille l'héritage d'un oncle, héritage qui ne peut aller qu'à un enfant mâle, le cupide Albert échange la petite fille pour un petit garçon nouveau-né, Ascagne, dont la mère est la bouquetière Ignès, et Dorothée, c'est le nom de la petite fille, est mise en nourrice chez la mère de Frosine. Mais voilà qu'au bout de dix mois et pendant une absence d'Albert, le petit garçon meurt. Alors, Mme Albert échange l'enfant mort pour la petite fille Dorothée et, par cette seconde substitution, « se rend son vrai sang », et, si l'on peut dire, rentre dans sa progéniture. Quand Albert est de retour, on lui dit que c'est Dorothée qui est morte. Dorothée est donc rentrée chez les Albert, dans sa famille, où elle est élevée sous le nom d'Ascagne et comme un garçon.

Douze ans après ces événements, Mme Albert meurt d'une façon subite, emportant ce secret dans la tombe. Tout le monde croit que Dorothée-Ascagne est le frère de Lucile; elle a des culottes, un précepteur, et personne, père, sœur, précepteur, domestiques, ne se doute de son véritable sexe. C'est miraculeux et prodigieusement italien.

Maintenant, c'est une jeune fille. Son cœur parle: elle aime Valère, qui aime sa sœur Lucile, qui n'en est pas aimé, dont elle a pitié, et qu'elle veut consoler. Si bien qu'une nuit, elle se substitue à sa sœur, et pendant quelques heures elle

est Dorothée-Ascagne-Lucile, en une seule personne. Elle a un entretien avec Valère, devant
Mascarille, ce qui rend la chose convenable ou à
peu près ; elle lui avoue qu'elle l'aime, lui promet
qu'elle sera sa femme, lui permet de la venir
voir la nuit, devant témoin. Le jour, ils doivent
éviter tout entretien et même elle affectera la
plus grande indifférence. C'est que, le jour, Dorothée redevient Ascagne et, malgré l'indifférence
de la véritable Lucile, Valère a tout lieu de se
croire aimé. Et c'est tout cela qui explique la
scène du premier acte entre Valère et Eraste, et
les aveux de Mascarille.

Le pièce en cinq actes est à la lecture assez
ennuyeuse et je crois que le public de nos jours
n'en supporterait pas la représentation.

Les spectateurs de Béziers, en 1656, durent
fort goûter au contraire toute la partie qui correspond à l'imbroglio italien, et la scène farce
entre Albert et le précepteur pédant Métaphraste,
et la scène comique entre Albert et Polidore, le
père de Valère, deux scènes qui appartiennent à
Molière. Quant aux scènes qui pour les spectateurs d'aujourd'hui constituent le *Dépit amoureux,* ce fut, à l'époque, la plus agréable surprise.

Maintenant, Molière n'est plus seulement comédien. En deux ans, il a fait représenter deux
grandes comédies, surprenantes pour avoir été
composées, écrites dans les conditions d'instabi-
lité que l'on sait, deux grandes comédies, dix
actes en vers qui révèlent un poète comique. Il

possède un des caractères du génie, la générosité; il est abondant, c'est une grosse source. Il songe à écrire d'autres pièces et à les jouer. C'est maintenant qu'il commence de s'acquérir une fort grande réputation. Peu importe que le prince de Conti qui, lui, commence de se convertir, lui retire sa protection; les jours prospères sont venus. Madeleine a fait des économies... il a de l'argent de côté, ou devant lui, ou derrière lui: les trois se disent, ce qui prouve qu'il faut en être entouré; le succès le porte. Observateur, il l'était déjà, car on naît observateur; désormais il va regarder la vie et les gens autour de lui du point de vue du théâtre. Bientôt il donne la *Farce des Précieuses,* dont le sujet cette fois n'est pas emprunté aux Italiens, mais bien à ce qu'il a vu, lui, Molière; et en Avignon, il rencontre le peintre Pierre Mignard qui va devenir son grand ami et qui fait son portrait, dans le rôle de César de *Pompée,* car, au milieu de tout ça, il joue toujours la tragédie. D'après ce portrait, Molière semble se porter admirablement. Il a des lèvres bonnes et sensuelles, un nez large aux narines gourmandes, les yeux grands un peu à fleur de tête, des yeux de musicien, les sourcils épais, un peu rapprochés. Hé! Hé! jaloux? Nous saurons cela plus tard. J'aurais voulu voir les oreilles, mais on ne peut pas, à cause de la perruque. Dans l'ensemble un air de grande intelligence, de force, de franchise et de bonté, et sûrement aucune malice.

En l'été de 1658, Molière est à Rouen; c'est que

ses amis lui ont conseillé de s'approcher de Paris, en faisant venir sa troupe dans une ville voisine. « C'était le moyen de profiter du crédit que son mérite lui avait acquis auprès de plusieurs personnes de considération qui, s'intéressant à sa gloire, lui avaient promis de l'introduire à la cour ». Il fait de nombreux voyages entre Rouen et Paris. Précisément, le duc d'Anjou n'avait pas encore ses comédiens à lui. On convint que Molière et sa troupe lui appartiendraient avec 300 livres de pension pour chaque comédien. Monsieur devait présenter Molière à la reine mère et au jeune roi, son frère. Avec ces assurances Molière vint à Paris.

Retour à Paris. — Les Précieuses. — Sganarelle ou le cocu imaginaire. — Don
Garcie. — Les Fiançailles de
Molière. — L'École des
maris.

Le 24 octobre 1658 est une date importante dans
la carrière de Molière. Ce jour-là, il parut « devant Leurs Majestés et toute la cour, sur un
théâtre que le roi avait fait dresser dans la salle
des Gardes du vieux Louvre ». La troupe joua
Nicomède. Les nouveaux acteurs ne déplurent
point; même les femmes plurent beaucoup. Les
femmes, c'était toujours le trio: Béjart, Du Parc,
De Brie. Elles venaient de révolutionner Rouen,
où Marquise du Parc avait fait des ravages dans
le cœur des deux Corneille. La Béjart jouait fort
bien la tragédie; Molière n'y était pas bon. Les
comédiens de l'Hôtel de Bourgogne qui assistaient à la représentation, ne furent pas autrement fâchés que Molière se montrât mauvais dans
Nicomède. Mais quand *Nicomède* fut fini, Molière
s'avança sur le théâtre et, après avoir remercié
Sa Majesté de la bonté qu'Elle avait eue d'excuser ses défauts et ceux de sa troupe, il La sup-

plia très humblement « d'avoir pour agréable qu'il lui donnât un de ces petits divertissements qui lui avaient acquis quelque réputation et dont il régalait les provinces ».

Il joua *le Docteur amoureux*, une de ses farces dont nous ne connaissons que le titre. Molière, mauvais acteur tragique, était remarquable dans la farce. *Le Docteur amoureux* surprit et divertit tout le monde. Tout le monde ou presque. Si le roi s'amusa énormément, ceux de l'Hôtel de Bourgogne s'amusèrent moins. Il est telle comédie que les meilleurs comédiens ne savent pas jouer: sembler prendre plaisir au succès des confrères. Enfin le roi aimait la farce; il rit fort ce soir-là, et il s'en souviendra. Quand il aura envie qu'on l'amuse, il mandera Molière. Mais, dès ce début, Molière avait aussi des ennemis: les comédiens de l'Hôtel de Bourgogne, les grands comédiens!

Après cette représentation, par les ordres du roi, la troupe de Monsieur fut établie au Petit Bourbon, où il y avait une troupe de comédiens italiens à qui le sieur de Molière et ses camarades donnèrent 1.500 livres pour jouer avec eux alternativement.

Voici donc Molière, par les soins du roi, admirablement installé à Paris. Sur ce théâtre du Petit Bourbon, il donna *l'Etourdi* et *le Dépit amoureux* qui eurent un gros succès.

A Pâques 1659, il y eut des changements dans la troupe: les deux Du Parc, Marquise et Gros-René, passaient au Marais ; en revanche, Jodelet, le célèbre farceur enfariné et son frère L'Espy.

passaient du Marais chez Molière, qui faisait une autre acquisition importante en la personne du sieur La Grange.

Charles Varlet de La Grange avait alors dix-neuf ou vingt ans. De bonne famille (son père était capitaine du château de Nanteuil), orphelin de bonne heure, dépouillé par un tuteur peu scrupuleux, il se fit comédien, connut Molière, entra dans sa troupe, et fut dans toutes ses pièces l'amoureux — comme on disait alors, l'amant. Il avait beaucoup de charme, une grande séduction, jouait à la perfection.

Non seulement La Grange fut un des meilleurs acteurs de la compagnie, mais encore, pendant quatorze ans, il fut le compagnon fidèle du poète, son ami dévoué, son homme de confiance. Après la mort de Molière, c'est La Grange qui devient directeur, absorbe la troupe du Marais, plus tard celle de l'Hôtel de Bourgogne et fonde la Comédie-Française, la Maison de Molière. C'est lui qui écrit la préface pour les *OEuvres complètes* en 1682. J'aime La Grange, parce qu'il n'est pas prolixe. Ah! quel exemple il propose à certains moliéristes. Cet homme, qui a vécu dans l'intimité du poète pendant quatorze ans, écrit une préface d'une dizaine de pages, et encore Vinot, un autre ami de Molière, l'a aidé, et peut-être l'épitaphiste Marcel. Enfin et surtout, c'est à lui que nous devons le fameux Registre qui porte son nom, le Registre de La Grange sur lequel, depuis son entrée dans la troupe jusqu'en 1685, il a inscrit, chaque jour de représentation, la

pièce que l'on jouait, avec la recette, et qui **nous**
tient au courant de la vie directoriale de Molière:
livre d'or de la Comédie-Française, a dit **M.**
Edouard Thierry, tenu par son véritable greffier
d'honneur. Ce n'est pourtant pas un livre officiel,
mais particulier, un livre de raison que le comédien entretenait pour sa satisfaction personnelle,
par attachement à son théâtre. Rien n'est plus
émouvant que de feuilleter, sous sa couverture de
parchemin, ce registre aux pages jaunies, couvertes d'une belle écriture à la plume d'oie, bien
lisible. Pas de ratures, pas de taches. Si, par
hasard, l'écrivain a fait un pâté, il le lèche, il
l'enlève avec sa langue. Des notes, très brèves le
plus souvent, mentionnent des faits intéressant la
troupe. Et, dans la marge, un rond teinté de bleu
signifie du bonheur: un mariage, une visite fruc-
tueuse, une pension; une croix marque une naissance: c'est qu'une camarade a accouché; un losange teinté de noir veut dire la maladie ou la
mort. Par deux fois, les jeux de la vie et de la
mort ont fait que le losange noir se trouve immé-
diatement au-dessus ou au-dessous du rond bleu.
C'est ainsi qu'après la mort de Madeleine Béjart
— losange noir — La Grange se marie — rond
bleu. Il épousait en 1672 Marie Ragueneau de
l'Estang, la fille du pâtissier-poète; elle n'était
pas très jolie, ni éclatante comédienne; elle était
de celles dont on dit qu'elles sont convenables
dans un rôle de second plan; mais cette utilité
aimait le jeune premier, ainsi le veut en amour
la loi des compléments; Don Juan épousa l'utilité;

et, comme il avait de l'ordre, le lendemain de son mariage, au verso du premier feuillet blanc du Registre, La Grange écrivit:

« M. Cyprien Ragueneau, père de ma femme, est mort à Lyon, le 18 août 1654, en l'église Saint-Michel.

« Le père Arnoult, frère utérin de ma femme, est mort à Avignon, le 29 octobre 1669, aux Célestins. »

Voilà de l'ordre. Ces séducteurs de théâtre, s'ils ne font pas, à la ville, mille et trois malheureuses, ils ont toutes les vertus et des âmes de comptables.

On est toujours enclin à ne parler que des belles comédiennes, de leurs amours, de leurs histoires scandaleuses ; mais pour tant de renseignements précieux que son Registre nous donne sur Molière, et parce qu'il fut, même après la mort du poète, son ami fidèle, j'ai voulu signaler à votre sympathie et à votre reconnaissance le comédien Charles Varlet de La Grange.

Le jeune Louis XIV avait fort goûté Molière et *le Dépit amoureux*. *L'Etourdi* au château de Chilly, *le Dépit amoureux* au Louvre, furent joués devant le roi. Mandé à nouveau au Louvre avec sa troup,e Molière joua *Gros-René écolier* et *le Médecin volant*. Le roi aimait la farce, décidément ; envers Molière qui le faisait tant rire, il aura la reconnaissance de la rate.

Le 18 novembre 1659, sur le théâtre du Petit Bourbon, après une représentation de *Cinna, les*

Précieuses ridicules furent jouées pour la première fois.

Sous sa première forme, cette petite comédie était une farce, *la Farce des Précieuses,* que Molière avait jouée dans les provinces et dont une Mlle Desjardins, précieuse elle-même, nous a laissé un très joli récit. *Les Précieuses ridicules,* ce n'est qu'un acte, mais cet acte est considérable dans l'œuvre de Molière, parce que, pour la première fois, l'auteur prend son sujet dans les mœurs du temps et s'inspire de ce qu'il a observé directement et vu, de ses yeux vu. En somme, de ses pérégrinations pendant quatorze ans à travers les provinces, il a rapporté *les Précieuses, Monsieur de Pourceaugnac, la Comtesse d'Escarbagnas* et une demi-douzaine de paysans qui parlent différents patois. C'est peu, si l'on songe au roman comique qu'il a vécu, à tous les originaux qu'il a dû rencontrer (car d'Assoucy n'a pas été le seul), aux personnages qu'il a dû voir chez le duc d'Epernon, chez le prince de Conti, aux intrigues dont il a été témoin. Encore une fois, car il faut insister sur ce point, il a commencé très tard à observer, comme auteur. Enfin ! en 1657, il a observé des précieuses.

Qu'était-ce donc que la préciosité ? Celle qui correspond à la grande époque de l'Hôtel de Rambouillet fut, dans son principe, une réaction contre la grossièreté des mœurs environnantes, un essai de réforme du discours et des manières, une sorte d'école de morale mondaine et de bel esprit, une espèce **d'Académie** de galanterie, de vertu et de science, un tribunal avec lequel il fallait compter. Les hommes faisaient aux femmes une cour respectueuse, honnête. Les femmes n'encourageaient que l'amour pur ou à peu de chose près. Ninon de Lenclos appelait les précieuses les jansénistes de l'amour. La marquise de Rambouillet ne recevait que des femmes irréprochables. Ainsi elle évitait l'encombrement.

Les premières précieuses, les grandes, les illustres, épurèrent les mœurs et le langage. Avec les littérateurs dont elles s'entouraient, elles apprenaient à faire des portraits, des billets et des récits. On lisait à haute voix les lettres des absents qui écrivaient en conséquence. Voiture, l'épistolier, était l'âme du rond, c'est-à-dire l'enfant gâté de ce cénacle. C'est à l'Hôtel de Rambouillet que naquirent des mots utiles comme « urbanité », attribué à Balzac, « superfluité », à La Mesnardière, « obscénité », « s'encanailler » ; et des expressions imagées comme : « être brouillé avec le bon sens », « s'embarquer dans une mauvaise affaire », « briller dans la conversation », etc., métaphores nouvelles et charmantes.

Mais après le mariage de sa fille Julie d'Angennes avec le marquis de Montausier, les cabinets de Mme de Rambouillet devinrent déserts et silencieux. Elle ne recevait plus que de vieux amis. D'autres salons s'étaient ouverts dans Paris. Et puis la Fronde était venue : à un désordre politique correspond toujours quelque désordre littéraire, et ce fut, après la Fronde, en littérature,

d'un côté le burlesque et le trivial, et de l'autre,
chez les nouvelles précieuses et par esprit d'op-
position, le romanesque, le quintessencié et le
galimatias. Alors dans les alcôves et dans les
ruelles, au lieu de : « Seyez-vous, monsieur, s'il
vous plaît » ; on disait : « Prenez figure, monsieur, s'il vous plaît » ; pour dire : « Nous allons
dîner » : « Nous allons prendre les nécessités mé-
ridionales » ; « Faire parler le muet » signifiait :
heurter à la porte, le muet étant le heurtoir. Le
cerveau était « le sublime » ; les mains, « les
mouvantes » ; les coiffes noires, « des ténèbres » ;
la jupe de dessus, « la modeste » ; la seconde
jupe, « la friponne » ; la jupe de dessous, la
« secrette » ; un verre d'eau, « un bain intérieur » ;
un homme d'affaires, « un inquiet », etc. Les mal-
faiteurs en procèdent pas autrement pour commu-
niquer entre eux et ne pas être entendu des honnêtes gens. Pour dire la tête, ils disent « la cafe-
tière », les yeux, « les châsses », un juge, « un
curieux », etc. Vous voyez l'analogie. Le langage
précieux est donc une espèce d'argot prétentieux
et mondain.

En 1657, l'air précieux n'avait pas seulement
infecté Paris, il s'était aussi répandu dans les
provinces. Chapelle a rencontré des précieuses à
Montpellier. Molière a pu voir les mêmes dans
cette ville, ou d'autres en Avignon, à Pézenas,
à Lyon, à Grenoble. Et alors il les a mises en
farce. Arrivé à Paris, il récrit cette farce d'une
façon plus littéraire, supprime des grossièretés,
des plaisanteries un peu rudes, comme celle du

vicomte qui s'est débarrassé d'une balle en éternuant, supprime une scène où les précieuses bâillaient devant leurs prétendants, développe la scène entre les précieuses et les valets, et la farce devient la petite comédie que l'on connaît et qui est un chef-d'œuvre de bon sens, de verve, de gaieté et de fantaisie. Le sujet en est simple : deux pecques provinciales, Cathos et Madelon (dans les provinces elles étaient sans doute deux pecques parisiennes), ont fort mal reçu deux prétendants, jeunes, bien faits, honnêtes, mais qui ont le tort de ne pas agir en héros de roman, de débuter par le mariage, « de venir en visite avec une jambe tout unie, un chapeau désarmé de plumes, une tête irrégulière en cheveux et un habit qui souffre une indigence de rubans ».

Pour se venger de la façon dont ils ont été accueillis, les deux prétendants envoient leurs valets faire la cour à Cathos et à Madelon, qui tombent naturellement dans le piège, prenant Mascarille, le valet bel esprit, pour un vrai marquis, et Jodelet, pour un vicomte véritable. On cause, on caquette, on danse et, à la fin, Cathos et Madelon sont confondues par l'arrivée soudaine des deux prétendants qui, devant elles, rossent leurs valets. L'intrigue n'est pas compliquée et l'invention n'est pas admirable. C'est une comédie bien près de la farce d'où elle sort, par la charge du marquis-valet que joue Molière-Mascarille, avec des canons énormes, une perruque volumineuse sous un tout petit chapeau garni d'une profusion de plumes, par le valet-vicomte que joue Jodelet

avec son visage tout enfariné ; par les soufflets
et les coups de bâton ; mais c'est une comédie
parce que Molière y attaque franchement, avec
une bonne humeur cruelle, un des grands ridicules du temps, la préciosité. Il met dans la
bouche de Madelon, de Cathos, de Mascarille
toutes ces expressions contournées, alambiquées,
dont je vous citais quelques-unes tout à l'heure ;
il en invente même, ce n'est pas difficile. (Ainsi
aux environs de 1889, nous nous amusions à parler décadent, avec des *moires*, des *troublances*,
des *navrances*. *O les pétunias que tu nias, les
dahlias que tu lias, les acacias que tu scias !
O la mélancolie des ancolies ! Mon cœur est un
corylopsis du Japon.*) Il prend à partie le *Cyrus*
et la *Clélie*, les romans de Mlle de Scudéry qu'il
n'a pas pu lire jusqu'au bout ; mais il en a lu
des passages, il a fermé le livre, en haussant les
épaules et en murmurant : « As-tu fini ? » Oui,
as-tu fini ? C'est bien l'expression de l'enfant de
Paris et Molière est Parisien, élevé entre la boutique et l'atelier, entre le Pont-Neuf et les Halles
— il n'est bon bec que de Paris — il aime une
langue naturelle, vive, franche, populaire ; pour
lui, comme pour : Enfin Malherbe..., les meilleurs
juges de la langue sont les déchargeurs du Port-
au-Foin ; alors, Mlle de Scudéry, qu'est-ce qu'elle
prend avec sa Carte de Tendre ? et toute la tirade
de Madelon, quand elle dit à Gorgibus :

Mon père, voilà ma cousine qui vous dira, aussi bien
que moi, que le mariage ne doit jamais arriver qu'après
les autres aventures. Il faut qu'un amant, pour être

agréable, sache débiter les beaux sentiments, pousser le
doux, le tendre et le passionné. Premièrement, il doit
voir au temple, ou à la promenade, ou dans quelque
cérémonie publique la personne dont il devient amoureux, etc.

Toute cette tirade est la paraphrase de ces
trois mots si expressifs : « As-tu fini ? »

Ces *Précieuses ridicules* obtinrent le plus grand
succès. La pièce fut jouée avec un applaudisse-
ment général. A la première représentation, un
vieillard, au parterre, se leva et cria : « Courage,
Molière, voilà la bonne comédie ! » Mais Bazin
pense que cette anecdote a été faite après coup.
C'est dommage ; on la regrette. Tout le cabinet
de l'Hôtel de Rambouillet était là ; mais les véritables précieuses comprirent, comme écrira Molière dans une préface, « que les plus excellentes
choses sont sujettes à être copiées par de mauvais singes, qui méritent d'être bernés ; que ces
vicieuses imitations de ce qu'il y a de plus parfait
ont été de tout temps la matière de la comédie ;
et qu'elles auraient tort de se piquer lorsqu'on
joue les ridicules qui les imitent mal ». Oui, les
véritables précieuses comprirent très bien cela.

Mais les autres, les ridicules ? Eh bien ! elles
intéressèrent les galants à prendre leur parti, si
bien qu'un alcôviste de qualité essaya de faire
interdire la pièce. Il n'y réussit que pour quelques
jours. *Les Précieuses ridicules* furent reprises
avec éclat le 2 décembre ; on donna la seconde
représentation en doublant le prix des places. Les
démarches de l'alcôviste de qualité avaient fait

à la pièce une réclame énorme ; on venait à Paris de vingt lieues à la ronde pour la voir « et ceux qui font profession de galanterie et qui n'avaient pas vu *les Précieuses* d'abord qu'elles commençaient à faire parler d'elles, n'osaient l'avouer sans rougir ». Le gazetier Loret y porta ses trente sous et rit pour plus de dix pistoles. Entre le 2 décembre 1659 et Pâques 1660, cette comédie fut représentée trente-trois fois, ce qui correspond au moins à cent représentations de notre monnaie. Le Vendredi-Saint, le Pauvre Jodelet mourut ; mais les Du Parc étant rentrés dans la troupe de Molière, L'Enfariné fut remplacé dans le rôle du valet-vicomte par Gros-René. Le roi ne vit pas *les Précieuses* dans leur nouveauté ; il était absent ; il était allé chercher une reine ; mais quand il reviendra de voyage, il les verra plusieurs fois.

Après *les Précieuses ridicules*, la première pièce nouvelle que donne Molière est encore une farce : *Sganarelle ou le Cocu imaginaire*. Molière a renoncé au nom de Mascarille et désormais, dans plusieurs rôles, il sera Sganarelle, tour à tour valet, fagotier ou bourgeois, mais toujours intéressé, poltron, et de sentiments vulgaires, toujours personnage comique. Sganarelle, « c'est le côté du laid humain personnifié, et qui fait rire ». (Sainte-Beuve.)

Dans cette pièce, *Sganarelle ou le Cocu imaginaire*, l'intrigue est assez compliquée. Gorgibus, père intéressé (encore un), veut marier sa fille Célie à Valère qui a du bien, encore qu'elle soit

fiancée à Lélie qui a ces deux torts d'être absent
et moins riche que Valère. Restée seule avec sa
suivante, Célie tire de son sein le portrait de
Lélie, le contemple et se trouve mal. Sganarelle,
qui passait par là, reçoit la jeune fille dans ses
bras et la porte chez elle. La femme de Sganarelle, qui a vu tout cela de sa fenêtre, croit que
son mari la trompe, accourt sur la place, n'y
trouve plus naturellement son mari ni Célie, mais
ramasse le portrait de Lélie, que la jeune fille,
en pâmant, a laissé choir. Sganarelle survient
et surprend sa femme contemplant le portrait
d'un beau jeune homme ; alors, il croit que sa
femme le trompe. Lélie revient de voyage, et
Sganarelle le reconnaît pour l'original du portrait. Et c'est une suite de méprises : Sganarelle
fait partager ses soupçons à Célie ; la jeune fille
croit que Lélie est l'amant de la femme de Sganarelle.

Le jeune homme, de son côté, croit que, pendant son absence, Célie a épousé Sganarelle ;
tout s'embrouille et finalement se débrouille par
le mariage de Célie et de Lélie.

M. Eugène Despois estime que tout cela est de
l'invention de Molière. Cela me semble bien com-
pliqué pour être de Molière qui invente peu, ou
plutôt qui n'a pas le don de ces combinaisons.
Je pense bien qu'il a encore emprunté cette intrigue à une comédie italienne. Laquelle ? Je ne
saurais vous le dire, puisque M. Eugène Despois,
qui en savait bien plus que moi, ne l'a pas découvert. — Cette pièce est en vers, Voltaire a

jugé : « On voit que Molière perfectionna sa manière d'écrire par son séjour à Paris. Le style du *Cocu imaginaire* l'emporte beaucoup sur celui de ses premières pièces en vers : on y trouve bien moins de fautes de langage ». Les ennemis du poète, il en avait déjà, devaient trouver les vers de *l'Etourdi* et du *Dépit* souvent incorrects, obscurs, embarrassés. Les vers du *Cocu* (on dit le *Cocu* par abréviation et je m'excuse une fois pour toutes), les vers du *Cocu* sont alertes, coulants, aisés, de cette aisance qui ne va pas sans quelque effort. Molière a dû s'appliquer.

Le Cocu obtint un succès encore plus grand que celui des *Précieuses*. On le jouait après *Vinceslas*, *Nicomède*, *Héraclius*, *les Visionnaires*, *le Menteur*. Ainsi Molière avait renoué l'ancienne coutume de jouer la farce après la tragédie ou la comédie littéraire, comme on le faisait, dans sa jeunesse, à l'Hôtel de Bourgogne et au Marais. On lui reconnaissait, comme acteur et comme auteur, mais surtout comme acteur, des qualités extraordinaires dans ses nouvelles productions. Sur ce point, amis et ennemis sont d'accord. Un contemporain, la Neufvillaine, écrit à propos du *Cocu* :

Il ne s'est jamais rien vu de si agréable que les postures de Sganarelle quand il est derrière sa femme ; son visage et ses gestes expriment si bien la jalousie qu'il ne serait pas nécessaire qu'il parlât pour paraître le plus jaloux des hommes...

Et encore :

Il faudrait avoir le pinceau de Poussin, Le Brun et Mignard pour vous représenter avec quelle posture Sganarelle se fait admirer dans la scène où il paraît avec un parent de sa femme... L'on ne doit pas moins admirer l'auteur pour avoir fait cette pièce que pour la manière dont il la représente. Jamais personne ne sut si bien démonter son visage, et l'on peut dire que, dans cette pièce, il en change plus de vingt fois.

La Neufvillaine est un admirateur ; mais à propos des *Précieuses,* Somaize, un ennemi, avait écrit :

Mascarille a ajouté beaucoup sur son jeu qui a plu à assez de gens pour lui donner la vanité d'être le premier farceur de France.

Le premier farceur de France, voilà comment Molière apparaissait à quantité de gens, à Paris, en 1660, et l'on peut voir, à la Comédie-Française, un tableau peint en 1671, qui porte cette inscription : « Farceurs François et Italiens depuis soixante ans » et sur lequel Molière, dans son costume d'Arnolphe de *l'École des Femmes,* est représenté avec Brighella, Scaramouche, Gros-Guillaume, Gaultier-Garguille. En 1671 il était pourtant l'auteur du *Misanthrope,* de *Tartuffe,* de *l'Avare.* Il avait été classé tout de suite comme farceur et cela le poursuivra, quoi qu'il fasse. Quand on est classé, c'est pour longtemps.

Lui-même, en 1660, se considère encore et surtout comme un comédien ; il n'a pas d'ambition littéraire ; il n'attache pas une grande importance à l'écriture. Imaginez un jeune homme, de nos jours, qui aurait eu des succès équivalents à *l'Etourdi*, au *Dépit*, aux *Précieuses*, au *Cocu* ; on ne pourrait plus lui parler. Molière n'a même pas songé à faire éditer *l'Etourdi* et *le Dépit*. Si *les Précieuses* sont imprimées, c'est qu'il n'a pu l'éviter et qu'il est « tombé dans la disgrâce de voir une copie dérobée de sa pièce, accompagnée d'un privilège obtenu par surprise ». Mais il écrit dans la Préface :

Comme une grande partie des grâces qu'on y a trouvées [aux *Précieuses*] dépendent de l'action et du ton de la voix, il m'importait qu'on ne les dépouillât pas de ces ornements ; et je trouvais que le succès qu'elles avaient eu dans la représentation était assez beau pour en demeurer là.

Et il est sincère : il pense que les pièces sont faites pour être jouées. D'ailleurs, depuis *l'Etourdi*, sa première pièce, jusqu'au *Malade imaginaire*, sa dernière, Molière auteur a toujours pensé à Molière acteur pour « s'écrire » des rôles dans lesquels il était sûr de faire ses effets à lui, Molière et, le plus souvent, des effets de rire. Et c'est ce qui explique tout un côté de son œuvre.

Dans cette même préface des *Précieuses*, il écrit aussi :

Mon Dieu ! l'étrange embarras qu'un livre à mettre au jour ! et qu'un auteur est neuf la première fois qu'on l'imprime ! Encore si l'on m'avait donné du temps, j'aurais pu mieux songer à moi, et j'aurais pris toutes les précautions que les auteurs, à présent mes confrères, ont coutume de prendre en semblables occasions.

Cet *à présent mes confrères* est charmant. Weiss croit que Molière écrit ces mots avec fierté, avec orgueil. J'y vois plutôt de la gentillesse, un étonnement modeste et naïf.

En somme, il est encore très peu auteur.

Les Parisiens prenaient donc volontiers le chemin du théâtre où jouait la troupe de Molière, lorsque, le lundi 11 octobre, ce théâtre du Petit Bourbon « commença à être démoli par M. de Ratabon, surintendant des bâtiments du roi, sans en avertir la troupe, qui se trouva fort surprise de demeurer sans théâtre ». Cette démolition était nécessitée par la colonnade de Perraut qu'on allait élever sur l'emplacement du théâtre et le surintendant avait des ordres ; mais il aurait pu prévenir. Les comédiens se plaignirent au roi. Les raisons que M. de Ratabon donna de ce procédé d'expropriation un peu brusque ne sont pas excellentes. A quels motifs obéissait-il ? on ne sait pas. Peut-être avait-il comme amie une précieuse ou une comédienne de l'Hôtel de Bourgogne, « ce sage sieur Ratabon ». C'était peut-être simplement un imbécile qui exécutait des ordres strictement, à la lettre et sans nuances. Voilà la troupe de Monsieur sans asile ! Et, naturellement, la concurrence étant l'âme du commerce et de l'art dramatique, le Marais et l'Hôtel de Bourgogne firent des offres et des avances aux camarades de Molière. Mais il n'y eut pas de défection ; tous les acteurs aimaient leur chef et lui protestèrent « qu'ils voulaient courir sa fortune et qu'ils ne le quitteraient jamais ».

D'ailleurs, la troupe « qui avait le plaisir de plaire au Roy » fut gratifiée par Sa Majesté de la salle du Palais-Royal, et l'ordre fut donné à M. de Ratabon d'y faire les grosses réparations. Pendant que le surintendant des bâtiments leur aménageait leur nouveau théâtre, Molière et sa troupe jouèrent beaucoup en visite, de sorte que cette interruption forcée ne fut pas trop préjudiciable aux comédiens. C'est ainsi que le 26 octobre, ils jouèrent *l'Etourdi* et *les Précieuses* au Louvre chez le cardinal Mazarin « qui estoit malade dans sa chaize. Le Roy vit la comédie debout, incognito, appuyé sur le dossier de la chaize de Son Eminence » et, après la représentation, Sa Majesté gratifia la troupe de 3.000 livres. Les rapports entre le jeune Louis XIV et Molière étaient déjà excellents.

Enfin, le 20 janvier 1661, par une représentation de *l'Etourdi* et du *Cocu,* la troupe de Monsieur inaugura la salle du Palais-Royal que Richelieu, vingt-deux ans auparavant, avait inaugurée par une représentation de *Mirame.*

Bientôt, Molière donnait dans son nouveau théâtre une grand pièce nouvelle : *Don Garcie de Navarre* ou *le Prince jaloux.* C'est une comédie héroïque ou tragi-comédie. Le caractère de ces sortes d'ouvrages, c'est que les situations n'y sont pas très caractérisées ; elles ne sont ni tragiques, ni comiques. Don Garcie est encore un imaginaire, mais dans le galant, le noble et le passionné. Il aime donc Elvire et sait qu'il en est aimé ; cependant, tout lui porte ombrage, l'inquiète et l'alarme. Il fait continuellement à cette douce et patiente done Elvire des scènes injustes. Ah ! comme il doit être ennuyeux pour une femme... presque autant qu'Hernani. D'ailleurs, ce prince jaloux vient d'une pièce espagnole en passant par la comédie italienne. Il y a, dans *Don Garcie de Navarre,* une intéressante étude de la jalousie et qui montre que ce sentiment, avec ses brusqueries et ses nuances, était familier à Molière. La pièce contient quelques jolies scènes et beaucoup de jolis vers, comme ceux-ci, lorsque done Elvire se plaint à sa confidente Elise du caractère ombrageux du prince de Navarre qu'elle préfère pourtant à son rival don Silve.

Non, non, de cette sombre et lâche jalousie
Rien ne peut excuser l'étrange frénésie ;
Et par mes actions je l'ai trop informé
Qu'il peut bien se flatter du bonheur d'être aimé.
Sans employer la langue, il est des interprètes
Qui parlent clairement des atteintes secrètes :
Un soupir, un regard, une simple rougeur,
Un silence est assez pour expliquer un cœur.
Tout parle dans l'amour ; et sur cette matière
Le moindre jour doit être une grande lumière,
Puisque chez notre sexe, où l'honneur est puissant,
On ne montre jamais tout ce que l'on ressent.

Et cela, c'est de l'Hôtel de Rambouillet tout pur.

J'ai voulu, je l'avoue, ajuster ma conduite,
Et voir d'un œil égal l'un et l'autre mérite :

(C'est-à-dire le mérite de don Garcie et le mérite de don Silve.)

Mais que contre ses vœux on combat vainement,
Et que la différence est connue aisément
De toutes ces faveurs qu'on fait avec étude,
A celles où du cœur fait pencher l'habitude ?
Dans les unes toujours on paraît se jouer ;
Mais les autres, hélas ! se font sans y penser,
Semblables à ces eaux, si pures et si belles,
Qui coulent sans efforts des sources naturelles.

Dans ce genre-là, c'est mieux que du Thomas Corneille et c'est aussi bien que du Pierre Corneille.

Et voici comment don Silve, faisant la cour à donc Elvire, s'excuse de ne plus aimer la pauvre donc Ignès :

Je ne saurais souffrir l'épouvantable idée
De vous voir par un autre à mes yeux possédée ;
Et le flambeau du jour qui m'offre vos appas
Doit, avant cet hymen, éclairer mon trépas.
Je sais que je trahis une princesse aimable ;
Mais, madame, après tout, mon cœur est-il coupable ?
Et le fort ascendant que prend votre beauté
Laisse-t-il aux esprits aucune liberté ?
Hélas ! je suis ici bien plus à plaindre qu'elle ;
Son cœur, en me perdant, ne perd qu'un infidèle.
D'un pareil déplaisir on se peut consoler :
Mais moi, par un malheur qui ne peut s'égaler,
J'ai celui de quitter une aimable personne,
Et tous les maux encor que mon amour me donne.

Ce sont des subtilités, mais bien dites, et puis c'est le genre et la mode qui veulent ça. *Don Garcie* n'est pas du tout une pièce ennuyeuse. Encore une fois, il y a beaucoup de très jolis vers, dont une cinquantaine que nous retrouverons dans la bouche d'Alceste. Cette comédie héroïque ne réussit pas ; ce fut un four, le mot est de l'époque. Elle était écrite depuis longtemps déjà et Molière y comptait beaucoup. Alors qu'il s'occupait si peu de faire imprimer ses autres pièces, il s'était assuré huit mois d'avance un privilège pour *Don Garcie*. Pour la première fois qu'il agissait en auteur, il n'avait pas de chance. Ce fut pour lui une grosse déception, mais il n'avait encore découvert qu'une partie de son génie. Il va bientôt découvrir l'autre partie, la plus belle, et ce sera l'amour qui la lui fera découvrir.

Cependant, il se jouait chez lui, « dans son domestique », le premier acte charmant d'une douloureuse comédie. Il habitait alors avec la famille Béjart, la vieille mère Marie Hervé, Madeleine, la sœur Geneviève, le frère Louis... et Armande. Cette Armande Béjart était-elle la fille ou la sœur de Madeleine ? La question n'est pas encore tranchée. Jusqu'au commencement du siècle dernier, cela ne faisait pas doute qu'elle était la fille ; mais en 1821, on découvrit l'acte de mariage de Molière, dans lequel Armande est dite fille de Marie Hervé et, par conséquent, sœur de Madeleine, et, en 1863, deux actes furent mis au jour : le contrat de mariage, qui établit, entre Armande et Madeleine, la même parenté, et un acte du 10 mars 1643, par lequel Marie Hervé, fraîchement veuve de Georges Béjart, renonce à une succession chargée de dettes, comme tutrice de Joseph, Madeleine, Geneviève, Louis et une

petite **non** encore baptisée, mineurs **dudit** défunt
et d'elle. En rapprochant les dates, on peut penser que la petite non encore baptisée désigne Armande.

Par ces trois actes officiels, Armande est donc
la sœur de Madeleine. Mais les partisans de la
maternité de Madeleine, quant à Armande, ne
s'inclinent pas devant ces trois actes officiels. Ils
disent d'abord que l'acte de renonciation d'où
découlent les deux autres, est entaché d'erreurs.
D'abord le père est appelé Georges Béjart, alors
qu'il s'appelait Joseph ; Madeleine y est dite fille
mineure, alors qu'en 1636 elle était émancipée
d'âge, et cela est une erreur volontaire. Alors,
par une autre erreur volontaire, Marie Hervé, qui
semble avoir été une mère complaisante, peut
très bien avoir pris à son compte la petite non
encore baptisée.

En faveur de la maternité de Madeleine, il y a
encore les témoignages des contemporains ; ce
passage d'une lettre de Racine au jeune abbé
Le Vasseur :

Montfleury a fait une requête contre Molière et l'a
donnée au roi. Il l'accuse d'avoir épousé la fille et
d'avoir autrefois couché avec la mère. Mais Montfleury
n'est pas écouté à la cour.

Et ce passage de Brossette :

M. Despréaux m'a dit que Molière avait été amoureux
premièrement de la comédienne Béjart dont il avait
épousé la fille.

L'auteur de la *Fameuse Comédienne,* un pamphlet paru en 1688, où tout n'a pas été inventé, dit qu'Armande est la fille de Madeleine. Grimarest le dit aussi.

C'était donc l'opinion répandue parmi les contemporains, amis ou ennemis, opinion qui s'appuyait certainement sur des aveux, des confessions ou des indiscrétions. Enfin, par son testament, Madeleine a laissé presque tous ses biens à Armande, alors que sa sœur Geneviève et son frère Louis vivaient encore, et que ce dernier n'était pas dans une situation de fortune brillante. Tout cela, avec d'autres raisons qu'il serait trop long d'énumérer ici, laisse penser que Madeleine était la mère d'Armande.

Alors, quel était le père ? On ne sait pas. Grimarest dit que c'était M. de Modène. L'auteur de la *Fameuse Comédienne* écrit :

Elle est fille de la défunte Béjart, comédienne de campagne, qui faisait la bonne fortune de quantité de jeunes gens de Languedoc dans le temps de l'heureuse naissance de sa fille. Il serait assez difficile, dans une galanterie si confuse, de dire qui en était le père ; tout ce que j'en sais, c'est que sa mère assurait que dans son dérèglement (si l'on en exceptait Molière), elle n'avait pu souffrir que des gens de qualité ; que par cette raison, sa fille était d'un sang fort noble... On l'a crue fille de Molière, quoique depuis il ait été son mari ; cependant on n'en sait pas bien la vérité.

Cela, c'est abominable : cette accusation contre Molière d'avoir épousé sa fille, nous la trouvons encore dans *Elomire hypocondre* (Elomire est

l'anagramme de Molière), une méchante **comédie**
et une comédie méchante qu'un Le Boulanger de
Chalussay écrivit pour venger les médecins et qui
parut en 1670. Cette accusation, je vous la men-
tionne pour que vous la détestiez avec moi. Oui,
détestons-la ensemble, détestons-la avec M. Chardon qui dit même : « Pour l'honneur de Molière,
c'est déjà trop qu'on puisse le soupçonner d'avoir
épousé une fille de Madeleine Béjart ». Mais non,
pourquoi ? Avons-nous le droit de juger ? Sa-
vons-nous comment tout cela s'est passé. Et Molière n'a peut-être su que trop tard, et quand il
l'aimait déjà, qu'Armande était la fille de Madeleine.

Mais, fille ou sœur, au printemps de 1661, Armande est une jeune personne de dix-huit ans,
toute pleine de grâce, maigre comme il convient
à cet âge, avec des angles où la passion s'ac-
croche, des pointes par où l'électricité sort. Elle
n'est pas jolie, mais pire : elle a les yeux petits,
mais remplis d'expression, la bouche grande, la
lèvre supérieure qui avance, signe de fine sensualité ; elle est très bien. Et puis, pour Molière,
elle a cette beauté que donnent le contact journalier et la douce habitude. Elle avait passé **sa**
plus tendre jeunesse en Languedoc, chez une
dame d'un rang distingué dans la province ; mais
on l'avait retirée de bonne heure de chez cette
dame. En 1653, elle avait dix ans ; nous l'avons
vue jouer à Lyon un petit rôle dans *Andromède,*
sous le gentil nom de Mlle Menou. Elle suivait **la**
troupe dans ses pérégrinations ; elle était accou-

tumée avec Molière, qu'elle voyait continuellement et qui jouait avec elle ; elle l'appelait son mari. Ah ! ils devaient être de bons amis. Mais l'enfant grandit, devient jeune fille. Que le poète soit inquiet auprès d'une Armande de dix-huit ans, c'est possible, mais il ne s'en rend pas compte. Non, il ne l'a pas élevée, comme les méchants ont dit, pour en faire sa femme : il n'a pas prémédité l'amour ni le mariage. Bien plus, je suis sûr que ce n'est pas lui qui a commencé : il aime beaucoup trop les femmes pour ne pas être timide ; il est beaucoup trop honnête homme pour ne pas respecter une jeune fille. Seulement, un jour, une rougeur, une pâleur, un mot, un regard, un serrement de mains lui ont fait comprendre qu'il était aimé, non plus comme un ami, mais comme un amant (j'emploie ce mot dans le sens qu'il a au dix-septième siècle).

Mais, au sens moderne, n'était-il pas l'amant de Madeleine Béjart ? Barbey d'Aurevilly met ces paroles dans la bouche d'un séducteur, le comte de Ravila de Ravilès : « Je ne sais quel poète a demandé ce que pensent de nous les filles dont nous avons aimé les mères. Question profonde ! » Mais non, c'est bien simple : elles en pensent ce qu'en ont pensé les mères. S'il est installé dans la maison, il peut arriver que la jeune fille aime un homme qu'elle voit tous les jours, qui a du prestige et du mystère, et parfois, en l'épousant, qu'elle régularise la situation de la mère. Il peut arriver aussi qu'elle le déteste. Mais qu'Armande ait aimé Molière, pour un esprit pervers et logi-

que, ce serait encore une preuve qu'elle était bien
la fille de Madeleine. En outre, Molière pouvait
inspirer de l'amour, même à une très jeune fille :
il n'avait pas quarante ans, « il n'était ni trop
gras ni trop maigre ; il avait la taille plus grande
que petite, le port noble, la jambe belle ». Oui,
Armande a pu l'aimer, sincèrement... et puis,
elle voulait jouer la comédie, avoir des rôles. Ah !
il y a cela aussi ; elle est cabotine. Et Madeleine,
que pensait-elle de tout cela ? Comment prit-elle
la chose ? Bien, très bien, dit la *Fameuse Comédienne*. Elle était jalouse de la De Brie et n'était
pas fâchée de lui opposer cette rivale. Elle **aurait**
même manigancé toute l'affaire :

Elle ne manquoit pas d'exagérer à Molière la satisfaction qu'il y a d'élever pour soi un enfant dont on
est sûr de posséder le cœur, dont l'humeur nous est
connue, et l'assuroit que ce n'est que dans cet âge d'in-
nocence où l'on pouvoit rencontrer une sincérité qu'on
ne trouvoit que rarement dans la plupart des personnes
qui ont vu le grand monde...

.   .   .   .

Enfin elle conduisit si bien la chose, qu'il crut ne pouvoir mieux faire que de l'épouser.

Grimarest dit au contraire que la Béjart, soup-
çonnant Molière de quelque dessein sur Armande,

... le menaçoit souvent en femme furieuse et extrava-
gante de le perdre, lui, sa fille et elle-même, si jamais
il pensait à l'épouser. Cependant la jeune fille ne s'ac-
commodoit point de l'emportement de sa mère, qui la
tourmentoit continuellement et qui lui fesoit essuyer

tous les désagréments qu'elle pouvoit inventer : de sorte que cette jeune personne, plus lasse peut-être d'attendre le plaisir d'être femme, que de souffrir les duretés de sa mère, se détermina un matin de s'aller jetter dans l'apartement de Molière, fortement résolue de n'en point sortir qu'il ne l'eût reconnue pour sa femme ; ce qu'il fut contraint de faire. Mais cet éclaircissement causa un vacarme terrible...

Je le crois aussi, mais vous voyez que là encore il y a deux versions. Oh ! comme on aimerait connaître ce qui s'est passé entre Molière, Armande et Madeleine. Enfin, avant l'interruption de Pâques 1661, Molière demandait deux parts (de sociétaires) que la troupe lui accorda pour lui ou sa femme, s'il se mariait. Secrètement, ou officieusement, ou officiellement, il était donc fiancé avec Armande, et il avait bien l'intention de lui faire jouer la comédie.

Le 24 juin 1661, fut représentée pour la première fois, au Palais-Royal, *l'Ecole des Maris*. C'est encore une pièce très intéressante dans l'œuvre de Molière : c'est la première pièce dans laquelle il intervient subjectivement et choisit un personnage pour exprimer ses idées.

L'Ecole des Maris commence par une grande scène entre deux frères, par une exposition de caractères : Ariste, soixante ans ou presque, Sganarelle, quarante ans, ont pour pupilles les deux sœurs ; Ariste est tuteur de Léonor et Sganarelle est tuteur d'Isabelle. Le père des deux jeunes filles, en mourant, a donné par contrat aux deux frères pleine puissance de père et d'époux sur

elles ; ils peuvent les épouser ou **en** disposer.
Léonor et Isabelle étaient des enfants quand leur
père est mort. C'est un contrat abominable ; mais,
du temps de Molière, cela ne choquait pas. Sganarelle, plus jeune de vingt ans qu'Ariste, est
le plus vieux par son caractère grognon, par son
humeur sévère et farouche ; il est barbare jusques à l'habit. Il n'entend pas s'habiller comme
les muguets.

> ... Porter de ces petits chapeaux
> Qui laissent éventer leurs débiles cerveaux,
> Et de ces blonds cheveux, de qui la vaste enflure
> Des visages humains offusque la figure ;
> De ces petits pourpoints sous les bras se perdans,
> Et de ces grands collets jusqu'au nombril pendans,
> De ces manches qu'à table on voit tâter les sauces,
> Et de ces cotillons appelés hauts-de-chausses ;
> De ces souliers mignons de rubans revêtus,
> Qui vous font ressembler à des pigeons pattus ;
> Et de ces grands canons où, comme en des entraves,
> On met tous les matins ses deux jambes esclaves,
> Et par qui nous voyons ces messieurs les galans
> Marcher écarquillés ainsi que des volans ?

Dans les premières années du siècle de
Louis XIV, les jeunes gens élégants poussaient
la mode jusqu'à l'exagération. Les muguets et
les blondins se ruinaient en plumes, rubans et
dentelles ; ce qui prouve que, lorsque la mode le
permet, les hommes peuvent être aussi déraison-
nables que les femmes. J'assistais dernièrement
à une représentation du *Misanthrope* ; j'observais
que le costume des hommes ne le cédait pas en
richesse et en élégance au costume des femmes ;

et même, entre la coquette Célimène et la douce
Eliante, les deux marquis, avec leurs perruques
blondes, leurs plumes, leurs dentelles et leurs
rubans, avaient l'air de deux charmantes grues.
Cette question du costume a beaucoup préoccupé
Molière ; il ne peut pas digérer surtout ces grands
canons ; à plusieurs reprises, il en parle : c'est
que ces grands canons peuvent faire des brèches
dans la résistance de certaines femmes : il sait
bien quelle est, en amour, l'importance du plumage. Son âge, son esprit, son rang, sa situation
ne lui permettent pas ces brillants atours, c'est
une infériorité. Enfin Ariste pense que

> Toujours au plus grand nombre on doit s'accommoder,
> Et jamais il ne faut se faire regarder.
> L'un et l'autre excès choque ; et tout homme bien sage
> Doit faire des habits ainsi que du langage,
> N'y rien trop affecter, et, sans empressement,
> Suivre ce que l'usage y fait de changement.

et nous savons que Molière, sans enchérir sur
la mode, la suivait volontiers, s'habillait avec une
certaine recherche, une richesse sobre et dans
les couleurs sombres.

Ariste et Sganarelle ont aussi des idées bien
différentes sur l'éducation des filles. Sganarelle
n'entend pas qu'Isabelle sorte « sans avoir qui
la veille », l'enferme à clé dans sa chambre, lui
refuse toute distraction, veut

> Que d'une serge honnête elle ait son vêtement
> Et ne porte le noir qu'aux beaux jours seulement ;

qu'elle demeure au logis à recoudre son linge ou à tricoter des bas.

Ariste, au contraire, est bon, tolérant, confiant, libéral, il dit :

Leur sexe aime à jouir d'un peu de liberté :
On le retient fort mal par tant d'austérité
Et les soins défiants, les verrous et les grilles,
Ne font pas la vertu des femmes ni des filles :
C'est l'honneur qui les doit tenir dans le devoir,
Non la sévérité que nous leur faisons voir.
C'est une étrange chose, à vous parler sans feinte,
Qu'une femme qui n'est sage que par contrainte.
En vain sur tous ses pas nous prétendons régner
Je trouve que le cœur est ce qu'il faut gagner.

. . . .

Voilà un vers qui devait plaire à Armande. Ariste continue :

... je tiens sans cesse
Qu'il nous faut en riant instruire la jeunesse,
Reprendre ses défauts avec grande douceur,
Et du nom de vertu ne point lui faire peur.
Mes soins pour Léonor ont suivi ces maximes ;
Des moindres libertés je n'ai point fait de crimes :
A ses jeunes désirs j'ai toujours consenti,
Et je ne m'en suis point, grâce au ciel, repenti.
J'ai souffert qu'elle ait vu les belles compagnies,
Les divertissements, les bals, les comédies :
Ce sont choses, pour moi, que je tiens de tout temps
Fort propres à former l'esprit des jeunes gens ;
Et l'école du monde, en l'air dont il faut vivre,
Instruit mieux, à mon gré, que ne fait aucun livre.
Elle aime à dépenser en habits, linge et nœuds :
Que voulez-vous ? Je tâche à contenter ses vœux ;
Et ce sont des plaisirs qu'on peut, dans nos familles,
Lorsque l'on a du bien, permettre aux jeunes filles.

Un ordre paternel l'oblige à m'épouser :
Mais mon dessein n'est pas de la tyranniser.
Je sais bien que nos ans ne se rapportent guère,
Et je laisse à son choix liberté tout entière.
Si quatre mille écus de rente bien venans,
Une grande tendresse et des soins complaisans.
Peuvent, à son avis, pour un tel mariage,
Réparer entre nous l'inégalité d'âge
Elle peut m'épouser ; sinon, choisir ailleurs.
Je consens que sans moi ses destins soient meilleurs ;
Et j'aime mieux la voir sous un autre hyménée
Que si contre son gré sa main m'était donnée

Tout ce que dit Ariste, on devine que c'est le résumé éloquent de longues causeries, de doux projets entre Armande et Molière. *L'Ecole des Maris*, qui commence en comédie de caractère, se développe et se termine en comédie d'intrigue. Valère aime Isabelle qui, pour faire savoir au jeune homme qu'elle répond à sa flamme, se sert de Sganarelle lui-même. Elle prie son tuteur de reporter à Valère une lettre que cet impertinent lui aurait fait parvenir dans une boîte d'or jetée droit dans sa chambre par un complice, et ce poulet est une lettre qu'elle écrit elle-même à Valère. C'est une ruse surprenante pour une aussi jeune personne ; c'est à croire que malgré la surveillance de Sganarelle, elle cache dans quelque tiroir les contes de Boccace et les comédies de Lope de Vega.

Sganarelle est ravi de faire la commission, mais il voudrait bien savoir ce que Valère a pu écrire à sa pupille. Il veut ouvrir la lettre.

Alors Isabelle :

Ah ! ciel ! gardez-vous bien de l'ouvrir.

SGANARELLE

Et pourquoi ?

ISABELLE

Lui voulez-vous donner à croire que c'est moi !
Une fille d'honneur doit toujours se défendre
De lire les billets qu'un homme lui fait rendre.
La curiosité qu'on fait lors éclater
Marque un secret plaisir de s'en ouïr conter ;
Et je trouve à propos que, toute cachetée,
Cette lettre lui soit promptement reportée,
Afin que d'autant mieux il connaisse aujourd'hui
Le mépris éclatant que mon cœur fait de lui,
Que ses feux désormais perdent toute espérance
Et n'entreprennent plus pareille extravagance.

SGANARELLE

Certes, elle a raison lorsqu'elle parle ainsi,
Va, ta vertu me charme, et ta prudence aussi.

Il est ravi. Elle est très forte, cette Isabelle ; c'est
une lame. Et, au troisième acte, à la faveur de la
nuit, et d'un mensonge encore plus noir que la
nuit, et sous un grand manteau, elle sort de sa
maison et va se réfugier chez Valère, devant Sganarelle qui la prend pour Léonor. Celle-ci arrive
du bal. Sganarelle est confondu. Valère épousera
Isabelle. Ariste épousera Léonor.

Qu'à un tuteur quadragénaire et insupportable,
Isabelle préfère le jeune Valère, c'est fort bien ;
mais sa sœur Léonor épousera donc allégrement,
de son plein gré, Ariste, presque sexagénaire,
parce qu'il a de la bonté et de l'indulgence ?

Molière a voulu trop prouver ; il a été trop loin.
Songez que, de son temps, un homme de quarante
ans était un homme mûr ; de cinquante ans un
barbon ; de soixante ans, un vieillard.

Le théâtre, même à cette époque, demandait-il
un tel grossissement ? Si Sganarelle avait trente
ans et Ariste quarante, la pièce serait la même ;
pas une rime à changer et rien ne nous choque-
rait plus. Mais nous pouvons tout craindre pour
un Ariste de soixante ans. Isabelle, nous l'avons
vu, est bien rusée ; mais Léonor l'est encore davantage, car, lorsqu'elle revient du bal où elle a
été courtisée, elle s'écrie :

Que tous ces jeunes fous me paraissent fâcheux !
Je me suis dérobée au bal pour l'amour d'eux.
Ils croyent que tout cède à leur perruque blonde,
Et pensent avoir dit le meilleur mot du monde
Lorsqu'ils viennent, d'un ton de mauvais goguenard,
Vous railler sottement sur l'amour d'un vieillard.
Et moi, d'un tel vieillard, je prise plus le zèle
Que tous les beaux transports d'une jeune cervelle.

Allons ! Armande a dû dire à Molière : « Je
n'aime pas les jeunes gens », ce qui est le comble
de la roublardise.

Donc, dans *L'Ecole des Maris,* nous voyons
Molière, pour la première fois, intervenir subjectivement ; c'est le fiancé d'Armande ; comme auteur, il emprunte toujours aux Italiens et aux
Espagnols, mais il utilise, il exploite ce qui se
passe auprès de lui, autour de lui et en lui. Enfin,
comme acteur, chose singulière, ayant choisi le

personnage d'Ariste pour exprimer ses idées, il joue le personnage de Sganarelle : Ah ! c'est qu'il a écrit le rôle pour lui ; Sganarelle est tout le temps en scène ; c'est le rôle de la pièce, et qui fait rire.

L'Ecole des Maris, comédie à la fois de caractère, à thèse, et d'intrigue, est une pièce de transition ; c'est aussi une pièce gaie, optimiste, une pièce de fiançailles, que le poète met dans la corbeille de la jeune Armande.

Les Fâcheux. — Mariage de Molière. —
L'École des Femmes. — La Critique de
l'École des Femmes. — La Guerre
comique. — L'impromptu de
Versailles

Cette pièce de fiançailles, l'*Ecole des Maris,* eut
un très grand succès ; c'était d'un heureux pré-
sage. On la représenta à Vaux-le-Vicomte, chez le
surintendant Fouquet, devant la reine d'Angleterre, et Monsieur et Madame, nouveaux mariés ;
on la représenta à Fontainebleau devant le roi.
Molière était assez content de cette comédie qu'il
dédia à Mgr le duc d'Orléans, frère unique du roi,
à qui lui et sa troupe appartenaient. Dans l'épître
dédicatoire, il s'excuse de « la bassesse de son of-
frande » ; c'est que lorsqu'on s'adresse aux princes, il y a des formules d'humilité comme il y a
des formules de politesse entre bourgeois.

Molière, à ce moment, est un homme heureux :
il est très amoureux d'une jeune fille qui l'aime ;
il n'a que des succès ; le roi le protège ; il éprouve
une sensation de vent dans les voiles. Les personnes de qualité lui donnent souvent à dîner dans

les cabarets à la mode, et « il rend tous les repas qu'il reçoit, son esprit le faisant aller de pair avec beaucoup de gens qui sont beaucoup au-dessus de lui. » Il reçoit des confidences, des mémoires à profusion. Parmi ces gens de qualité, il y en a certainement qui veulent lui « donner un beau sujet de pièce ». Il est bien placé pour observer la cour, prendre des notes. Après la mort de son frère cadet, Jean Poquelin, il a repris la survivance de la charge de tapissier-valet de chambre du roi, charge qu'il exercera, dans son quartier, jusqu'à sa mort. Il va devenir l'amuseur officiel et c'est à lui que Nicolas Fouquet s'adresse, lorsqu'il veut régaler d'une comédie nouvelle le roi, qui avait exprimé le désir que le surintendant lui donnât une fête à Vaux-le-Vicomte. Alors Molière écrit *les Fâcheux,* qui commencent la série des pièces de commande.

« Jamais entreprise ne fut si précipitée que celle-ci, dit-il dans un avertissement, et c'est une chose que je crois toute nouvelle qu'une comédie ait été conçue, faite, apprise et représentée en quinze jours... Dans le peu de temps qui me fut donné, il m'était impossible de faire un grand dessein et de rêver beaucoup sur le choix de mes personnages et sur la disposition de mon sujet ».

Quinze jours, je crois bien. Alors, Molière imagine qu'un jeune homme, Éraste, a rendez-vous avec sa maîtresse Orphise ; mais, dans le moment qu'il va la rejoindre, chaque fois un fâcheux survient qui l'en empêche. D'abord Éraste est allé, après dîner, voir la comédie ; là, il a rencontré

son premier importun, un homme à grands canons qui est venu s'asseoir à côté de lui, et qui,
après le spectacle, s'est accroché à lui et dont il
a eu toutes les peines du monde à se débarrasser.
Molière en profite pour dire leur fait à ces jeunes
gentilshommes qui, non contents de prendre place
sur la scène et de gêner les acteurs, parlaient tout
haut, arrivaient en retard, partaient avant la fin,
se faisaient remarquer par mille extravagances et
rendaient l'illusion théâtrale difficile.

Après ce fâcheux de théâtre, Eraste est la victime de Lysandre qui veut lui chanter certain air
qu'il a fait de petite courante. Lysandre chante et
danse. Après ce fâcheux de courante, voici Alcandre qui vient demander à Eraste d'aller appeler de sa part un homme qui vient de lui rompre
en visière. Eraste refuse et en profite pour faire
sa cour au roi qui veut abolir les duels.

Un duel met les gens en mauvaise posture
Et notre roi n'est pas un monarque en peinture.

Après ce fâcheux de duel, survient le joueur
Alcippe : il fait un long récit d'une partie de piquet perdue dans des circonstances incroyables.

A ce fâcheux de piquet succèdent Orante et
Climène, deux jeunes femmes qui le prennent
pour juge

D'un débat qu'ont ému leurs divers sentimens
Sur ce qui peut marquer les plus parfaits amans.

. . . .

Enfin ce grand débat qui s'allume entre nous
Est de savoir s'il faut qu'un amant soit jaloux.

La scène est charmante ; la controverse entre Orante et Climène est jolie ; celles-là sont deux vraies précieuses, non ridicules, mais intelligentes, cultivées, fines. Eraste leur dit :

Puisqu'à moins d'un arrêt je ne m'en puis défaire,
Toutes deux à la fois je veux vous satisfaire,
Et pour ne point blâmer ce qui plaît à vos yeux,
Le jaloux aime plus et l'autre aime bien mieux.

Ainsi, il les renvoie dos à dos ; mais une femme préfère-t-elle être aimée plus ou être aimée bien mieux ? Je crois qu'une femme répondrait : J'aime qu'on m'aime un peu plus que j'aime, à quelque degré que j'aime ; mais un peu plus seulement ; beaucoup plus me gênerait.

Par un coup du sort, Orphise arrive juste dans le moment qu'Eraste cause avec Orante et Climène ; alors elle fait la jalouse et s'en va, sans vouloir rien entendre.

Puis c'est Caritidès le pédant qui remet à Eraste un placet pour le roi ; il demande une charge de contrôleur des enseignes dont les inscriptions blessent le sens et la raison par une barbare et détestable orthographe.

Enfin, après ce fâcheux de placet, Eraste doit encore subir Ormin, fâcheux de ports de mer qui, voyant le grand gain que le roi tous les ans tire de ses ports de mer, a eu l'idée de mettre toutes les côtes de la France en ports de mer, ce qui serait pour le monarque une grosse source de revenus, et cet Ormin, dans sa logique exaspérée, semble un précurseur de notre Alphonse Allais.

Les Fâcheux, c'est donc une pièce à tiroir, un défilé d'originaux, avec le minimum d'action ; c'est encore une sorte de revue dont Eraste est le compère. Toutes ces scènes ont été écrites avec une fébrile négligence et cela leur donne beaucoup de charme. La comédie était mêlée d'entrées de ballet : c'étaient des joueurs de mail, des joueurs de boules, des petits frondeurs, « des saveliers et des savetières, leurs pères et autres », puis un jardinier dansant seul « et se retirant pour faire place au troisième acte », et enfin des masques, annoncés par le distique célèbre :

Qui frappe là si fort ? — Monsieur, ce sont des masques
Qui portent des crincrins et des tambours de basques.

Le mélange de la comédie et de la danse était nouveau pour le théâtre ; « tout cela n'avait pas été réglé par une même tête » et il y paraissait par endroits. Le théâtre représentait d'abord un jardin orné de termes et de plusieurs jets d'eau. Pellisson, l'ami de Fouquet, avait composé un prologue, dit par une Naïade, sortant des eaux dans une coquille. La Naïade était Madeleine Béjart. Le prologue commençait ainsi :

Pour voir en ces beaux lieux le plus grand roi du monde,
Mortels, je viens à vous de ma grotte profonde.

Après le prologue, des Dryades, des Faunes et des Satyres sortaient des arbres et des termes et tout ce petit monde mythologique se mettait à danser « au son des hautbois qui se joignent aux violons ». Une comédie de Molière avec des intermèdes, des divertissements sur la musique de Lulli, c'est la formule des pièces de commande que l'on jouera dans les grandes fêtes des premières années du règne. Seulement, cette fois, c'est un surintendant qui donne la fête. Le plus grand roi du monde écouta *les Fâcheux* d'une oreille distraite ; il était préoccupé et surtout envieux, souverainement envieux, il ne pouvait pas l'être autrement. C'est qu'on lui avait fait faire, avant la comédie, le tour du propriétaire. Quel tour ! et quel propriétaire ! Nicolas Fouquet était un puissant personnage, un Mécène, et Vaux-le-Vicomte était la plus belle maison du royaume de France. Le roi avait visité le parc et le château ; dans le parc, dessiné par Le Nôtre, ce n'était que statues et vases de marbre, eaux jaillissantes ; dans le château, on admirait les tapisseries de Maincy et les peintures de Le Brun ; le roi fut irrité d'un tableau allégorique où le peintre avait placé le portrait de La Vallière. Il était alors dans la première ardeur de la possession. Le souper, signé Vatel, fut servi dans des assiettes d'or, et le roi n'avait que de la vaisselle d'argent. En levant les yeux au plafond, il voyait l'écureuil, le fouquet avec sa devise : *Quo non ascendet !* Il voulut faire arrêter, dit-on, le Fouquet, le surintendant, séance tenante. La reine mère le rappela aux convenances: « Quoi! au milieu d'une fête qu'il vous donne ? » Il ne le fit arrêter que quinze jours après.

Somme toute, il ne dut pas bien jouir de la

comédie. Alors Molière vint jouer *les Fâcheux*
à Fontainebleau. Entre temps, il y avait ajouté
une scène dont le roi lui avait donné l'idée : après
la représentation, à Vaux-le-Vicomte, voyant passer M. de Soyecourt, grand chasseur, Louis XIV
dit au poète : « Voilà un grand original que vous
n'avez pas encore copié ». Et Molière écrivit la
scène de Dorante, le fâcheux de chasse.

La pièce fut représentée au Palais-Royal le
4 novembre 1661 avec un grand succès ; puis
Molière la fit imprimer et osa la dédier à son
royal collaborateur. A propos de la scène du chasseur, il écrit dans l'Epître dédicatoire : « Il faut
avouer, Sire, que je n'ai jamais rien fait avec autant de facilité, ni si promptement que cet endroit
où Votre Majesté me commanda de travailler.
J'avais une joie à lui obéir qui me valait bien
mieux qu'Apollon et les muses ; et je conçois
par là ce que je serais capable d'exécuter pour
une comédie entière, si j'étais inspiré par de pareils commandemens ». Le roi était homme à en
user, comme nous le verrons, et même à en abuser.

Le 20 février 1662 qui était un lundi gras, Molière se maria à Saint-Germain-l'Auxerrois. Dans
le contrat et l'acte de mariage, Armande Béjart
est dite fille de Marie Hervé. Les deux actes ont
été signés par le père Poquelin, Louis Béjart et
Madeleine Béjart, frère et sœur de la mariée, et
par André Boudet, beau-frère de Molière. Seule,
dans la famille Béjart, Geneviève n'a pas signé ;
alors, on a interprété cela ainsi : par son absence

à la cérémonie, elle protestait contre **ce mariage ;** donc elle était la maîtresse de Molière. Mais ne pouvait-elle être malade, simplement ? Marie Hervé donnait à Armande Béjart dix mille livres tournois ; mais où les aurait-elle prises, la malheureuse vieille dame qui était à la charge de ses enfants ? On pense que c'est Madeleine Béjart qui dotait la future épouse, et c'est encore **une preuve** de la maternité, la preuve par la dot.

Molière se marie, et cela ne l'empêche pas de travailler : le 26 décembre de la même année, il donne *l'Ecole des Femmes.* C'est une comédie qui appartient à la même veine que *l'Ecole des Maris.*

La scène est dans une place de ville ; **deux** hommes causent : Chrysalde et Arnolphe. Arnolphe est un homme de quarante-deux ans qui veut se marier et qui ne veut pas être cocu. Ah! il faut dire les choses comme elles sont dites dans Molière; et l'on ne peut pas trouver une périphrase neuve chaque fois qu'il est question de cette infortune conjugale dans l'œuvre du poète et surtout dans *l'Ecole des Femmes,* où l'on ne parle que de ça.

Arnolphe a une peur horrible d'être cocu, et pourtant il veut se marier. Il est riche et ne recherche pas l'argent ; il ne recherche pas non plus l'esprit, au contraire ; il recherche la jeunesse et la sottise.

Epouser une sotte est pour n'être point **sot.**

Il sait ce qu'il en coûte à de certaines gens pour

avoir pris une femme avec trop de talents. Il dit
cela à Chrysalde qui a épousé, lui, une femme habile et instruite. Ce n'est pas très charitable ni délicat, mais Arnolphe n'a pas assez de brocards
contre les maris trompés ; son plus grand plaisir
est « de faire cent éclats des intrigues secrètes »,
ce qui est d'une âme vulgaire, surtout lorsqu'on
craint à ce point pour son propre compte l'infortune conjugale. Enfin, pour ne pas être ce qu'il
craint tant, il ne veut pas épouser une précieuse,
comme s'il n'y avait pas de milieu entre une précieuse et une parfaite imbécile.

— Je prétends que ma femme, dit-il,

> ...en clartés peu sublime
> Même ne sache pas ce que c'est qu'une rime ;
> Et s'il faut qu'avec elle on joue au corbillon,
> Et qu'on vienne à lui dire, à son tour : Qu'y met-on ?
> Je veux qu'elle réponde : Une tarte à la crème ;
> En un mot qu'elle soit d'une ignorance extrême :
> Et c'est assez pour elle, à vous en bien parler,
> De savoir prier Dieu, m'aimer, coudre et filer.

Or, un jour, étant à la campagne, il y a treize
ans de cela, il a remarqué « pour son air doux et
posé » une petite fille de quatre ans. Il s'est dit :
« Tiens, je vais la faire élever pour être ma
femme ». Ah ! il voyait les choses de loin. La
mère, une pauvre paysanne, ravie de s'ôter cette
charge, lui a confié ou vendu l'enfant. Dans un
petit couvent, loin de toute pratique, il a fait élever Agnès selon sa politique,

> C'est-à-dire ordonnant quels soins on emploieroit
> Pour la rendre idiote autant qu'il se pourroit.

Arnolphe a fait là une chose abominable ; mais la femme était dans une telle dépendance que cela ne choquait pas à l'époque. Chrysalde entend cela sans broncher. Quand Agnès a eu dix-sept ans, Arnolphe l'a retirée du couvent, et comme il vient beaucoup de monde chez lui à la ville, il l'a logée dans une petite maison qu'il possède au faubourg, il l'a mise là, à l'écart, sous la garde de deux domestiques aussi simples qu'elle. Il est à la veille de l'épouser.

Arnolphe a, en outre, le ridicule de vouloir s'anoblir : depuis peu de temps, il se fait appeler Monsieur de la Souche. Chrysalde l'en raille agréablement :

Quel abus de quitter le vrai nom de ses pères
Pour en vouloir prendre un bâti sur des chimères !
De la plupart des gens c'est la démangeaison ;
Et, sans vous embrasser dans la comparaison,
Je sais un paysan qu'on appelait Gros-Pierre,
Qui, n'ayant pour tout bien qu'un seul quartier de terre,
Y fit tout alentour faire un fossé bourbeux
Et de monsieur de l'Isle en prit le nom pompeux.

Et cela, c'est pour Thomas Corneille qui se faisait appeler Corneille de l'Ile ; mais aussi, pourquoi Thomas Corneille avait-il traité les pièces de Molière de bagatelles ? Tout se paye.

Arnolphe, qui revient des champs, où il a passé dix jours, veut voir si tout est en ordre dans sa petite maison. Il frappe à la porte, mais ce n'est pas pour rentrer chez lui : les domestiques Alain et Georgette viennent lui ouvrir ; il leur dit de faire descendre Agnès. Il lui parlera dehors, puisqu'à cause de l'unité du lieu, la scène se passera toujours dans une place de ville. Agnès descend donc avec un ouvrage à la main : le dialogue n'est pas long.

ARNOLPHE

La besogne à la main ! c'est un bon témoignage.
Hé bien ! Agnès, je suis de retour du voyage :
En êtes-vous bien aise ?

AGNÈS

Oui, monsieur, Dieu merci.

ARNOLPHE

Et moi de vous revoir, je suis bien aise aussi.
Vous vous êtes toujours, comme on voit, bien portée ?

AGNÈS

Hors les puces, qui m'ont la nuit inquiétée.

ARNOLPHE

Ah ! vous aurez dans peu quelqu'un pour les chasser.

AGNÈS

Vous me ferez plaisir.

ARNOLPHE

Je le puis bien penser.
Que faites-vous donc là ?

AGNÈS

Je me fais des cornettes.
Vos chemises de nuit et vos coiffes sont faites.

Ah ! voilà qui va bien ! Allez, montez là-haut :
Ne vous ennuyez point, je reviendrai tantôt,
Et je vous parlerai d'affaires importantes.

Et quand Agnès est partie, il apostrophe ces
pauvres précieuses :

Héroïnes du temps, mesdames les savantes,
Pousseuses de tendresse et de beaux sentimens,
Je défie à la fois tous vos vers, vos romans,
Vos lettres, billets doux, toute votre science,
De valoir cette honnête et pudique ignorance.

Il est interrompu en plein lyrisme par la vue
d'un jeune homme qui arrive sur la place et dans
qui il reconnaît Horace, le fils de son vieil ami
Oronte, Horace qu'il a vu pas plus grand que
cela et qui est maintenant un bel et joli garçon,
Horace, arrivé depuis huit jours dans cette ville et
qui est allé pour le voir, mais ne l'a pas trouvé,
naturellement, puisqu'il était à la campagne. Le
jeune homme lui annonce qu'Oronte, son père,
arrive bientôt avec un nommé Enrique.

             ... un de vos citoyens
Qui retourne en ces lieux avec beaucoup de biens
Qu'il s'est en quatorze ans acquis dans l'Amérique.

Retenons cela pour le dénouement.
Bientôt Arnolphe est tapé de cent pistoles qu'il
prête de la meilleure grâce, et, avec son goût de
connaître les intrigues secrètes, nous dirions les
potins, il interroge Horace : Et les femmes ? Depuis que vous êtes ici,

Peut-être en avez-vous déjà féru quelqu'une.
Les gens faits comme vous font plus que les écus
Et vous êtes de taille à faire des cocus.

Horace est jeune, confiant, exubérant, et il raconte à Arnolphe qu'il a, en effet, déjà une aventure d'amour avec un jeune objet

Simple à la vérité, par l'erreur sans seconde,
D'un homme qui la cache au commerce du monde,
Mais qui, dans l'ignorance où l'on veut l'asservir
Fait briller des attraits capables de ravir ;
C'est Agnès qu'on l'appelle...
      Pour l'homme,
C'est, je crois, de la Zousse, ou Source, qu'on le nomme.

et il s'en va léger, joyeux, après avoir confié à Arnolphe que les cent pistoles qu'il vient de lui emprunter, c'est pour enlever Agnès, pour s'en rendre maître en dépit de M. de la Souche. Ce quiproquo, en se prolongeant pendant cinq actes, est le ressort de la comédie.

Ce premier acte fait déjà bien connaître Arnolphe : il n'est pas seulement ridicule, il est aussi odieux. Il est clair que Molière n'a pas voulu le charger de sympathies. Eh bien, même parmi nos contemporains, Arnolphe n'a pas une mauvaise presse : on ne le trouve pas dénué d'intelligence, ni d'esprit ; on lui reconnaît des qualités, entre autres celle d'être généreux, parce qu'il prête cent pistoles à Horace, quelle plaisanterie ! Horace a un père qui répond de lui. On le trouve désintéressé parce qu'Agnès est pauvre : aurait-il pu faire ainsi abrutir une fille riche ? Non, non Arnolphe qui a pris une enfant de quatre ans, qui l'a fait élever pour lui dans les conditions que l'on sait, Arnolphe qui tympanise cruellement les maris trompés, qui dit à son ami Chrysalde qu'il est aveugle ou complaisant et qui le lui dit à mots à peine couverts, Arnolphe est certainement un maniaque, un maniaque de la corne, mais c'est aussi un vilain homme. En 1662, il ne choquait pas : c'était un personnage comique. Les hommes autoritaires, absolus, systématiques en matière de mariage, étaient nombreux, et cette opinion que la femme doit demeurer toute sa vie dans l'ignorance était fort répandue.

Mais nous l'avons laissé accablé par la confidence de son jeune ami. Alors, il veut connaître jusqu'où l'intelligence a pu s'étendre entre Agnès et Horace. Il fait venir la jeune fille dehors, sur la petite place, — unité de lieu, — et il l'interroge, et c'est la scène classique, la scène de concours des ingénues au Conservatoire, la scène que vous connaissez tous et que je ne vous dirai pas, parce que je ne vous donnerais pas une minute l'illusion que je suis Agnès et que je dirais « le petit chat est mort » de façon à vous faire croire que c'est moi qui l'ai écrasé ; enfin la scène définitive, admirable, où tout est ingénuité, ingéniosité et vérité. Un jour, pendant l'absence d'Arnolphe, Agnès travaillait sur son balcon ; un jeune homme bien fait a passé ; il l'a saluée ; elle lui a rendu son salut ; le lendemain, comme elle était sur sa porte, une vieille l'a abordée, lui

demandant de la part du jeune homme bien fait
un rendez-vous qu'elle a accordé. Ainsi, Horace
n'a eu qu'à paraître avec sa jeunesse, ses grands
cheveux, ses belles dents, ses habits de satin, ses
grands canons, sa grande canne, ses rubans et
ses plumes, et on l'a aimé. Ah ! un jeune homme
bien fait n'est jamais perdu. C'est qu'à côté d'Arnolphe, triste oiseau en ses vêtements sombres,
Horace est l'oiseau du paradis. Il n'a pas seulement le plumage, il a le ramage. Ecoutez Agnès :

Il disait qu'il m'aimait d'une amour sans seconde,
Et me disait les mots les plus gentils du monde,
Des choses que jamais rien ne peut égaler,
Et dont, toutes les fois que je l'entends parler,
La douceur me chatouille, et là-dedans remue
Certain je ne sais quoi dont je suis tout émue.

Arnolphe s'assure que les choses ne sont pas
allées plus loin ; mais il n'y a pas de temps à
perdre. Agnès ne lui demandera plus si les enfants se font par l'oreille, plaisanterie dont Molière a trouvé l'idée dans le vingt-deuxième sermon de saint Augustin. « Je veux vous épouser,
dès ce soir, dit-il à Agnès ; quant au blondin, s'il
revient rôder par ici. j'entends que vous lui fer-
miez la porte au nez honnêtement

Et, lui jetant, s'il heurte, un grès par la fenêtre,
L'obligiez tout de bon à ne plus y paraître.

tiques. Nous le revoyons à l'acte suivant, bien
tranquille ; il envoie chercher un notaire, fait
Il a donné des instructions sévères aux domes-

descendre Agnès sur la petite place et, dans un
long discours, lui explique ses idées sur le mariage :

Le mariage, Agnès, n'est pas un badinage :
A d'austères devoirs le rang de femme engage ;
Et vous n'y montez pas, à ce que je prétends,
Pour être libertine et prendre du bon temps.
Votre sexe n'est là que pour la dépendance :
Du côté de la barbe est la toute-puissance.
Bien qu'on soit deux moitiés de la société,
Ces deux moitiés pourtant n'ont point d'égalité :
L'une est moitié suprême, et l'autre subalterne ;
L'une en tout est soumise à l'autre qui gouverne ;
Et ce que le soldat, dans son devoir instruit,
Montre d'obéissance au chef qui le conduit,
Le valet à son maître, un enfant à son père,
A son supérieur le moindre petit frère,
N'approche point encor de la docilité
Et de l'obéissance, et de l'humilité,
Et du profond respect où la femme doit être
Pour son mari, son chef, son seigneur et son maître.

Quels vers magnifiques ! Molière est en pleine
possession de son métier.

Beaucoup d'hommes pensaient comme Arnolphe,
il y a deux cent cinquante ans. De nos jours, les
hommes qui ont ces idées sur la femme et sur le
mariage sont moins nombreux ; pourtant, il y en
a encore, seulement, ils ne le disent pas : ils sont
honteux. Agnès écoute avec terreur ce discours
dans lequel on ne lui parle que de ses devoirs et,
à aucun instant, de ses droits. Ainsi, dans un
bail, toutes les charges sont pour le locataire.
Arnolphe ajoute :

Songez qu'en vous faisant moitié de ma personne,
C'est mon honneur, Agnès, que je vous abandonne ;
Que cet honneur est tendre et se blesse de peu ;
Que sur un tel sujet il ne faut point de jeu
Et qu'il est aux enfers des chaudières bouillantes
Où l'on plonge à jamais les femmes malvivantes.

Puis il lui donne à lire les « Maximes du mariage ou les Devoirs de la femme mariée, avec son exercice journalier ». Ce titre, ce sous-titre, le texte de ces maximes semblaient parodier les livres pieux. Les dévots s'en alarmèrent, ainsi que des chaudières bouillantes. Pourtant, Molière n'avait pas eu de mauvaise intention contre la religion. Sur une fille, simple comme Agnès, et sortant du couvent, quelles menaces peuvent avoir plus de prise que celles de l'enfer ? Arnolphe lui parle du diable, comme on parle de croquemitaine à un enfant. Les dévots ne comprirent pas cela ou ne voulurent pas le comprendre : ils accusèrent Molière de libertinage et d'irrespect. N'oublions pas que nous sommes dans un temps où, nous dit Samuel Chappuzeau, on ne saurait souffrir dans un ouvrage comique un *Je priois Dieu,* un *Dieu vous assiste !* un *Dieu vous le rende,* et autres expressions de la sorte.

Agnès est remontée dans sa chambre avec le livre des Maximes ; Arnolphe est content :

Je ne puis faire mieux que d'en faire ma femme.
Ainsi que je voudrai, je tournerai cette âme ;
Comme un morceau de cire entre mes mains elle est,
Et je puis lui donner la forme qui me plaît.

Il s'abuse ; le morceau de blanche cire est entre

les mains d'Horace. Ce dernier arrive ; **il ne s'é-**
tonne pas de ne trouver jamais Arnolphe chez lui,
et de le rencontrer toujours sur cette petite place,
devant le logis d'Agnès. C'est que, pour lui, Arnolphe et M. de la Souche sont toujours deux
personnes distinctes, dont une lui demeure inconnue.

Horace, toujours confiant, raconte à son ami
qu'il est venu pour voir Agnès, mais que la fortune cruelle ayant ramené des champs le patron
de la belle, les domestiques lui ont assez rudement
fermé la porte au nez, et que la jeune fille lui a
jeté un grès de taille non petite ; mais ce grès,
avec **un mot de lettre**, est tombé à ses pieds, car

Il le faut avouer, l'amour est un grand maître :
Ce qu'on ne fut jamais, il nous enseigne à l'être.
D'un avare à l'instant il fait un libéral,
Un vaillant d'un poltron, un civil d'un brutal.
Il rend agile à tout l'âme la plus pesante
Et donne de l'esprit à la plus innocente.

Et Horace lit à Arnolphe la lettre d'Agnès, la
lettre la plus tendre, la plus chaste, la plus touchante :

Je veux vous écrire, et je suis bien en peine par où
je m'y prendrai. J'ai des pensées que je désirerois que
vous sussiez ; mais je ne sais comment faire pour vous
les dire, et je me défie de mes paroles. Comme je commence à connoître qu'on m'a toujours tenue dans l'ignorance, j'ai peur de mettre quelque chose qui ne soit
pas bien, et d'en dire plus que je ne devrois. En vérité, je ne sais ce que vous m'avez fait, mais je sens
que je suis fâchée à mourir de ce qu'on me fait faire
contre vous, que j'aurai toutes les peines du monde à

me passer de vous, et que je serois bien aise d'être à vous.

Peut-être qu'il y a du mal à dire cela ; mais enfin je ne puis m'empêcher de le dire, et je voudrois que cela se pût faire sans qu'il y en eût. On me dit fort que tous les jeunes hommes sont des trompeurs, qu'il ne les faut point écouter, et que tout ce que vous me dites n'est que pour m'abuser : mais je vous assure que je n'ai pu encore me figurer cela de vous, et je suis si touchée de vos paroles que je ne saurois croire qu'elles soient menteuses. Dites-moi franchement ce qui en est, car enfin, comme je suis sans malice, vous auriez le plus grand tort du monde si vous me trompiez, et je pense que j'en mourrois de déplaisir.

Voilà donc ce que peut écrire une petite fille dont le cœur s'éveille. Horace s'en va, toujours heureux, toujours léger. Arnolphe, qui a lu certainement *la Précaution inutile* de Scarron, est accablé. Pourquoi, a-t-on demandé, ne dit-il pas à Horace : « Je suis Arnolphe, l'ami de votre père et M. de la Souche dans une seule personne ». Mais, par amour-propre, pour ne pas avoir l'air d'un cocu, aux yeux de son jeune rival. Et puis, même, s'il a lu *les Nuits facétieuses du seigneur Straparole,* il espère que mieux que maître Raimond Brunel, le médecin de Padoue, il saura mettre à profit les confidences que lui fait le galant et empêcher tout commerce entre Horace et Agnès.

Mais il n'empêche rien du tout. A l'acte suivant, Horace le rencontre encore devant la maison.

La place m'est heureuse à vous y rencontrer,

lui dit-il, en soulignant ainsi l'exigence de l'untié de lieu, et il lui raconte : « Figurez-vous que je viens de l'échapper belle. Agnès m'avait ouvert la porte du jardin et conduit dans sa chambre. A peine y étions-nous qu'elle a entendu son jaloux monter l'escalier. Elle n'a eu que le temps de m'enfermer dans une grande armoire. Je ne voyais pas l'homme, mais je l'entendais

> ... marcher, sans rien dire, à grands pas ,
> Poussant de temps en temps des soupirs pitoyables,
> Et donnant quelquefois de grands coups sur les tables,
> Frappant un petit chien qui pour lui s'émouvoit,
> Et jetant brusquement les hardes qu'il trouvoit.
> Il a même cassé, d'une main mutinée,
> Des vases dont la belle ornait sa cheminée.

Et Horace confie encore à Arnolphe que, la nuit prochaine, il doit s'introduire dans la chambre d'Agnès ; il toussera trois fois sous son balcon ; elle lui ouvrira la fenêtre, lui jettera une échelle. Et il s'en va, joyeux et léger.

Alors, Arnolphe organise un guet-apens avec ses domestiques : au signal convenu, c'est lui qui ouvrira la fenêtre, et quand le blondin sera en haut de l'échelle, Alain et Georgette l'accueilleront à coups de bâton. Le valet et la servante ont si bien exécuté ses ordres qu'Arnolphe croit qu'ils ont tué Horace ; mais celui-ci, en tombant de l'échelle, s'est seulement évanoui, et quand on est venu pour le tâter, il a fait le mort. Il raconte à Arnolphe cette aventure, comment Agnès s'est sauvée du logis, pendant tout ce trouble, et trouvant son amant sans mal, a fait éclater

Un **transport** difficile à bien représenter.

Mais elle ne veut plus rentrer au logis. Elle s'est commise de tout son destin à la foi d'Horace, qui est incapable d'en abuser et, en attendant qu'il la puisse épouser, la donne à garder à son ami. Arnolphe, le nez caché dans son manteau, reçoit donc Agnès des mains d'Horace, et quand ce dernier, léger, joyeux, a disparu, il se fait reconnaître. La petite pousse un cri. Et c'est alors, à mon avis, la plus belle scène de la pièce. Arnolphe éclate en reproches : « Pourquoi me criez-vous ? » dit Agnès,

Je n'entends point de mal dans tout ce que j'ai fait.

ARNOLPHE

Suivre un galant n'est pas une action infâme ?

AGNÈS

C'est un homme qui dit qu'il me veut pour sa femme.
J'ai suivi vos leçons, et vous m'avez prêché
Qu'il se faut marier pour ôter le péché.

ARNOLPHE

Oui. Mais pour femme, moi, je prétendois vous prendre ;
Et je vous l'avois fait, me semble, assez entendre.

AGNÈS

Oui. Mais, à vous parler franchement entre nous,
Il est plus pour cela selon mon goût que vous.
Chez vous le mariage est fâcheux et pénible,
Et vos discours en font une image terrible ;
Que de se marier il donne des désirs.
Mais, las ! il le fait, lui, si rempli de plaisirs

ARNOLPHE

Ah ! c'est que vous l'aimez, traîtresse.

AGNÈS

Oui, je l'aime.

ARNOLPHE

Et vous avez le front de le dire à moi-même !

AGNÈS

Et pourquoi, s'il est vrai, ne le dirois-je pas ?

ARNOLPHE

Le deviez-vous aimer, impertinente ?

AGNÈS

Hélas !
Est-ce que j'en puis mais ? Lui seul en est la cause,
Et je n'y songeois pas lorsque se fit la chose.

ARNOLPHE

Mais il falloit chasser cet amoureux désir.

AGNÈS

Le moyen de chasser ce qui fait du plaisir ?

ARNOLPHE

Vous ne m'aimez donc pas, à ce compte ?

AGNÈ

Vous ?

ARNOLPHE

Oui.

AGNÈS

Hélas ! non.

ARNOLPHE

Comment, non ?

AGNÈS

Voulez-vous que je mente ?

ARNOLPHE

Pourquoi ne m'aimer pas, madame l'impudente ?

AGNÈS

Mon Dieu ! ce n'est pas moi que vous devez blâmer :
Que ne vous êtes-vous comme lui fait aimer ?
Je ne vous en ai pas empêché, que je pense.

Les réponses d'Agnès sont admirables, et, dans
un autre genre, je ne trouve à leur comparer, pour
la précision, la force et la candeur, que celles du
jeune Eliacin à la reine Athalie. On a trouvé
Agnès cruelle ; mais entre Arnolphe et Horace
qui l'aiment tous deux, il faut bien qu'elle soit
cruelle pour celui qu'elle n'aime pas. Arnolphe
n'a, d'ailleurs, que ce qu'il mérite. Le voilà qui
rappelle à la jeune fille qu'il a pris le soin d'élever son enfance.

AGNÈS

Vous avez là-dedans bien opéré vraiment,
Et m'avez fait en tout instruire joliment !
Croit-on que je me flatte et qu'enfin dans ma tête
Je ne juge pas bien que je suis une bête ?
Moi-même j'en ai honte et, dans l'âge où je suis,
Je ne veux plus passer pour sotte, si je puis.

Arnolphe la supplie de se laisser aimer : il devient douloureux, frénétique.

Vois ce regard mourant, contemple ma personne
Et quitte ce morveux et l'amour qu'il te donne.

. . . .

Enfin à mon amour rien ne peut s'égaler.
Quelle preuve veux-tu que je t'en donne, ingrate ?
Me veux-tu voir pleurer ? Veux-tu que je me batte ?
Veux-tu que je m'arrache un côté de cheveux ?
Veux-tu que je me tue ? Oui, dis si tu le veux.
Je suis tout prêt, cruelle, à te prouver ma flamme.

AGNÈS

Tenez, tous vos discours ne me touchent point l'âme.
Horace avec deux mots en ferait plus que vous.

Mais voici du monde : Horace, son père Oronte, Chrysalde et Enrique, le citoyen

Qui retourne en ces lieux avec beaucoup de bien
Qu'il s'est en quatorze ans acquis dans l'Amérique.

Et, alors, c'est le dénouement rapide, pressé, confus, maladroit ; mais comme j'aime cette maladresse. On sent bien que Molière n'y tient pas à ce dénouement ; seulement, il en faut un : alors, il s'en débarrasse. Dans certains tableaux du quinzième siècle où les figures, les personnages sont magistralement peints, l'architecture et le paysage sont traités d'une façon sommaire et puérile ; s'il y a des animaux, des chiens, des chevaux, ils ont la forme la plus drôle du monde ; quant aux dromadaires, aux éléphants, aux crocodiles, ils sont fantastiques. Les comédies de

Molière ressemblent parfois à ces tableaux : les principaux personnages sont solidement traités, l'étude des caractères et des passions est très poussée, mais l'intrigue est simple, les situations subordonnées aux caractères, et les personnages qui arrivent pour le dénouement font l'effet d'animaux étranges et bizarres. Ce dénouement de *l'Ecole des Femmes* se fait en une douzaine de distiques que disent tour à tour Chrysalde et Oronte. Il faut d'abord comprendre qu'il y a dixhuit ans, le seigneur Enrique épousa secrètement la sœur de Chrysalde, l'aimable Angélique, morte depuis, dont il eut une fille.

CHRYSALDE

... D'un hymen secret ma sœur eut une fille
Dont on cacha le sort à toute la famille.

ORONTE

Et qui, sous de feints noms, pour ne rien découvrir,
Par son époux, aux champs, fut donnée à nourrir.

C'est-à-dire, en prose, qu'elle fut mise en nourrice à la campagne.

CHRYSALDE

Et, dans ce temps, le sort, lui déclarant la guerre,
L'obligea de sortir de sa natale terre.

En prose : Enrique fut obligé de s'exiler.

ORONTE

Et d'aller essuyer mille périls divers
Dans ces lieux séparés de nous par tant de mers.

L'Amérique.

CHRYSALDE

Où ses soins ont gagné ce que dans **sa patrie**
Avaient pu lui ravir l'imposture et l'envie.

Il a refait sa fortune.

ORONTE

Et, de retour en France, il a cherché **d'abord**
Celle à qui de sa fille il confia le sort.

CHRYSALDE

Et cette paysanne a dit avec franchise
Qu'en vos mains à quatre ans elle l'avait **remise.**

ORONTE

Et vous allez enfin la voir venir ici
Pour rendre aux yeux de tous ce mystère éclairci.

Arnolphe n'a donc plus aucun droit sur Agnès ; il s'en va, « tout transporté », sans pouvoir parler, et comme Enrique venait justement pour marier sa fille ainsi retrouvée à Horace, le fils de son ami Oronte, rien ne s'oppose plus à l'union des deux jeunes gens, au contraire.

Il y a encore, dans *l'Ecole des Femmes,* plusieurs scènes plaisantes entre Arnolphe et Georgette, et une scène épisodique avec un notaire importun, scène parfaitement inutile, mais que nous regretterions, si elle n'y était pas, parce qu'elle nous renseigne sur un des procédés avec lesquels Molière transportait et transposait, faits et personnages, la réalité dans ses comédies. En se mariant, il douait Armande de la somme de quatre mille livres tournois de douaire préfix une fois payé. Dans les conversations qu'il eut avec ses notaires, Mᵉ Ogier et Mᵉ Pain, les mots barbares qu'à cette époque de pédantisme général les tabellions employaient avec ostentation ont dû prodigieusement l'amuser. Alors, prompt à utiliser le ridicule d'une profession, il introduit dans l'*Ecole des Femmes* un notaire grotesque dans le rôle duquel il accumule les termes spéciaux :

L'ordre est que le futur doit douer la future
Du tiers de dot qu'elle a ; mais cet ordre n'est rien,
Et l'on va plus avant lorsque l'on le veut bien.
... Pour le préciput, il les regarde ensemble.
Je dis que le futur peut, comme bon lui semble,
Douer la future... Il peut l'avantager
Lorsqu'il l'aime beaucoup et qu'il veut l'obliger,
Et cela par douaire, ou préfix, qu'on appelle,
Qui demeure perdu par le trépas d'icelle,
Ou sans retour, qui va de ladite à ses hoirs ;
Ou coutumier, selon les différents vouloirs ;
Ou par donation dans le contrat formelle,
Qu'on fait ou pure et simple, ou qu'on fait mutuelle.
... étant joints, on est par la coutume
Communs en meubles, biens, immeubles et conquets,
A moins que par un acte on y renonce exprès.

Ainsi, tout en ridiculisant un notaire, Molière nous tient au courant de ce qu'il a fait pour Armande.

Je vous ai raconté cette pièce assez longuement, pour vous montrer combien il serait inopportun d'y chercher une pensée philosophique ou bien une thèse. Je crois bien que Molière a voulu amuser plutôt que faire penser ; il a fait avant toute chose une pièce de théâtre, une pièce gaie et qui fait rire. Arnolphe est un personnage ridicule et comique. Molière, qui « s'était écrit » ce rôle, le jouait d'une façon résolument comique. Mais, comme cette *Ecole des Femmes* est classée parmi les grandes comédies de Molière, la première en date ; comme Arnolphe et Agnès inaugurent la série des grands types, on a cherché, dans cette comédie, l'idée de Molière, la signification qu'il a voulu lui donner. Pour Henry Becque, en voyant d'un côté cet Horace qui n'a qu'à se montrer pour être aimé et, de l'autre, Arnolphe qui a passé l'âge de plaire et qui n'y songe même plus (quarante-deux ans ! messieurs ; mais nous savons que Becque est très dur), le secret de la comédie c'est que l'amour est le privilège de la jeunesse. Mais, dans *l'Ecole des Maris,* n'avons-nous pas vu Léonor mariée de son plein gré au sexagénaire Ariste? Les idées de Molière, sur ce point, auraient bien changé en peu de mois. Pour Brunetière, la pensée de Molière, c'est qu'il faut des époux assortis, qu'on doit suivre la nature, et c'est toute la philosophie de *l'Ecole des Femmes.* Mais, dans *l'Ecole des Maris,* Léonor et Ariste suivent-ils la nature ? Selon M. Rigal, Molière, comme dans *l'Ecole des Maris,* a voulu prouver encore une fois, pour employer une formule familière, que l'on ne prend pas les mouches avec du vinaigre. Becque, Brunetière et M. Rigal ont raison : l'amour est le privilège de la jeunesse ; il faut des époux assortis ; on doit suivre la nature, on ne prend pas les mouches avec du vinaigre, tous ces enseignements sont dans *l'Ecole des Femmes,* et aussi que l'amour se rit des serrures et qu'il donne de l'esprit à la plus innocente, etc. Oui, ils y sont, tous ces enseignements, et si Molière avait voulu en développer spécialement un, on le saurait ; j'entends qu'il nous l'aurait dit, comme il a eu soin de le faire, au moyen d'Ariste dans *l'Ecole des Maris.* Oh ! il n'est pas embarrassé quand il veut faire connaître sa pensée par quelqu'un de ses personnages, et cela, sans prêcher. Si l'on va par là, dans *l'Ecole des Femmes,* c'est Chrysalde l'homme de bon sens, le raisonneur et le raisonnable, qui démontre à Arnolphe qu'il ne faut pas attacher trop d'importance à l'infortune conjugale, qu'elle ne déshonore pas son homme ni ne le rend ridicule.

Que, des coups du hasard aucun n'étant garant,
Cet accident, de soi, doit être indifférent,
Et qu'enfin tout le mal, quoique le monde glose,
N'est que dans la façon de recevoir la chose ;
Et, quand on le sait prendre, on n'a point à rougir
Du pis dont une femme avec nous puisse agir.
Quoi qu'on en puisse dire, enfin, le cocuage
Sous des traits moins affreux aisément s'envisage ;
Et, comme je vous dis, toute l'habileté
Ne va qu'à le savoir tourner du bon côté.

Chrysalde, a-t-on dit, nous donne d'étranges conseils. Il les donne à Arnolphe et il a cent fois raison de parler comme il le fait, puisque, quand Arnolphe parle lui-même de cette infortune, il ne la considère pas une minute au point de vue affection, tendresse et cœur, mais vanité. L'idéal de mariage d'Arnolphe (et Weiss l'a très bien dit) est placé aussi bas que possible ; son amour est des plus matériels ; il se borne à la possession physique.

Si son cœur m'est volé par ce blondin funeste,
J'empêcherai du moins qu'on s'empare du reste.

C'est pourquoi Chrysalde lui dit sur le cocuage des choses excellentes, et, par la même occasion, Molière, qui vient d'épouser Armande et que ces questions-là préoccupent, prend une assurance contre le ridicule.

L'Ecole des Femmes n'est pas une pièce de lune de miel. Molière n'est pas Arnolphe, pas plus qu'Armande n'est Agnès ; mais tout de même Molière a quarante ans comme Arnolphe, et les mêmes inquiétudes. Il n'a rien à reprocher à Armande, mais il sent qu'il n'est pas aimé comme il aime, qu'il n'est pas aimé d'une certaine façon et qui compte. Oh ! que c'est difficile à dire. Enfin, auprès d'une femme de vingt ans, un homme de quarante ans est remué jusqu'au fond de son être ; s'il s'aperçoit que ce n'est pas réciproque, il commence de souffrir, il commence à « faire de la jeune personne », c'est la maladie des hommes âgés, oui, la maladie. On fait de la jeune personne comme on fait de la neurasthénie ou de la tuberculose. Pourquoi ne m'aime-t-elle pas ?

Me veux-tu voir pleurer ? Veux-tu que je me batte ?
Veux-tu que je m'arrache un côté de cheveux ?
Veux-tu que je me tue ? Oui, dis si tu le veux,
Je suis tout prêt, cruelle, à te prouver ma flamme.

J'écoute Arnolphe et j'entends Molière. C'est
que je connais sa sincérité, et ces cris-là, on ne
les invente pas, on les retrouve.

L'Ecole des Femmes remporta le plus éclatant
succès que Molière ait eu dans toute sa carrière.
C'était quelque chose de tellement nouveau : jamais la comédie ne s'était rapprochée à ce point
de la réalité, n'avait présenté des personnages
aussi vivants, qui parlassent un langage aussi naturel. Les gens de goût en comprirent bien la puis-
sante originalité et la solide gaieté. Mais la pièce
fut violemment attaquée.

Le commandeur voulait la scène plus exacte,

et c'était le commandeur de Souvré.

Le vicomte indigné sortait au second acte,

et c'était le comte du Broussin. Admirateurs ou
détracteurs, tout le monde y courait. Boileau, déjà
lié avec Molière, approuva tout de suite le nouvel
ouvrage de son ami. Le 1er janvier 1663, il lui
adressa comme étrennes les vers devenus célèbres :

> En vain mille jaloux esprits,
> Molière, osent avec mépris,
> Censurer ton plus bel ouvrage...

Le roi et Madame, à laquelle la pièce fut dédiée,
avaient déclaré qu'ils la goûtaient fort ; mais
Molière avait contre lui les précieuses, les marquis dont il avait raillé les travers, les ridicules

et les extravagances dans *les Fâcheux*, les dévots,
à cause des chaudières bouillantes, les comédiens
de l'Hôtel de Bourgogne dont il avait critiqué dans
les Précieuses Ridicules la manière prétentieuse
de dire les vers, mais qui ne lui pardonnaient pas
surtout de réussir avec cette continuité et cet éclat.
Quant aux auteurs, ils étaient consternés ; met-
tez-vous à leur place. Si l'on en excepte *Don
Garcie de Navarre*, Molière n'avait eu que des
succès, depuis ses débuts à Paris, et voilà que
l'Ecole des Femmes faisait dans la comédie une
révolution semblable à celle que *le Cid* avait faite
dans la tragédie. Et voilà qu'à Pâques, Molière
était décoré ! — Oh ! pardon, je veux dire que
le roi lui faisait une pension de mille livres. Les
pensions, c'étaient les croix de ce temps-là... seulement, il y en avait moins. On me racontait qu'il
y a quelques années, un jeune auteur, après avoir
eu deux ou trois succès, donna une pièce qui
tomba. Alors, le soir de la répétition générale, on
vit, dans les couloirs, deux confrères se serrer la
main avec une effusion féroce, en criant ensemble : « Enfin, ça y est ! » Les choses présentes
font mieux comprendre les choses passées, et
l'âme des confrères a peu changé à travers le
temps et l'espace. Les deux Corneille, Pierre et
Thomas, n'étaient pas au nombre des amis du
triomphateur. Thomas Corneille de l'Ile, Monsieur
de l'Ile, cela ne surprend pas ; mais l'autre, le
grand tout plein de gloire, et qui peignait si bien
les hommes comme ils devraient être ! Sa situation était difficile : il ne pouvait pas se séparer

des comédiens de l'Hôtel de Bourgogne qui lui jouaient toutes ses nouvelles tragédies ; mais surtout il avait cinquante-six ans ; ses dernières œuvres avaient été accueillies avec moins de faveur, et il voyait le public se précipiter aux pièces de Molière. Constater l'énorme succès des pièces gaies, rien n'est plus tragique pour un auteur tragique, il pense : « Voilà ce qu'il leur faut, des farces ! » et le poète Lysidas dira dans *la Critique de l'Ecole des Femmes :*...

...Il y a une grande différence de toutes ces bagatelles à la beauté des pièces sérieuses. Cependant tout le monde donne là-dedans aujourd'hui : on ne court plus qu'à cela ; et l'on voit une solitude effroyable aux grands ouvrages, lorsque des sottises ont tout Paris. Je vous avoue que le cœur m'en saigne quelquefois, et cela est honteux pour la France.

Corneille a dû dire cela, à peu près.

Des jeunes auteurs arrivistes comme Donneau de Visé, comme Edme Boursault, se préparaient à attaquer Molière. Celui-ci prit les devants et, le 1er juin 1663, donna la *Critique de l'Ecole des Femmes.* C'est une sorte de « dissertation faite en dialogue », une conversation sur la pièce qui est l'objet de toutes les conversations. Dans un salon, six personnes causent : deux femmes d'esprit, Elise et Uranie (nous sommes chez Uranie), une précieuse ridicule, Climène, un marquis turlupin, un auteur jaloux, Lysidas, et le chevalier Dorante qui est le porte-parole de Molière. La précieuse, le marquis et l'auteur trouvent *l'Ecole des Femmes* une

méchante comédie, et **Elise, Uranie** et **Dorante lui**
trouvent, au contraire, de fort bonnes qualités ; et
vous pensez bien que Molière a mis dans la bouche
de ses adversaires les pires raisons et les meilleures dans la bouche de ses alliés. Encore une fois,
c'est une conversation, mais tout à fait agréable
et qui nous intéresse, alors même que les questions qui s'y agitent sont depuis longtemps ré-
glées. Les questions seules s'y agitent ; les personnages ne bougent pas et parlent seulement :
c'est une comédie assise, sans mouvement, sans
intrigue, sans combinaisons. C'était encore quelque chose de nouveau, et, déjà une des formules
les plus séduisantes du théâtre libre. On a bien de
la peine à persuader à certaines gens que c'est du
théâtre. « Il ne se passe rien », disent-ils. Qu'importe, si des idées passent !

Cette petite pièce est la première action d'une
longue querelle littéraire que l'on a appelée la
guerre comique. Le rôle de Lysidas, l'auteur envieux, avait irrité beaucoup de gens qui s'y recon-
naissaient. Donneau de Visé répondit par *Zelinde*
ou *la Véritable Critique de l'Ecole des Femmes*
et *la Critique de la Critique*. Cette pièce destinée
à l'Hôtel de Bourgogne n'y fut cependant pas représentée, on ne sait pourquoi ; mais Edme Boursault fit jouer à ce théâtre le *Portrait du Peintre*.
Le peintre, c'était Molière ; ses ennemis le sur-
nommaient ainsi, sans se douter qu'ils lui rendaient le plus bel hommage. *Le Portrait du Peintre*
n'est que la *Critique de l'Ecole des Femmes*, retournée comme un habit, dira Molière. On ne peut

rien imaginer de plus pauvre que le petit acte de Boursault. En le lisant, on voit combien aussi, dans ce genre là, l'auteur de *la Critique* était supérieur à ses détracteurs.

Louis XIV invita Molière à répondre aux méchancetés et aux calomnies dont il était l'objet et dont l'Hôtel de Bourgogne était le foyer ; on faisait déjà courir le bruit qu'Armande était coquette, que le poète était malheureux en ménage. Alors il écrivit *l'Impromptu de Versailles,* qui fut joué pour la première fois à Versailles devant le roi et toute la cour.

Molière imagine une répétition avec ses comédiens. Il les appelle un par un : Brécourt, La Grange, du Parc, Béjart, De Brie, Du Croisy, Hervé, et Mlle Molière, qui avait joué le rôle d'Elise dans *la Critique* et qui, dans *l'Impromptu,* jouait le rôle d'une satirique spirituelle. L'auteur tremble d'exposer quelque chose de comique devant une assemblée comme celle-ci. Et Madeleine Béjart fait observer à son directeur : « Si cela vous faisait trembler, vous prendriez mieux vos précautions et n'auriez pas entrepris en huit jours ce que vous avez fait ». Elle est comme toujours pleine de bon sens, cette Madeleine. Et Molière de répondre : « Le moyen de s'en défendre quand un roi me l'a commandé ; les rois n'aiment rien tant qu'une prompte obéissance et ne se plaisent point du tout à trouver des obstacles ». Cela amusait beaucoup Louis XIV ; cela le reposait des éloges pompeux, des nobles flagorneries en prose ou en vers ; on parlait de lui, devant lui, comme s'il n'était pas là ; il le croyait du moins, et, quand son grand amuseur disait : « Les choses ne sont bonnes que dans le temps qu'ils le souhaitent... nous ne sommes que pour leur plaire, etc », le roi devait avoir la sensation d'être rudoyé. Dans *l'Impromptu,* Molière répondait surtout aux comédiens de l'Hôtel de Bourgogne et à Boursault. Il contrefaisait l'emphatique Montfleury, et Hauteroche, et Beauchâteau, et Mlle de Beauchâteau qui conserve un visage riant dans les plus grandes afflictions. Molière faisait les imitations à ravir. La cour était dans la joie ; on aimait déjà les imitations. Pascal a dit : « Deux visages semblables, dont aucun ne fait rire en particulier, font rire ensemble par leur ressemblance ». Et, d'où vient qu'on ne rit pas d'entendre au théâtre certains acteurs, au contraire, et qu'on rit de les entendre imiter ; M. Bergson vous répondra : « Imiter quelqu'un, c'est dégager la part d'automatisme qu'il a laissée s'introduire dans sa personne. C'est donc, par définition même, le rendre comique, et il n'est pas étonnant que l'imitation fasse rire ».

Après les imitations, on commençait la répétition d'une pièce qu'on interrompait pour parler de Boursault.

— Ma foi, disait Mlle De Brie, j'aurais joué ce petit monsieur l'auteur qui se mêle d'écrire contre des gens qui ne songent pas à lui.

Mais Molière lui répondait :

— Vous êtes folle. Le beau sujet à divertir la cour que

M. Boursault ! Je voudrais bien savoir de quelle façon on
pourrait l'ajuster pour le rendre plaisant, et si, quand
on le bernerait sur le théâtre, il serait assez heureux
pour faire rire le monde... C'est un homme qui n'a
rien à perdre ; et les comédiens ne me l'ont déchaîné
que pour m'engager à une sotte guerre et me détourner, par cet artifice, des autres ouvrages que j'ai à
faire : et cependant vous êtes assez simples pour donner
toutes dans ce panneau. Mais enfin, j'en ferai ma déclaration publiquement : je ne prétends faire aucune réponse à toutes leurs critiques et leurs contre-critiques.

Et il tiendra parole : il ne répondra ni à *l'Impromptu de l'Hôtel de Condé* dont l'auteur est le
fils du gros comédien Montfleury, ni à la *Réponse
à l'Impromptu de Versailles ou la Vengeance des
Marquis,* de Donneau de Visé, ni au *Panégyrique
de l'Ecole des Femmes ou Conversation comique
sur les œuvres de M. Molière,* du jeune Robinet.
Ces petits auteurs aimaient les interminables
titres. Enfin! nous savons que Molière travaille à
d'autres ouvrages.

Ces petites pièces, *la Critique, l'Impromptu,*
nous mettent au courant de sa vie littéraire, nous
le montrent dans une période combative et nous
font connaître son tempérament.

Contre ses adversaires, il n'emploie pas l'ironie,
il leur assène des coups de bon sens, comme des
coups de poing. Et quels sont ses adversaires? les
précieuses, les marquis, les comédiens, les auteurs et les dévots. Il a répondu à tous, excepté
aux dévots: à ceux-ci, il n'a répliqué que très
habilement, mais très indirectement, en dédiant
la Critique de l'Ecole des femmes à la reine mère,

la pieuse Anne d'Autriche. Mais tel que nous le connaissons, il ne se contentera pas de cette dédicace; il nous le dit lui-même dans *l'Impromptu:* « Tout ce qu'il a touché jusqu'ici n'est rien que bagatelle au prix de ce qui reste ». Il pense à *Tartuffe.*

**Le Mariage forcé. — Les Fêtes de Versailles
La Princesse d'Elide. — Coquetterie
d'Armande. — Les trois premiers
actes de Tartuffe. — Don Juan
ou le Festin de Pierre.**

Dans *l'Impromptu de Versailles*, Moliére nous
a promis, pour ainsi dire, une grande comédie.
Soyez certains qu'il y travaille; le succès de
l'Ecole des femmes a dû l'encourager. Mais le
roi ne le laisse pas travailler tranquillement:
Louis XIV entend qu'on le divertisse; il veut danser, et Molière est forcé d'écrire *le Mariage forcé,*
comédie-ballet qui fut représentée, pour la première fois, le 29 janvier 1664, dans l'appartement
bas de la reine mère au Louvre. Il s'agit encore
d'un homme de cinquante ans qui veut épouser
une jeune personne. Comme cette aventure préoc-
cupe Molière! En trois ans, en trois pièces, il
l'aura traitée sous trois formes différentes, dont
la dernière est purement une farce. *Le Mariage
forcé* est une suite de variations sur ce thème:
Ferais-je bien ou mal de me marier? C'est la
question de Panurge à Pantagruel. Cette question,
Sganarelle la pose à son ami Geronimo, Sgana-

relle quinquagénaire et qui doit épouser la fille du seigneur Alcantor, cette jeune Dorimène si galante et si bien parée. Il interroge encore deux docteurs de sectes différentes, Pancrace et Marphurius, l'un aristotélicien et l'autre pyrrhonien. Il interroge enfin deux Egyptiennes, avec leurs tambours de basque, qui entrent en chantant et en dansant; la scène est charmante:

SGANARELLE

Elle sont gaillardes. Ecoutez, vous autres, y a-t-il moyen de me dire ma bonne fortune ?

PREMIÈRE ÉGYPTIENNE

Oui, mon bon monsieur, nous voici deux qui te la dirons.

SECONDE ÉGYPTIENNE

Tu n'as seulement qu'à nous donner ta main avec la croix dedans, et nous te dirons quelque chose pour ton bon profit.

SGANARELLE

Tenez, les voilà toutes deux, avec ce que vous demandez.

PREMIÈRE ÉGYPTIENNE

Tu as une bonne physionomie, mon bon monsieur, une bonne physionomie.

SECONDE ÉGYPTIENNE

Oui, une bonne physionomie ; physionomie d'un homme qui sera un jour quelque chose.

PREMIÈRE ÉGYPTIENNE

Tu seras marié avant qu'il soit peu, mon bon monsieur ; tu seras marié avant qu'il soit peu.

SECONDE ÉGYPTIENNE

Tu épouseras une femme gentille, une femme gentille.

PREMIÈRE ÉGYPTIENNE

Oui, une femme qui sera chérie et aimée de tout le monde.

SECONDE ÉGYPTIENNE

Une femme qui te fera beaucoup d'amis, mon bon monsieur, qui te fera beaucoup d'amis.

PREMIÈRE ÉGYPTIENNE

Une femme qui fera venir l'abondance chez toi.

SECONDE ÉGYPTIENNE

Une femme qui te donnera une grande réputation.

PREMIÈRE ÉGYPTIENNE

Tu seras considéré par elle, mon bon monsieur, tu seras considéré par elle.

SGANARELLE

Voilà qui est bien. Mais, dites-moi un peu, suis-je menacé d'être cocu ?

SECONDE ÉGYPTIENNE

Cocu ?

SGANARELLE

Oui.

PREMIÈRE ÉGYPTIENNE

Cocu ?

SGANARELLE

Oui, si je suis menacé d'être cocu ?

Les deux Egyptiennes chantent et dansent.

Que diable ! ce n'est pas là me répondre. Venez çà :
je vous demande à toutes deux si je serai cocu ?

SECONDE ÉGYPTIENNE

Cocu ? Vous ?

SGANARELLE

Oui, si je serai cocu ?

PREMIÈRE ÉGYPTIENNE

Vous ? Cocu ?

SGANARELLE

Oui, si je le serai, ou non ?

Les deux Egyptiennes sortent en chantant et en dansant.

Quelle gaieté ! Quelle bonne humeur ! Henri
Heine de ses grandes douleurs faisait de petites
chansons. De ses douloureuses préoccupations,
de ses souffrances morales ou physiques, Molière
fait des farces. Et si l'on songe que c'était Molière
lui-même qui jouait Sganarelle, et que les deux
Egyptiennes c'étaient deux anciennes maîtresses,
la Béjart et la De Brie, on imagine avec quelle
joie malicieuse les deux comédiennes devaient
jouer ces deux petits rôles, quelle fantaisie elles
devaient apporter dans leurs chants et leurs
danses, même la douce et sensible De Brie qui aimait toujours Molière.

Le *Mariage forcé,* c'est une suite de scènes tout
à fait divertissantes et qu'il faut lire si l'on veut
se procurer une heure de joie saine et franche.

Le *Mariage forcé,* qui ne fait maintenant qu'un

acte, fut joué d'abord en trois actes, mêlés de danses. Deux Egyptiens et quatre Egyptiennes faisaient la troisième entrée de ballet; les deux Egyptiens, c'étaient le roi et le marquis de Villeroy. Déjà, sous Henri IV, les ballets étaient un des divertissements favoris de la cour. Le roi et la reine y prenaient part, masqués ou le visage nu. Louis XIII, pendant tout son règne, prit des rôles dans les ballets de cour dont quelques-uns furent des plus licencieux. Sous la régence d'Anne d'Autriche, on représenta un ballet intitulé le *Dérèglement des passions*. Louis XIV apporta dans ces divertissements son goût de la noblesse, de la grâce et de la décence; il aimait les ballets mythologiques et allégoriques et vous pensez bien que, lorsque Louis XIV dansait, il n'y perdait rien de sa majesté; pas un cheveu n'en était dérangé. La plupart des danses avaient alors un caractère grave: c'étaient, sur des musiques lentes, mélancoliques, en des attitudes belles, des pas lents et mesurés; le menuet s'accomplissait comme un rite. Le mot sarabande éveille en nous l'idée d'une musique et d'une danse folles, endiablées. Mme de Lafayette, je crois, dit quelque part qu'elle ne peut entendre la musique de telle sarabande sans pleurer.

Mlle Molière ne jouait pas dans le *Mariage forcé;* elle venait d'avoir un bébé, Louis, le premier enfant de Molière, qui fut baptisé le 28 février 1664 à Saint-Germain-l'Auxerrois. Il avait pour parrain et marraine le Roi et Madame, représentés par le duc de Créqui et la maréchale de

Choiseul du Plessis-Praslin. Il mourut au mois de septembre de la même année.

Louis XIV avait alors deux grandes passions: Mlle de La Vallière et Versailles. Elles avaient commencé presque en même temps: pour la maîtresse, au printemps de 1661; pour le château et le parc, après la fameuse fête que Fouquet avait donnée au roi à Vaux-le-Vicomte. Depuis l'automne de 1661, on ne cessait de transformer Versailles, et dans ce Versailles embelli, agrandi, le roi, au printemps de 1664, « voulut donner aux reines le plaisir de quelques fêtes peu communes ». Le duc de Saint-Aignan, « qui avait déjà donné plusieurs sujets de ballets fort agréables », fut chargé de l'organisation de ces fêtes avec M. de Vigarini, gentilhomme modénois, ingénieur, architecte, fort savant en toute sorte de machines. Les organisateurs, se souvenant de l'Arioste, avaient supposé que l'île de l'enchanteresse Alcine avait vogué jusqu'en France, simplement. Alcine donnait des courses de bagues, des festins, des collations, la comédie, tout cela en trois journées, et c'étaient les *Plaisirs de l'île enchantée*. Pour la comédie, on s'était naturellement adressé à Molière; mais, pour des fêtes données en l'honneur des reines (c'était surtout en l'honneur de La Vallière, et n'était-elle pas la vraie reine, puisqu'elle était aimée?), il fallait au moins une grande pièce en cinq actes et en vers, mêlée de musique et de danses, avec prologue, intermèdes, etc. Alors Molière entreprit d'écrire la *Princesse d'Élide;* mais on l'avait prévenu trop

tard, comme toujours, au dernier moment. C'est
que Louis XIV commandait de creuser une idée,
comme il commandait de creuser un bassin. Un
bassin, on y met cent ouvriers, s'il le faut; mais
une idée, on n'y peut pas mettre cent poètes. Molière n'avait pu écrire qu'un acte en vers; le reste
était en prose, « de sorte qu'il semblait que, pour
obéir promptement au pouvoir de l'enchanteresse
Alcine, la comédie n'avait eu que le temps de
prendre un de ses brodequins, et qu'elle était
venue donner des marques de son obéissance, un
pied chaussé et l'autre nu ». L'image est jolie:
un pied chaussé et l'autre nu; ainsi la Comédie
arrivait à temps, mais en boitant un peu, comme
La Vallière, et c'était un charme de plus, car on
a reconnu qu'une très légère claudication donnait
de la grâce à la démarche, comme un très léger
strabisme du mystère au regard et un très léger
zézaiement du piquant à la parole. Il n'en faudrait pourtant pas conclure que la femme irrésistible serait celle qui à la fois boiterait, louche-
rait et zézaierait, tout cela même très légèrement.
D'ailleurs, il y avait, dans la *Princesse d'Elide,*
des flatteries plus voulues. Dès la première scène,
Euryale, le prince d'Ithaque, avoue, à son gouverneur Arbate qu'il est amoureux, et consent qu'on
lui fasse honte

Des faiblesses d'un cœur qui souffre qu'on le dompte.

Mais Arbate:

Moi, vous blâmer, seigneur, des tendres mouvemens
Où je vois qu'aujourd'hui penchent vos sentimens ?

Le chagrin des vieux jours ne peut aigrir mon âme
Contre les doux transports de l'amoureuse flamme,
Et, bien que mon sort touche à ses derniers soleils,
Je dirai que l'amour sied bien à vos pareils ;
Que ce tribut qu'on rend aux traits d'un beau visage
De la beauté d'une âme est un clair témoignage,
Et qu'il est malaisé que sans être amoureux
Un jeune prince soit et grand et généreux.
C'est une qualité que j'aime en un monarque ;
La tendresse du cœur est une grande marque,
Et je crois que d'un prince on peut tout présumer
Dès qu'on voit que son âme est capable d'aimer.
Oui, cette passion, de toutes la plus belle,
Traîne dans un esprit cent vertus après elle ;
Aux nobles actions elle pousse les cœurs,
Et tous les grands héros ont senti ses ardeurs.

« Cette tirade, peu convenable dans la bouche d'un gouverneur, dit un commentateur de 1823, est évidemment un trait de flatterie adressé à Louis XIV qui adorait alors Mlle de La Vallière. »

Donc, Euryale, le prince d'Ithaque, est amoureux : il aime la princesse d'Elide, bien que

On publie en tous lieux que son âme hautaine
Garde pour l'hyménée une invincible haine,
Et qu'un arc à la main, sur l'épaule un carquois,
Comme une autre Diane elle hante les bois.

C'est précisément ce célèbre mépris qu'elle fait de l'amour qui a enflammé le prince d'Ithaque ; mais, puisque la princesse d'Elide est dédaigneuse et inhumaine, il s'avise de la combattre par ses propres armes, de lui rendre dédain pour dédain. Ah ! c'est un excellent jeu. La princesse est piquée : elle pense qu'il y aurait plaisir de soumettre un peu ce cœur qui tranche tant du brave. Quoi ! le prince d'Ithaque vient de remporter le prix de la course et il n'accourt pas le mettre à ses pieds. Elle veut employer toute chose pour lui donner de l'amour: elle chante devant lui; elle danse; elle lui montre qu'elle a appris tous les arts d'agrément; mais c'est en vain. Le prince d'Ithaque demeure froid. Alors, la princesse d'Elide emploie les grands moyens: elle feint d'avoir choisi pour l'épouser le prince de Messène. Euryale semble approuver ce choix, et, répondant du tac au tac, feint lui-même de demander la main de la princesse Aglante. Pour le coup, la princesse d'Elide n'y tient plus: elle supplie le roi son père de ne pas accorder au prince d'Ithaque la main de la princesse Aglante. Elle comprend à la fin qu'elle aime Euryale, et celui-ci lui avoue qu'il n'a jamais cessé de l'aimer. Cette hautaine princesse d'Elide est la charmante ancêtre des héroïnes de Marivaux, lesquelles par orgueil, chagrin, gageure ou dépit, se défendent d'aimer et succombent finalement aux injonctions de leur cœur.

La *Princesse d'Elide* fut représentée à la fin de la deuxième journée des *Plaisirs de l'île enchantée*. L'on avait dressé un grand théâtre dans le parc, au bas de l'allée royale, en un lieu qui formait un grand rond, « et l'on avoit fait une espèce de salon entre les palissades de l'allée, dont le haut était couvert de toiles, pour défendre les dames contre les injures du temps ». La comédie parut fort galante; « toute la pièce étoit mêlée de danses et de concerts des plus belles voix du monde ».

Molière jouait le rôle d'un plaisant de cour,
d'un bouffon, « c'est-à-dire d'un fou ou soi-di-
sant, plus heureux et plus sage que trente docteurs qui se piquent d'être des Catons ». Le personnage est amusant. Molière s'était écrit ce rôle.
Mlle Molière faisait la princesse d'Elide. Elle était
jolie à la scène, adroite et fine comédienne, chan-
tait et dansait comme un ange. Elle eut un grand
succès de femme et d'actrice, et fut aussitôt très
courtisée. Les comédiennes exercent un singulier
attrait sur la plupart des hommes, qui les croient
d'une autre essence que la plupart des femmes.
C'est qu'ils ne cessent de les parer des costumes
qu'elles portent et des sentiments qu'elles expriment à la scène ; et puis, l'amour étant une résul-
tante, les faveurs des comédiennes flattent la
composante la plus commune de ce sentiment:
l'amour-propre, la vanité, le désir d'approbation.
C'est pourquoi, lorsque ces femmes descendent
des planches, lorsqu'elles daignent redescendre
sur la terre, elles sont toujours fort entourées.
Après qu'elle eut joué dans la *Princesse d'Elide,*
Armande ne manqua pas d'admirateurs et d'adorateurs. On n'étale pas impunément devant six
cents spectateurs tant de jeunesse, de talents, de
grâces et de charmes ; c'est à ce jour que l'on fait
commencer les grandes coquetteries d'Armande.

L'auteur de la *Fameuse comédienne* cite plusieurs noms: Lauzun, Guiche, l'abbé de Richelieu; mais les Armandistes, qui ne veulent pas
qu'Armande ait failli, ont trouvé un alibi géo-
graphique ou sentimental pour chacun de ces

personnages. Peu importe! Je pense qu'Armande, à partir de ce jour-là, a distingué quelque beau cavalier.

Ce n'est pas que j'en prenne aisément mon parti et je préférerais que Molière n'eût pas souffert; mais puisque tout me dit qu'il n'a pas été heureux, j'accepte ce qui est. Aussi bien, il ne s'agit pas d'accabler Armande, mais de l'excuser, de l'expliquer. C'est une jeune femme de vingt-quatre ans, dans tout son épanouissement, en pleine floraison; Molière a quarante-deux ans; il est déjà malade et, comme il ne se sent pas aimé de la façon qu'il voudrait, il est jaloux, grondeur, insupportable. Quand Armande arrive participer aux fêtes de Versailles, elle a de l'affection, de l'estime, sans doute de l'admiration pour Molière, mais elle n'a pas d'amour pour son mari.

Lisez maintenant par Molière lui-même, ou par Marigny, la relation de ces *Plaisirs de l'île enchantée,* c'est inouï, fantastique, féerique. Par une tiède nuit de mai, sous une brise un peu énervante qui fait courir des frissons sur les épaules nues et vaciller les flammes de deux cents flambeaux de cire blanche, tenus par autant de personnes vêtues en masques, j'imagine Armande, à la fin de la première journée des fêtes, regardant d'un peu loin, à travers les branches, la magnifique collation royale, après la course de bagues.

Un gentilhomme est auprès d'elle empressé, peut-être un de ceux qui viennent de courir, avec

un habit d'argent ou d'or et sur la tête un énorme
panache de plumes éclatantes. Comme elle, c'est
un être de luxe et de parade; il lui semble causer
avec un camarade, et qui serait aussi comte, duc
ou marquis. Elle se fait nommer toutes ces
femmes assises à la grande table en forme de
croissant; elle se fait raconter leurs histoires:
Mme de Brancas, ce serait trop long, il y en aurait pour toute la soirée; celle-ci, c'est la duchesse de Créqui, qui est amoureuse folle du légat
du pape; et celle-ci? c'est la comtesse de Soissons; elle est bien chagrine que de Vardes ait été
exilé, pour l'amour d'elle, l'année dernière; Madame, qui avait espéré un moment que le roi
allait l'aimer, attend pour se consoler le retour du
comte de Guiche, qui est en Pologne; cette belle
personne, entre la comtesse de Soissons et Mlle de
Grançay, c'est la princesse de Bade; elle a de
l'amitié pour le comte de Froulay. « Quant aux
femmes dont on ne parle point, c'est qu'elles font
leurs affaires plus secrètement avec quelque mal-
honnête homme sans conséquence, ou qu'elles
sont si sottes qu'on ne s'adresse point à elles », ou
bien qu'elles se font vieilles, comme Mme de Cari-
gnan, qui censure les actions des autres parce
que les plaisirs la quittent. Pendant les sept
jours que durent ces fêtes, dans les beaux jardins
de Versailles, sur ces terrasses où l'on a trans-
planté les orangers du surintendant (mais qui
pense aujourd'hui à Fouquet?), Armande voit
des couples passer, des intrigues se nouer, se dé-
nouer, s'enchevêtrer; c'est une sorte de fureur

de briller, d'aimer, de jouir et de se divertir. Au-dessus de toutes ces liaisons, de toutes ces passades, c'est le fol amour de Louis XIV pour **La Vallière**, l'amour royal, l'adultère soleil et qui n'excite que l'admiration, l'envie et la complaisance. Joignez à cela un printemps de l'Ile-de-France, la musique de Lulli, des crépuscules épuisants, il y a telle heure où, sentimentalement, Armande est pour rien et, si elle tombe, c'est sur le plus beau lit de circonstances atténuantes.

Les fêtes comprises dans le sujet des *Plaisirs de l'île enchantée* prenaient trois journées et se terminaient par l'embrasement du palais d'Alcine; mais la magnificence et la galanterie du roi avaient encore réservé des divertissements pour les autres jours. Le samedi 10 mai, Sa Majesté voulut « courre les têtes »; le dimanche 11, visite à la ménagerie; le soir, on joua les *Fâcheux;* le lundi 12, grand défi pour « courre les têtes entre le duc de Saint-Aignan et le marquis de Soyecourt »; il y eut ensuite une grande loterie et, le soir, on joua les trois premiers actes de *Tartuffe,* que le sieur de Molière avait fait contre les hypocrites; enfin, le mardi 13, il y eut encore course de têtes, et l'on joua le même soir le *Mariage forcé.*

Ces trois premiers actes de *Tartuffe,* représentés sans aucun doute avec le consentement du roi qui savait bien de quoi il s'agissait, avaient été jugés fort intéressants; ils ne plurent pas cependant à tout le monde: la reine mère, dont la dévotion empirait, témoigna du déplaisir; quelques personnes pieuses s'alarmèrent d'une conformité, ne fût-elle qu'apparente et provisoire, entre les véritables dévots et les scélérats. Ils montrèrent au roi que cette ressemblance du vice avec la vertu était capable de produire de dangereux effets, enfin que la pièce était absolument injurieuse à la religion. Si, comme on le croit, le roi, alors fort irrité contre les pédants de vertu qui blâmaient ses amours — et il n'aimait pas à être gêné — avait encouragé Molière à écrire *Tartuffe,* il se trouvait fort embarrassé vis-à-vis du poète. D'un autre côté, il était le Fils aîné de l'Eglise ; et quand Anne d'Autriche était scandalisée, lorsque tant de personnes pieuses réclamaient, pouvait-il passer outre? Louis **XIV** fit comprendre tout cela à Molière avec de bonnes paroles, et en lui déclarant que, pour sa part, il ne trouvait rien à dire dans cette comédie, il lui défendit de la produire en public « jusqu'à ce qu'elle fût entièrement achevée, examinée par des gens capables d'en juger, etc ».

Cette interdiction gênait terriblement Molière : il n'avait pas de pièce nouvelle à donner à son public ; peut-être *Tartuffe* était-il complet en trois actes et il comptait alors le donner tout de suite ; ou bien il devait rapidement écrire deux actes et représenter la pièce le plus tôt possible. Après les fêtes de Versailles, le roi était parti pour Fontainebleau. Molière alla le trouver, et essaya de le faire revenir sur une décision qui lui était si préjudiciable ; il ne réussit pas. Et, pourtant, Louis **XIV** était d'esprit et de cœur avec Molière ;

Il ne lui retirait pas sa faveur. Quand le légat du pape **Fabio Chigi** vint porter à Louis XIV les excuses de l'insulte faite à l'ambassadeur de France, Molière et sa troupe furent mandés à Fontainebleau. Ils jouèrent la *Princesse d'Elide* devant le légat qui trouva la comédie et ses agréments fort galants, fit tous ses compliments à l'auteur. Celui-ci en profita pour solliciter l'honneur de lire *Tartuffe*. A la lecture, le légat ne parut pas autrement choqué; mais lire n'est pas jouer et il est probable que Molière lut avec beaucoup d'adresse. Cette quasi-approbation de l'envoyé du Saint-Siège n'empêcha pas un curé de Paris, Pierre Roullé, d'écrire un pamphlet virulent dans lequel l'auteur de *Tartuffe* était appelé « un démon vêtu de chair et habillé en homme, et le plus signalé impie et libertin qui fut jamais dans les siècles passés... il méritoit par cet attentat sacrilège et impie un dernier supplice exemplaire et public et le feu même avant-coureur de celui de l'enfer, pour expier un crime si grief de lèse-majesté divine, etc. ». On peut mesurer par ces menaces les colères qu'avait soulevées Molière chez quelques fanatiques.

Le 25 septembre 1664, les trois premiers actes de *Tartuffe* furent représentés à Villers-Cotterets chez Monsieur qui régalait Leurs Majestés, ce qui prouve que le roi n'avait ni dégoût, ni horreur pour cette comédie; et le 20 novembre, il y eut une première représentation de la comédie de *Tartuffe,* « parfaite, entière et achevée en cinq actes », au château du Raincy, chez la princesse

Palatine, devant le Grand Condé qui s'était, dès la première heure, déclaré pour Molière. Mais cette pièce en cinq actes ne sera jouée devant le public et probablement très modifiée que le 5 août 1667 ; nous en parlerons donc dans trois ans, c'est-à-dire dans deux conférences.

Pour le moment, il faut que Molière songe à écrire une pièce nouvelle. J'imagine que, s'il fait représenter au Palais-Royal la *Princesse d'Elide,* avec des recettes moyennes qui ne couvrent pas les frais considérables nécessités par les divertissements, c'est que le répertoire est fatigué. Il faut travailler, se dépêcher. Le *Misanthrope* est peut-être déjà en train ; mais c'est cinq actes en vers et il n'y a qu'un acte d'écrit. Comment faire ? Il n'a guère de temps pour rêver sur le choix d'un sujet. Ses comédiens lui font alors observer qu'il y a un sujet tout trouvé : il a déjà été traité plusieurs fois, qu'importe ! Un séducteur de filles et de femmes, un commandeur de pierre qui marche et qui soupe et, pour finir, les flammes infernales ; avec un tel spectacle, on est toujours sûr d'attirer du monde. Alors Molière, à la hâte, écrit le *Don Juan* de Molière, pour lequel Alfred de Musset s'est montré si dédaigneux, et qui ne pouvait pourtant pas être déjà le personnage hoffmanesque ou byronien que le poète de *Namouna* était plus capable d'admirer. Et pour ne pas tomber dans l'erreur ou dans l'injustice de Musset, il faut bien se rendre compte d'où vient le *Don Juan* de Molière, remonter au *Don Juan* de Tirso de Molina et même plus loin, comme l'a fait M. Georges Gendarme de Bevotte qui a écrit sur la légende de *Don Juan* deux volumes remarquables (1).

Les hommes doués d'un tempérament excessif, avec des besoins impérieux, des curiosités continuelles, le goût de la conquête et du changement, le désir de plaire, ces hommes-là ont toujours existé dans les sociétés civilisées.

Mais dans les sociétés antiques, en Grèce par exemple, où Zeus lui-même descendait sur la terre et se transformait en cygne pour posséder Léda ou bien en taureau pour enlever Europe, où Cypris avait partout des temples et des prêtresses, où les courtisanes étaient honorées, où l'on célébrait les Dionysiaques, où les femmes, certains soirs de l'année, montaient sur leurs terrasses pour pleurer la mort d'Adonis; en Grèce où les philosophes disaient qu'il fallait commencer par chérir les beaux corps pour s'élever à la connaissance du beau absolu ; en Grèce où l'amour était considéré comme un sentiment naturel auquel ne s'opposaient ni la religion, ni les lois, ni les mœurs, l'homme qui vole de femme en femme n'était pas remarqué. La littérature ne s'en occupe pas.

Que le christianisme apparaisse : cet homme va devenir intéressant. Plutarque raconte que, sous le règne de Tibère, quelques années après l'apparition du christianisme, un pilote nommé Thamas, qui voguait en Méditerranée, entendit un

(1) *La Légende de Don Juan*, 2 vol. par M. Georges Gendarme de Bévotte. Librairie Hachette.

soir, près de l'île de Paxès, ces mots retentir dans le silence de la nuit: Le grand Pan est mort! Et de tous côtés s'élevèrent des soupirs et des gémissements, comme si la nature entière s'était désolée. Le gran Pan n'était pas mort, car le grand Pan ne meurt pas; mais le christianisme essayait bien de le tuer. En inscrivant dans ses commandement :

> L'œuvre de chair ne désireras
> Qu'en mariage seulement
> Luxurieux point ne seras
> De corps ni de consentement.

du séducteur, de l'homme à femmes, impulsif, instinctif, individualiste et qui ne se pliait pas sous sa discipline, la religion nouvelle faisait un damné, un réprouvé: elle en faisait aussi un être spécial, à part, une sorte de héros, dont la légende devait s'emparer.

C'est en Espagne, dans le pays où le catholicisme est âpre, ardent et sombre, que Tirso de Molina, dont le vrai nom est Gabriel Tellez, moine de la Merci, donne une forme dramatique à la tradition andalouse de Don Juan Tenorio, descendant d'un des vingt-quatre de Séville, qui tua le commandeur Ulloa dont il avait séduit la fille. Or parce que, dans les premières années du dix-septième siècle, un moine poète a écrit *el Burlador de Sevilla y convidado de piedra*, « le Trompeur de Séville et le convié de pierre », Don Juan donne son nom à tous les séducteurs.

La pièce espagnole, comédie en trois journées commence d'une façon brusque, mais singulièrement saisissante. La scène représente une salle dans le palais du roi de Naples... C'est la nuit : il n'y a pas de lumière; la duchesse Isabelle a reçu dans sa chambre Don Juan qu'elle croit être Don Octavio, son fiancé, et elle accompagne le séducteur qui s'en va, le visage caché dans son manteau (1).

ISABELLE

Duc Octavio, par ici vous pourrez sortir plus sûrement.

DON JUAN

Duchesse, je vous jure à nouveau de vous épouser.

ISABELLE

Mon bonheur sera donc une vérité ! Il sera forme de promesses et d'offres, de présents et d'attentions, d'affection et d'amitié.

DON JUAN

Oui, mon bien.

ISABELLE

Je veux aller chercher une lumière.

DON JUAN

Pourquoi ?

ISABELLE

Pour voir le bien que j'ai possédé

DON JUAN

J'éteindrai la lumière

(1) Cf. Théâtre de Tirso de Molina, traduit de l'espagnol, par A. Royer.

ISABELLE

Ah ! ciel ! Qui es-tu, homme ?

DON JUAN

Qui je suis ? Un homme sans nom.

ISABELLE

Vous n'êtes pas le duc ?

DON JUAN

Non.

ISABELLE

Au secours !

DON JUAN

Contenez-vous, duchesse, donnez-moi la main.

ISABELLE

Ne me retiens pas, misérable. Au secours... A moi,
mes gens !

LES MÊMES, LE ROI DE NAPLES, *avec un flambeau*

LE ROI

Qu'est ceci ?

ISABELLE (*à part*)

Le roi ! Malheureuse !

LE ROI

Qui êtes-vous ?

DON JUAN

Qui cela peut-il être ? Un homme et une femme.

LE ROI (*à part*)

Il faut ici de la prudence. (*Le roi évite de voir la*

duchesse.) Holà ! mes gardes ! saisissez-vous de cet homme !

ISABELLE (*se couvrant le visage*)

Oh ! mon honneur perdu !

Mais Don Juan est gentilhomme de l'ambassadeur d'Espagne; son oncle Don Pedro Tenorio favorise sa fuite. Don Juan saute par un balcon et part joyeux pour l'Espagne. Il fait naufrage en vue de la plage de Tarragone; la barque qui le portait, lui et son valet Catalinon, se brise sur un rocher. Catalinon prend son maître sur ses épaules et, en nageant, le porte jusqu'au rivage; là, il le confie aux soins de la jolie pêcheuse Tisbea. Don Juan est évanoui; Tisbea appuie la tête du beau jeune homme sur ses genoux et, dès qu'il rouvre les yeux, c'est pour dire à la jeune fille : « Vous êtes ma vie, si la mer a été ma mort. J'ai déjà oublié que je me noyais, puisque de l'enfer de la mer, je monte à votre ciel rayonnant». Et Tisbea lui fait observer : « Si vous brûlez, étant mouillé, que ferez-vous donc, étant sec? Vous annoncez beaucoup de feu ». Elle lui dit aussi, à plusieurs reprises : « Plaise à Dieu que vous ne mentiez pas ! » Don Juan lui fait une cour pressante, lui promet de l'épouser; mais, avant de déshonorer la jeune fille, il prépare tout pour s'enfuir : « Tiens les chevaux tout prêts », recommande-t-il à Catalinon.

CATALINON

Prétendez-vous abuser de Tisbea ?

DON JUAN

Puisque la tromperie est mon costume habituel, que me demandes-tu, sachant qui je suis ?

CATALINON

Je sais que vous êtes le châtiment des femmes... Tromper les femmes de cette façon, vous le payerez à l'heure de votre mort.

DON JUAN

Tu me donnes là une longue échéance... Va-t-en et ramène les chevaux.

Il déshonore Tisbea et il part pour Séville. Là, il rencontre, dans la rue, le marquis De La Mota, un débauché, un coureur comme lui; les deux jeunes seigneurs échangent des propos comme ceux-ci:

Don Juan : Quoi de nouveau à Séville ? — Mota : Tout y est bien changé. — Les femmes ? — Chose jugée ! — Inès ? — Se retire à Béjar. — Elle y mourra. Constance ?... — Elle pleure ses cheveux et ses sourcils. — Et Teodora ? — Au printemps dernier elle échappa à une indisposition galante, et, devant moi, il lui tomba une dent parmi les fleurs de sa conversation. — Julia, celle du Candiléjo ? — Elle se défend avec son fard. — Se vend-elle toujours comme poisson frais ? — Elle se donne pour poisson salé. — Le quartier de Cantarranas est-il bien habité ? — En grande partie par des grenouilles. — Les deux sœurs vivent-elles toujours ? etc...

Comme on le voit, Don Juan Tenorio, à Séville, avait des habitudes dans la plus basse prostitution. Il demande encore à son ami De La Mota:

Faites-vous toujours la cour aux femmes sur les terrasses ? — Je cherche l'impossible. — N'êtes-vous pas payé de retour ? — Celle que j'aime me favorise et fait cas de moi. — Qui est-elle ?

Et Mota dit à Don Juan que c'est Doña Anna sa cousine, si belle que la nature s'est surpassée en créant Doña Anna d'Ulloa.

Don Juan n'a plus qu'une idée: séduire cette merveille. Ayant eu connaissance d'un rendez-vous qu'elle a fixé, la nuit suivante, au marquis De La Mota, il se substitue à son ami, auprès de Dona Anna. Mais celle-ci s'aperçoit à temps de la tromperie; elle crie au secours. Son père, le commandeur Don Gonzalo d'Ulloa, entre l'épée nue à la main; bataille. Don Juan tue le commandeur, quitte Séville et part pour Lebrija. Arrivé aux portes de la ville de Dos Hermanas, il tombe dans une noce de paysans: c'est Patricio et Aminta qui se marient. Don Juan n'a plus qu'une idée: séduire Aminta, la posséder, avant que le pauvre Patricio ait usé de ses droits. Il promet naturellement à Aminta de l'épouser, obtient un rendez-vous, déshonore la mariée et s'enfuit. Il revient à Séville. Là, nous le voyons dans le cloître d'une église, causant de ses victimes avec Catalinon; mais apercevant dans une chapelle un tombeau surmonté d'une statue, il demande: « Quel est ce tombeau? — C'est là qu'est enterré Don Gonzalo », lui répond son valet. Alors, Don Juan s'approche du tombeau et lit cette inscription: « Ici le plus loyal des gentilshommes attend que Dieu le venge d'un traître ». Cette énigme ne fait que rire Don Juan et, saisissant la barbe de la statue, il dit au commandeur de pierre: « Cette nuit, je vous attends à souper dans mon hôtellerie. Là, nous nous provoquerons, si la vengeance vous plaît, bien que l'on combatte mal avec une épée de pierre ». La statue se rend à l'invitation de Don Juan et l'invite à son tour à venir souper dans la ..hapelle. Don Juan donne sa parole de gentilhomme qu'il ira et n'a garde d'y manquer. Le souper est servi sur une table noire par deux pages noirs; il se compose d'un plat de scorpions et de vipères. Au dehors on entend des chanteurs:

Que ceux qui fuient les grands châtiments de Dieu sachent qu'il n'y a pas de terme qui n'arrive, ni de dette qui ne se paye.

DON JUAN

Mon cœur se glace et brûle.

LES CHANTEURS

Quand il vit, aucun ne doit dire : J'ai du temps devant moi, le temps du repentir étant si court.

DON JUAN

J'ai fini de souper, fais enlever la table.

LA STATUE

Donne-moi cette main ; ne crains pas de me la donner.

DON JUAN

Que dis-tu, moi, craindre... (*Il lui donne la main.*) Ah ! je brûle ! Ne m'embrase pas de ton feu !

LA STATUE

C'est peu de chose comparé au feu qui t'est réservé ! Les miracles de Dieu, Don Juan, sont insondables. Il veut que tu payes tes crimes entre les mains d'un mort. C'est la justice divine ; ce que l'on a fait, on le paye.

DON JUAN

Quel feu me dévore ! Lâche-moi, ou je te tue d'un coup de poignard. Mais je me fatigue vainement à frapper l'air !... Laisse-moi appeler un prêtre qui me confesse et m'absolve. .

LA STATUE

Il n'est plus temps ; tu y songes trop tard !

DON JUAN

Ah ! je brûle ! Je suis mort ! (*Il tombe.*)

LA STATUE

C'est la justice divine ; ce que l'on a fait, on le paye ! (*Le tombeau s'engloutit bruyamment avec Don Juan et la statue du commandeur.*)

Un débauché assez vulgaire, un coureur, un instinct, un vice, une force, tel nous apparaît Don Juan Tenorio, le Trompeur de Séville, *el Burlador*. Ses moyens de séduction ne sont pas variés: auprès de la duchesse Isabelle il se fait passer pour le duc Octavio, son fiancé; auprès de Dona Anna d'Ulloa, pour le marquis De La Mota qu'elle aime. Il possède la pêcheuse Tisbea et la paysanne Aminta, en leur promettant de les épouser. Sa psychologie est des plus simples; il ne fait pas de phrases; il ne s'analyse pas; il n'est pas encore « le défenseur des lois naturelles et des droits individuels contre les lois humaines et religieuses ». Il n'est pas encore un démolisseur conscient. Il est brave comme doit l'être un gen-

tilhomme; **il n'est pas athée, mais il espère bien**
que la mort ne le viendra pas surprendre tout de
suite. Que ce soit son père Don Diego Tenorio ou
son honnête valet Catalinon, chaque fois qu'on
lui parle du châtiment après la mort, il répond à
peu près : « Nous avons bien le temps ». Non,
on n'a pas toujours le temps, conclut l'auteur
Tirso de Molina, le moine-poète, et c'est bien la
morale de ce drame religieux de belle allure et
de foi ardente.

D'Espagne, ce drame passa bientôt en Italie où
il s'adoucit. Cigognini fait représenter *il Convitato di pietra,* « le Convié de pierre » ; l'auteur a
ajouté à la pièce espagnole beaucoup de scènes
comiques; l'acrobatie se mêle au merveilleux.
C'est ainsi que le valet de Don Juan, devenu Passarino, pendant le souper de son maître avec la
statue, fait la culbute et se cache sous la table.
Toujours sous le même titre, *il Convitato di pietra,*
il y eut une autre comédie italienne d'un nommé
Onofrio Giliberto et qui parut à Naples en 1652;
mais elle est perdue. On pense que c'est la pièce
de cet Onofrio Giliberto qui passa en France,
imitée, traduite, adaptée par les deux comédiens
Dorimon et De Villiers: ils en firent, chacun de
son côté, une tragi-comédie en cinq actes et en
vers. Les deux pièces présentent de nombreux
points de ressemblance. La pièce de Dorimon
s'appelle : Le *Festin de Pierre* ou le *Fils criminel,*
celle de De Villiers: Le *Festin de Pierre* ou l'*Athée
foudroyé.* Comme l'indiquent les deux sous-titres,
Don Juan s'est transformé. Il est libertin de

mœurs et d'esprit; il n'a plus seulement des sens, il a un cerveau; il est révolté contre la famille, la société et Dieu même; il est méchant; il est lâche; il va jusqu'à frapper son père; il joue avec son rival Don Philippe une vilaine comédie, s'empare traîtreusement de son épée et le tue. C'est déjà un gaillard qui, comme ils disent maintenant, veut vivre sa vie, sème sciemment des désastres autour de lui, érige en théorie la satisfaction des pires instincts et le mépris de la souffrance des autres en doctrine. C'est ce Don Juan ainsi transformé que Molière traite à son tour.

Lorsque la pièce commence, il y a six mois que Don Juan a assassiné le commandeur; il vient de quitter Done Elvire. Il en a été très amoureux et même, dans sa passion, il a forcé l'obstacle d'un couvent pour la mettre en sa puissance; il l'a épousée et maintenant il en a assez; il l'abandonne; il la fuit. Nous apprenons tout cela par une conversation entre Sganarelle, valet de Don Juan et Guzman, écuyer de Done Elvire. Bientôt la malheureuse vient surprendre le traître et tâche, par ses pleurs et ses remontrances, d'émouvoir sa tendresse. Don Juan lui fait répondre d'abord par son valet, ce qui est bien vil et bien cruel, et quand il lui répond lui-même, il est déjà bien hypocrite: oui, il est parti pour la fuir, mais par un pur motif de conscience. « Il m'est venu. des scrupules, madame, et j'ai ouvert les yeux de l'âme sur ce que je faisois. J'ai fait réflexion que, pour vous épouser, je vous ai dérobée à la clôture d'un couvent, que vous avez rompu des vœux

qui vous engageaient autre part, et que le ciel est
fort jaloux de ces sortes de choses. Le repentir
m'a pris et j'ai craint le courroux céleste. J'ai
cru que notre mariage n'était qu'un adultère déguisé, etc ». Done Elvire s'en va, sans espoir.

Pour le moment, Don Juan ne songe qu'à une
chose: il a vu arriver dans cette ville (quelle ville?
une ville de Sicile où se passe ce premier acte;
il n'y a pas d'autre indication), il a vu arriver
dans cette ville deux fiancés: la tendresse visible
de leurs mutuelles ardeurs lui a donné de l'émotion; il en a été frappé au cœur, et son amour a
commencé par la jalousie... Il ne peut souffrir
de les voir ensemble; le dépit allume ses désirs...
Les deux fiancés doivent faire une promenade en
mer. Don Juan « a une petite barque et des gens
avec quoi fort facilement il prétend enlever la
belle ».

Deuxième acte. Le théâtre représente une campagne au bord de la mer. Une bourrasque s'est
élevée soudain, la barque de Don Juan a chaviré ;
il a été sauvé, lui et Sganarelle, par deux paysans,
Lucas et Pierrot. Ce dernier les a conduits dans
sa maison, où ils se sont dépouillés tout nus pour
se sécher auprès d'un bon feu... « et pis Mathurine est arrivée là, à qui l'on a fait les doux
yeux ». C'est Pierrot lui-même qui raconte le naufrage et le sauvetage à Charlotte, sa promise, dans
le plus amusant patois de l'Ile-de-France. Voici
Don Juan, séché et rhabillé. Dès qu'il aperçoit
Charlotte qui est une jolie paysanne, il lui fait la
cour : « **Je vous aime, Charlotte, en tout bien et**

en tout honneur, et pour vous montrer que je vous dis vrai, sachez que je n'ai point d'autre dessein que de vous épouser ». Survient Pierrot dans le moment que Don Juan baise la main de Charlotte; le paysan veut s'opposer à ces démonstrations : « Tetiguienne ! parce qu'ous êtes monsieu, vous viendrez caresser nos femmes à notre barbe ! Allez-v's-en caresser les vôtres ».

Pour toute réponse, Don Juan donne des soufflets à ce brave homme qui l'a sauvé, sans qui il serait au fond de l'eau. Pierrot souffleté va se plaindre à la tante de Charlotte. Puis Mathurine arrive, Mathurine à qui le séducteur en a déjà conté, et Don Juan, sommé de s'expliquer et de choisir entre les deux paysannes, fait croire à chacune que c'est elle qu'il aime et veut épouser. Dans cet embarras, quelqu'un vient lui annoncer qu'une douzaine d'hommes à cheval le cherchent et qu'il ne fait pas bon ici pour lui. Douze contre un, la partie n'est pas égale, dit Don Juan à Sganarelle, nous allons changer d'habits. Sganarelle trouve que c'est trop d'honneur de risquer d'être pris pour son maître et tué à sa place : il lui persuade de prendre un habit de campagne, tandis que lui, Sganarelle, se déguisera en médecin. Ici, la première attaque de Molière contre les médecins. Nous sommes maintenant dans une forêt. Comme vous le voyez, la règle de l'unité de lieu n'est pas observée ; il est vrai que, dans la pièce de Tirso de Molina, on change dix-huit fois le décor. Sganarelle demande à un pauvre le chemin qui mène à la ville ; Don Juan promet un louis d'or à Francisque, c'est le nom du pauvre, pourvu qu'il veuille jurer. Mais Francisque aime mieux mourir de faim que de jurer ; alors, Don Juan lui donne tout de même le louis d'or « pour l'amour de l'humanité ». Puis il voit un homme attaqué par trois autres. La partie est trop inégale ; il ne doit pas souffrir cette lâcheté. Il met l'épée à la main et court au lieu du combat ; ainsi il **sauve** le frère d'Elvire, Don Carlos, qui le poursuit **avec** toute une bande pour venger l'honneur de sa sœur. Don Carlos ne connaît pas Don Juan ; aussi est-il bien étonné quand Don Alonse, un autre frère de Done Elvire, lui apprend qui est son sauveur. Don Carlos ne veut pas que son frère tue celui à qui il doit la vie ; il donne à Don Juan vingt-quatre heures pour penser à loisir aux résolutions qu'il a à prendre, et le fait juge des réparations **que** Done Elvire demande.

Mais Don Juan ne veut pas réparer. A Sganarelle qui lui dit : « Il vous serait aisé de pacifier toutes choses », il répond : « Oui ; mais ma passion est usée pour Done Elvire, et l'engagement ne compatit point avec mon humeur. J'aime la liberté en amour, tu le sais, et je ne saurais me résoudre à renfermer mon cœur entre quatre murailles... Mais quel est ce superbe édifice que j'aperçois entre ces arbres ? » C'est le tombeau du commandeur, et sur le tombeau sa statue en habit d'empereur romain. « Demande-lui s'il veut venir souper avec moi », dit Don Juan à son valet. Sganarelle fait l'invitation : la statue baisse la **tête**, pour signifier qu'elle accepte. Puis Don Juan fait lui-même l'invitation. La statue baisse encore la tête. « Allons, sortons d'ici », dit Don Juan.

Quatrième acte : Nous sommes dans l'appartement de Don Juan. Visite du tailleur, M. Dimanche, qui vient réclamer de l'argent et qui est éconduit avec de bonnes paroles. Visite du père Don Louis, dont son fils écoute le bel et noble sermon avec ennui : « Monsieur, si vous étiez assis, vous en seriez mieux pour parler ». Visite de Done Elvire qui vient, avant de s'ensevelir au couvent, supplier l'ingrat de changer de vie. Enfin visite du commandeur qui vient souper et invite à son tour l'assassin.

Cinquième acte. Le théâtre représente une campagne. Don Juan feint « de ne plus être le même d'hier au soir », de regarder avec horreur le long aveuglement où il a été et les désordres criminels de la vie qu'il a menée. Le vieux Don Louis en est tout joyeux, Sganarelle aussi se réjouit. « Quoi ! lui dit son maître, tu prends pour de bon argent ce que je viens de dire, et tu crois que ma bouche était d'accord avec mes paroles ? Mais, benêt, si j'ai dit que je voulais corriger ma conduite, et me jeter dans un train de vie exemplaire, c'est un dessein que j'ai formé par pure politique, un stratagème utile, une grimace nécessaire où je veux me contraindre, pour ménager un père dont j'ai besoin, et me mettre à couvert, du côté des hommes, de cent fâcheuses aventures qui pourraient m'arriver ». Et il fait à son valet une théorie de l'hypocrisie : « L'hypocrisie est un vice à la mode, et tous les vices à la mode passent pour vertus...

Aujourd'hui, la profession d'hypocrite a de merveilleux avantages, etc. »

Mais Don Juan n'aura pas le temps de mettre cette théorie en pratique. Un spectre apparaît en femme voilée, qui lui annonce que, s'il ne se repent pas dans l'instant, sa perte est résolue. Le spectre change de figure, et représente le Temps avec sa faulx à la main. Don Juan veut tuer le Temps, mais le spectre s'envole.

Et voici la statue du commandeur. « Donnez-moi la main », dit l'homme de pierre à Don Juan qui est aussitôt foudroyé, abîmé dans la terre, au milieu de grands bruits et de grands feux.

Tout cela fait une pièce bizarre, incohérente, obscure et pourtant des plus intéressantes. Sans parler du merveilleux, dont nous connaissons la source espagnole et religieuse, c'est un singulier mélange de farce, de comédie légère et de grande et noble comédie. Si cette pièce n'a pas d'unité de lieu, ni de temps, ni d'action, ni de genre, c'est qu'elle est chargée d'imitations, c'est que Molière a été influencé par tout ce qui a été fait antérieurement sur le même sujet, par *le Burlador* espagnol, de Tirso de Molina ; par les deux *il Convitato di pietra* italiens, de Cigognini et de Giliberto, par les deux *Festins de Pierre* français de Dorimon et de De Villiers et même par une *commedia del' arte* que les Italiens jouent à Paris. sur un scénario de Biancolelli.

Don Juan faisant naufrage, Don Juan jaloux du bonheur de deux fiancés, Don Juan courtisant une paysanne et lui jurant de l'épouser, Don Juan entre deux paysannes et disant à chacune que c'est elle qu'il aime et veut épouser, Don Juan changeant de vêtements avec son valet, Don Juan insolent avec son père, etc., il n'y a, pour ainsi dire, pas une situation, pas une scène dont l'idée ne soit prise ailleurs. Molière est pressé ; il n'a pas le temps. Alors, il emprunte à tous ; il ne s'attarde pas à chercher des combinaisons originales. Mais ce qui complique encore le mélange, c'est que, à ces imitations, Molière ajoute ses observations, ses rancunes et ses haines. Ce grand seigneur méchant homme, c'est ainsi que Sganarelle parle de son maître, Molière a pu l'observer à la cour de Louis XIV : Don Juan séducteur, coureur, débauché, c'est Vardes, Bussy-Rabutin, Lauzun, d'Olonne ; « épouseur à toutes mains », c'est Henri de Guise, à qui un mariage ne coûte pas plus qu'une conversion, et encore Henri de Lorraine qui est le mari de trois femmes et l'amant de plusieurs autres. « Un enragé, un chien, un diable, un Turc, un hérétique, qui ne croit ni ciel, ni saint, ni dieu, ni loup-garou », c'est Lionne, Retz, Guiche, Brissac, etc.

Il y a beaucoup d'athéisme, d'impiété, et ostensibles, à la cour de Louis XIV, pendant les premières années du règne. « Le comte de Guiche, écrit Visconti, me parut un de ces hommes fantasques qui, en méprisant Dieu et les saints, se donnent de l'ascendant sur tous. » Le Grand Condé, la princesse Palatine et l'abbé médecin Bourdelot complotaient de brûler un morceau de la vraie croix. Dans sa plus tendre jeunesse, le duc de Nevers avait fait baptiser un cochon ; on baptisait fréquemment des chiens ; Mme Deshoulières (*Cherchez qui vous mène, mes chères brebis*) faisait baptiser son chien et ne faisait pas baptiser sa fille qui ne le fut qu'à vingt-neuf ans. Le marquis de Manicamp avait enseigné le blasphème au roi, dès le jeune âge. Le chevalier de Roquelaure était le plus grand blasphémateur du royaume. Un peu plus tard, Châteauvillain, après un dîner avec les princes de Vendôme, s'écriera : « Voyons qui de nous blasphémera le mieux ». Alors, on n'est plus étonné de la scène où Don Juan, dans la forêt, offre un louis d'or au pauvre Francisque, pourvu qu'il veuille jurer. Ce qui surprend davantage, c'est qu'à ce pauvre qui aime mieux mourir que de jurer, Don Juan donne tout de même le louis d'or « pour l'amour de l'humanité ». Je crois bien, moi, que Don Juan dit ces mots par ironie, comme il dirait : « pour l'amour de Dieu », à qui il ne croit pas cependant. Et rappelez-vous, dans l'*Ecole des Maris,* ces deux vers que dit Léonor :

Que tous ces jeunes gens me paraissent facheux !
Je me suis dérobée au bal pour l'amour d'eux.

Dans la pensée de Léonor, ces mots : pour l'amour d'eux, ont certainement un sens opposé à celui de la lettre. C'est également par antiphrase que Don Juan dit : pour l'amour de l'humanité. Ah ! il se soucie bien de l'humanité, ce Don Juan qui assassine le commandeur, se montre envers la touchante Done Elvire si cruel et si lâche, et pour récompenser le paysan qui lui a sauvé la vie, courtise Charlotte, sa fiancée, et le soufflette à tour de bras. Ce « pour l'amour de l'humanité » a pourtant émerveillé certaines personnes. Déjà ! se sont-elles écriées. Ah ! ce Molière, il a prévu la philosophie du dix-huitième siècle, Jean-Jacques Rousseau, la Révolution, la religion de l'avenir, et même le tolstoïsme. Un peu plus, nous aurions un Don Juan unifié.

Ce Don Juan débauché et athée, ses prédécesseurs l'avaient transmis à Molière. Le poète lui ajoute un troisième caractère : il en fait un hypocrite. Pourquoi ? Simplement par vengeance de la cabale qui arrêtait *Tartuffe*. Alors il met dans la bouche de son héros une grande tirade sur l'hypocrisie. A un moment, Don Juan dit : « Combien crois-tu que j'en connaisse qui, par ce stratagème (en se faisant hypocrite), ont rhabillé les désordres de leur jeunesse, qui se sont fait un bouclier du manteau de la religion et, sous cet habit respecté, ont la permission d'être les plus méchants hommes du monde ? On a beau savoir leurs intrigues, et les connaître pour ce qu'ils sont : ils ne laissent pas, pour cela, d'être en crédit parmi les gens ; et quelque baissement de tête, un soupir mortifié et deux roulements d'yeux rajustent dans le monde tout ce qu'ils peuvent faire. » On a cru que ce passage désignait plus spécialement Conti parce que ce prince, qui avait d'abord protégé Molière, lui avait retiré sa protection après une conversion bruyante et subite ; mais ces conversions, hypocrites ou sincères, étaient encore assez fréquentes. Enfin parmi ces grands seigneurs méchants hommes, débauchés, athées et hypocrites, se trouvait peut-être celui qui, au moment de *la Princesse d'Elide,* s'était trop occupé d'Armande ; peut-être était-il un de ceux qui avaient représenté au roi le danger de jouer *Tartuffe ;* alors Molière se vengeait doublement.

Alfred de Musset, cet admirable poète qui a si bien compris *le Misanthrope* et qu'Alceste ne faisait pas rire mais pleurer, Alfred de Musset n'aimait pas le Don Juan de Molière. Dans un sixain de *Namouna,* il nous le dit bien :

Quant au roué français, au Don Juan ordinaire,
Ivre, riche, joyeux, raillant l'homme de pierre,
Ne demandant partout qu'à trouver le vin bon,
Bernant monsieur Dimanche, et disant à son père
Qu'il serait mieux assis pour lui faire un sermon,
C'est l'ombre d'un roué qui ne vaut pas Valmont.

Ah ! c'est qu'en 1832, lorsque Musset écrivait ces vers, Don Juan avait été chargé de mélodie par Mozart ; Hoffmann l'avait vu passer.

... au son de la musique
Dans un éclair divin de sa nuit fantastique.

Alors, auprès de cette vision, qu'est-ce qu'un Don Juan qui séduit une paysanne aux mains noires en lui promettant de l'épouser ? Le moindre employé n'agit pas autrement, s'il veut obtenir les faveurs d'une craintive femme de chambre. Qu'est-ce qu'un Don Juan bernant M. Dimanche et, dans le même acte, soupant avec une statue de pierre ? C'est assez déconcertant, et cette scène, plaquée là pour faire rire, tout à fait plaisante, d'ailleurs, et qui semble vécue, n'aurait-elle pas été mieux à sa place dans l'*Avare*, par exemple, entre M. Dimanche et le jeune Cléante, à qui son harpagon de père ne doit pas donner assez d'argent pour payer son tailleur ?

Dans ce *Don Juan* de Molière, Musset, poète de l'amour, cherchait l'amour et ne l'y trouvait pas. Si l'amour, comme le disent les psycho-physiologues, est la spécialisation de l'instinct sexuel, l'éparpillement de cet instinct est le contraire de l'amour. L'homme à femmes, à beaucoup de femmes, à trop de femmes, à toutes les femmes, n'est pas un amant. Don Juan peut bien en avoir possédé mille et trois sans, pour cela, connaître une femme, ni la femme, ni les femmes. Son but est de séduire et de s'enfuir après ; alors, quelle est donc la femme qui se dévoile, corps et âme, en une seule fois ? Il l'abandonne, sans attendre l'heure parfois tardive où elle s'abandonnera tout entière. Don Juan me fait l'effet de ces touristes pressés qui visitent l'Italie entre deux trains : ils arrivent, courent à l'église et au musée, et repartent. Ils ont vu la ville un matin, un après-midi de printemps ou d'automne, ils ne la reverront jamais un autre matin, ni un autre après-midi, ni l'été, ni l'hiver, ni le soir, ni à l'aube, ni au crépuscule ; ils ne la reverront jamais par d'autres ciels, sous d'autres couleurs ; ils ne s'accoudent jamais à la terrasse d'où l'on découvre un peu de pays, ils ne rêvent pas au bord du fleuve, ils n'errent pas dans les petites rues tortueuses, ils ne se font pas ouvrir la grille des beaux jardins. Ils passent : c'est pour eux que Bædeker a écrit cet admirable titre de chapitre : « Venise en quatre jours ! » Ainsi Don Juan connaît les femmes. Il passe. Pauvre Don Juan ! C'est un coq et c'est un Cook. Il chante sa victoire, comme l'oiseau de nos basses-cours, en se dressant sur ses ergots et en battant des ailes. Il ne connaît que la victoire, il ne connaît pas la défaite ; il ne connaît pas l'infidélité ni la trahison, sinon les siennes ; il ne connaît pas le doute, le soupçon, la tristesse, la souffrance ; il ne connaît pas s.s propres larmes et les larmes de ses victimes ne l'émeuvent pas. Il peut avoir des sens étonnants et même un cerveau, mais il n'a pas de cœur ; il n'est pas un amant. C'est un artiste, un dilettante, mais le dilettantisme est stérile. Il a trop de fatuité pour être intelligent. A le bien regarder, ce Don Juan, au fond de ses beaux yeux cruels, non, je ne le crois pas très intelligent ; je veux dire qu'il n'a pas cette intelligence supérieure dans laquelle entrent la bonté et la pitié, et sans laquelle il n'y a pas de lumineuse beauté. Alors Musset a éprouvé le besoin de surélever, d'idéaliser Don Juan et, comme Mozart l'avait chargé de grâce et de mélodie, le jeune poète de 1830 l'a chargé de rêve, d'inquiétude et de poésie :

Un jeune homme est assis au bord d'une prairie,
Pensif comme l'amour, beau comme le génie ;
Sa maîtresse enivrée est prête à s'endormir.
Il vient d'avoir vingt ans, son cœur vient de s'ouvrir.
Rameau tremblant encor de l'arbre de la vie.
Tombé, comme le Christ, pour aimer et souffrir.

Ah ! les poètes nous trompent ; disons le mot : ils nous mettent dedans quand ils nous parlent de Don Juan. On est prêt à l'admirer et à l'aimer, si on lit les belles pages de Maurice Barrès, *Une Visite à Don Juan:*

On sait qu'à Séville, au dix-septième siècle, vécut un débauché puissant, don Miguel Manara, Vicentello de Leca, qui, pour satisfaire sa frénésie de sensualité, assassina des hommes et fit pleurer toutes les femmes pâmées de sa séduction. Sa beauté, ses amours et l'agitation de son cœur ont depuis rempli le monde, et, même mort, il trouble encore, car de ses aventures les poètes ont pétri Don Juan.

Mais débarrassé de la legende, de la tradition, du romantisme, de la littérature, qu'est-ce que Don Juan ? Qu'il soit athée, cela ne le singularise guère aujourd'hui, mais qu'il soit impie à la souffrance des autres, c'est plus grave. Il n'y a plus que les écoliers pour fixer sur lui leurs yeux ardents. Cet orgueilleux, cet égoïste forcené, cet individualiste exaspéré, ce jouisseur effréné, ce méchant passionné, il a beau se réclamer de Nietzsche — qu'il n'a pas compris d'ailleurs — le voilà qui entre dans le domaine de la pathologie ; c'est le marquis de Priola, c'est un candidat à la paralysie générale.

L'Amour Médecin. — Le Misanthrope

Don Juan ou *le Festin de Pierre* avait été représenté pour la première fois, sur le théâtre du Palais-Royal, le 15 février 1665. La pièce fut jouée une quinzaine de fois, jusqu'à la clôture de Pâques, avec de belles recettes, et ne fut pas reprise à la réouverture. Les dévots n'avaient pas supporté l'athéisme de Don Juan, surtout que cet athéisme fût combattu par Sganarelle, un valet bouffon qui faisait rire avec les preuves de l'existence de Dieu. Car Don Juan, dans son athéisme, n'est pas agressif ; il est plutôt passif ; il devient catégorique seulement quand il dit : « Je crois que deux et deux font quatre, Sganarelle, et que quatre et quatre font huit. » Don Juan est sévèrement jugé par son valet qui le dépeint à Guzman, écuyer d'Elvire, comme une véritable bête brute, un pourceau d'Epicure, et Sganarelle est le porte-parole de Molière, mais, comme s'est un comique, il dit la vérité en riant ; il défend même la religion avec des arguments risibles.

Avec mon petit sens, mon petit jugement, dit-il, je vois les choses mieux que tous les livres, et je comprends fort bien que ce monde que nous voyons n'est pas un champignon qui soit venu tout seul en une nuit. Je

voudrais bien vous demander qui a fait ces arbres-là,
ces rochers, cette terre et ce ciel que voilà là-haut, et
si tout cela s'est bâti de lui-même ? Vous voilà, vous, par
exemple ; vous êtes là : est-ce que vous vous êtes fait
tout seul, et n'a-t-il pas fallu que votre père ait engrossé
votre mère pour vous faire ?... Cela n'est-il pas merveilleux que me voilà ici, et que j'aie quelque chose dans la
tête qui pense cent choses différentes en un moment, et
fait de mon corps tout ce qu'elle veut ? Je veux frapper
des mains, hausser les bras, lever les yeux au ciel,
baisser la tête, remuer les pieds, aller à droite, à gauche,
en avant, en arrière, tourner...

Et Sganarelle se laisse tomber en tournant, et
son maître lui dit : « Bon, voilà ton raisonnement
qui a le nez cassé ».

Pour les dévots, c'était intolérable ; ils démon-
trèrent encore au roi que la nouvelle comédie cau-
sait un scandale public, que l'auteur faisait plaisanterie de la religion, école de libertinage, que la
majesté de Dieu était le jouet d'un maître et d'un
valet de théâtre.

Le roi avait répondu un jour « que Don Juan
n'est pas récompensé ». Mais cela ne suffisait pas
aux dévots; ils voulaient l'interdiction. Louis XIV
dut encore céder à leurs instances, à leur pres-
sion et, en ne cessant pas de protéger Molière, il
lui conseilla cependant de ne plus jouer *le Festin
de Pierre*

Tartuffe, Don Juan, voilà deux pièces arrêtées
en moins d'une année. Il y avait bien là de quoi
être découragé. Malgré sa prodigieuse énergie,
Molière ressentait le contre-coup de ces déboires.
de ces véritables persécutions.

Quelques mois auparavant, il avait été obligé de cesser de faire l'orateur. A la date du 14 novembre 1664, La Grange écrit dans son Registre : « J'ais commencé à annoncer pour M. de Molière ». L'orateur avait deux principales fonctions : il composait l'affiche et faisait la harangue ; à la fin de la représentation, il venait seul sur la scène, remerciait le public « de son attention favorable », lui annonçait la pièce qu'on devait jouer la prochaine fois, et l'invitait à la venir voir par quelques éloges qu'il lui donnait.

Molière faisait un compliment de bonne grâce. Sa harangue était toujours attendue avec impatience ; c'était une joie de l'entendre parler.

Pour faire durer le plaisir plus longtemps, ceux du parterre, de son cher parterre, avaient pris l'habitude de l'interpeller, de lui poser des questions auxquelles il répondait avec une verve et un esprit incroyables. On cherchait à l'embarrasser, mais on ne le prenait jamais sans vert. En somme, c'était une sorte de *commedia del' arte* qui se jouait entre le poète et les spectateurs. Personne ne voulait plus s'en aller : les séances se prolongeaient indéfiniment, mais cela fatiguait Molière qui fut obligé d'y renoncer.

Travail hâtif et incessant, ennuis domestiques, ah ! sa vie était tourmentée. Il avait vraiment beaucoup d'ennemis ; il n'était pas indulgent aux travers, aux ridicules de ses contemporains ; comme tous les railleurs, c'était souvent lui qui commençait ; quand on veut faire rire, c'est toujours aux dépens de quelqu'un. La plus dédaigneuse épithète qu'on puisse appliquer à l'esprit, c'est celle d'inoffensif. Il avait heureusement quelques amis : le peintre Mignard, le physicien Rohault, mais ses amis littéraires, c'étaient Racine dont il avait joué la première tragédie, la *Thébaïde ou les Frères ennemis*, Chapelle, La Fontaine, Boileau. Racine et Boileau étaient les plus jeunes de la bande. On se réunissait chez Boileau, ou bien dans quelque cabaret à la mode, au *Mouton-Blanc*, à la *Croix-de-Lorraine*, à la *Pomme-de-Pin*. On parlait littérature en buvant du vin. Boileau, à la fin de ces séances, flageolait parfois sur ses alexandrins. C'étaient des réunions très joyeuses, et si Boileau n'était pas le moins gai des cinq compagnons, le plus triste était sans doute l'auteur comique, Molière. Du moins, il s'amusait en dedans, et ces heures passées avec ses amis le distrayaient de toutes ses préoccupations. L'interdiction de jouer *Don Juan* l'avait mis, comme directeur, dans le plus grand embarras. Il était obligé de jouer des vieilles pièces avec de maigres recettes. Heureusement, il était souvent mandé avec sa troupe dans les résidences royales. « Le vendredi 12 juin, dit le registre de La Grange, la Troupe est allée à Versailles por ordre du Roy, où l'on a joué le *Favory* dans le jardin, sur un théâtre tout garny d'orangers. M. de Molière fist un prologue en marquis ridiculle qui vouloit estre sur le théâtre malgré les gardes, et eust une conversation risible avec une actrice qui fist la marquise ridiculle, placée au milieu de l'assemblée ». C'était déjà la scène dans la salle. *La Coquette ou le Favory* était une comédie nouvelle de la précieuse comédienne auteur, Mlle Des Jardins. On lit encore dans le Registre : « Le vendredi 14 août, la Troupe alla à Saint-Germain-en-Laye ; le Roy dit au Sieur de Molière qu'il vouloit que la Troupe doresnavant lui appartinst et la demanda à Monsieur. Sa Majesté donna en même temps six mil livres de pension à la Troupe qui prit congé de Monsieur, lui demanda la continuation de sa protection, et prit ce titre : La Troupe du Roy, au pallais Royal. » Ainsi, Louis XIV, malgré l'interdiction de jouer *Tartuffe* et *Don Juan,* montrait bien qu'il ne retirait pas sa faveur à l'auteur ; trois semaines après, il lui demandait une comédie-ballet, et Molière écrivit *l'Amour médecin ou les Médecins.*

« C'est une question souvent agitée dans les conversations, dit Grimarest, savoir si Molière a maltraité les médecins par humeur ou par ressentiment. Voici la solution de ce problème. » Et Grimarest raconte cette petite histoire : Molière logeait chez un médecin dont la femme, extrêmement avare, dit plusieurs fois à la Molière qu'elle voulait augmenter son loyer ; Armande ne daigna pas seulement l'écouter, de sorte qu'on lui donna congé et son appartement fut loué à la Du Parc. Celle-ci, pour se mettre bien avec sa nouvelle hôtesse, lui donna un billet de comédie ; mais la Molière n'eut pas plus tôt aperçu dans la salle la femme du médecin, qu'elle envoya deux gardes pour la faire sortir. « Un traitement si offensant causa de la rumeur : les maris prirent parti trop vivement : de sorte que Molière, qui étoit très facile à entraîner par les personnes qui le touchoient », écrivit *l'Amour médecin*.

Il y a d'autres raisons, moins anecdotiques. D'abord le médecin, comme le docteur et le pédant, est un personnage traditionnel de la farce. Dans le *Festin de Pierre*, Molière avait commencé d'attaquer ces messieurs de la Faculté ; Don Juan dit à Sganarelle, vêtu d'une longue robe et coiffé d'un bonnet pointu : « Leur art n'est que pure grimace... ils voient attribuer à leurs remèdes tout ce qui peut venir des faveurs du hasard et des forces de la nature. » Molière, nous l'avons dit, était déjà malade ; alors, la médecine et les médecins devenaient intéressants pour lui. D'ailleurs, c'étaient d'excellents personnages de comédie : il n'y avait quà les transporter tels quels sur la scène. Ils étaient ridicules par bien des côtés, par leur costume, par leur pédantisme, par leur jargon ; ils portaient une large perruque, une large barbe ; graves, montés sur une mule ou un cheval pacifique, ils allaient voir les malades ; la plupart faisaient leurs visites en robe longue, en chausse rouge et rabat ; ils parlaient volontiers latin, employaient pour émerveiller, stupéfier et terroriser le client, des mots spéciaux, techniques et barbares. Ils formaient un corps très fermé, très jaloux de ses prérogatives et de ses droits ; ils avaient au plus haut degré l'esprit de corps avec tout ce que cet esprit comporte d'exclusion, de chicane, d'entêtement et de routine.

Ils n'étaient pas cent-cinquante dans Paris et ils faisaient du bruit comme quinze-cents, avec leurs discussions sur la circulation, la saignée et l'antimoine. Molière savait bien qu'ils avaient tué son vieux maître Gassendi, à force de le saigner, et qu'en lui donnant trois fois le vin émétique, ils avaient envoyé au pays d'où personne ne revient, comme dit Gui Patin, le fils de son ami De la Mothe Le Vayer, l'abbé Le Vayer, en qui il avait un partisan et un admirateur. Les médecins, il les avait vus autour du petit lit de son premier enfant, qu'ils avaient laissé mourir, après l'avoir sans doute saigné et purgé comme des sourds ; et maintenant, c'est lui qui était malade et ils ne le guérissaient pas. Il avait comme médecin M. de Mauvilain. « Que vous fait-il ? demandait un jour le Roy à Molière. — Sire, nous raisonnons ensemble ; il m'ordonne des remèdes, je ne les fais point, et je guéris. » Mais ce n'est qu'une boutade : il ne cessait pas d'être malade. Seulement, ce Mauvilain lui donnait des renseignements sur l'art, le métier, la profession, les confrères ! C'était un sceptique et un subversif, ce Mauvilain: il avait été exclu deux fois de la Faculté ; alors, il avait des rancunes à satisfaire et il documentait Molière.

Ils devaient bien rire ensemble des questions que l'on posait aux candidats pour les thèses cardinales : « Les héros naissent-ils des héros ? Sont-ils bilieux ? — La femme est-elle un ouvrage imparfait de la nature ? — Faut-il tenir compte des phases de la lune pour la coupe des cheveux ? »

Mauvilain racontait au poète comique des his
toires comme celle-ci :

Un enfant ayant eu le cartilage xiphoïde en-
foncé, le médecin, appelé en toute hâte, fit appliquer dessus une croûte de gros pain rôti, trempé
dans le fort vinaigre.

Un gentilhomme des plus illustres familles de la
province mourut en trois jours d'un abcès au pou-
mon. On l'ouvrit après sa mort, et il était si gras
que le chirurgien qui fit l'opération en rapporta
beaucoup de graisse pour faire de la pommade.

Avec son solide bon sens, la collaboration de
Mauvilain et son horreur profonde pour tout ce
qui est pédantisme, dogmatisme, charlatanisme,
Molière écrit *l'Amour médecin.* Sous les noms de
Desfonandrès, tueur d'hommes (c'est Boileau qui
avait fait ces noms tirés du grec), de Bahys, bre-
douilleur, de Macroton, qui parle lentement, de
Tomès, saigneur, de Filerin, Molière mettait en
scène les grands médecins de la cour. Tomès,
c'était Vallot, premier médecin du roi, ou d'Aquin,
médecin par quartier ; Macroton, c'était Guénaut,
premier médecin de la reine ; Bahys, Jean Esprit,
premier médecin de Monsieur ; Filerin, Yvelin,
premier médecin de Madame. Enfin Desfonandrès tueur d'hommes, c'était Elie Beda, sieur
des Fougerais ; il n'appartenait pas à la cour,
mais on l'appelait en consultation chez les plus
grands personnages.

Dans l'*Amour Médecin,* Sganarelle, un bon bourgeois, bon père, un peu avare, a une jeune et
charmante fille, Lucinde, qu'il chérit, mais ne

veut pas marier, parce qu'il faudrait lui donner une dot. Lucinde, qui aime Clitandre, tombe malade. Sganarelle, affolé, fait venir quatre médecins qui, après avoir vu la malade, consultent ensemble ; la consultation est une délicieuse scène de comédie. Les quatre médecins parlent d'abord de toutes sortes de choses, l'un de sa mule, l'autre de son cheval, de la querelle qui s'est élevée entre deux confrères, Théophraste et Artémius. « Moi, je suis pour Artémius », dit M. Desfonandrès.

MONSIEUR TOMÈS

Et moi aussi. Ce n'est pas que son avis, comme on a vu, n'ait tué le malade, et que celui de Théophraste ne fût beaucoup meilleur, assurément ; mais enfin il a tort dans les circonstances, et il ne devait pas être d'un autre avis que son ancien. Qu'en dites-vous ?

MONSIEUR DESFONANDRÈS

Sans doute. Il faut toujours garder les formalites, quoi qu'il puisse arriver.

MONSIEUR TOMÈS

Pour moi, j'y suis sévère en diable, à moins que ce soit entre amis ; et l'on nous assembla un jour trois de nous autres avec un médecin de dehors pour une consultation, où j'arrêtai toute l'affaire et ne voulus point endurer qu'on opinât si les choses n'allaient pas dans l'ordre. Les gens de la maison faisaient ce qu'ils pouvaient, et la maladie pressait ; mais je n'en voulus point démordre, et la malade mourut bravement pendant cette contestation.

MONSIEUR DESFONANDRÈS

C'est fort bien fait d'apprendre aux gens à vivre et de leur montrer leur bec jaune.

MONSIEUR TOMÈS

Un homme mort n'est qu'un homme mort, et ne fait
point de conséquence ; mais une formalité négligée porte
un notable préjudice à tout le corps des médecins.

Mais MM. Tomès et Desfonandrès, qui sont si
bien d'accord, quand il s'agit de respecter les formalités, se disputent lorsque Sganarelle les prie
de dire ce qu'ils ont résolu. Pour M. Tomès, la
maladie de Lucinde procède d'une grande chaleur
de sang ; ainsi il conclut à la saigner le plus tôt
possible. Pour M. Defonandrès, la maladie est une
pourriture d'humeurs, causée par une trop grande
réplétion : ainsi il conclut à lui donner de l'émétique.

MONSIEUR TOMÈS

Je soutiens que l'émétique la tuera.

MONSIEUR DESFONANDRÈS

Et moi que la saignée la fera mourir.

MONSIEUR TOMÈS, *à Sganarelle.*

Je vous ai dit mon avis.

MONSIEUR DESFONANDRÈS

Je vous ai dit ma pensée

MONSIEUR TOMÈS

Si vous ne faites saigner tout à l'heure votre fille,
c'est une personne morte. (*Il sort.*)

MONSIEUR DESFONANDRÈS

Si vous la faites saigner, elle ne sera pas en vie dans
un quart d'heure. (*Il sort.*)

Et le pauvre Sganarelle, demeuré seul avec Macroton et Bahys, l'un qui bégaie, l'autre qui bredouille, les conjure de déterminer son esprit, et de lui dire sans passion ce qu'ils croient le plus propre à soulager sa fille. Ceux-là sont d'accord pour purger et saigner à tour de bras. « Ce n'est pas qu'avec tout cela votre fille ne puisse mourir », conclut M. Macroton, « mais au moins vous aurez fait quelque chose et vous aurez la consolation qu'elle sera morte dans les formes ». Et M. Bahys : « Il vaut mieux mourir selon les règles que de réchapper contre les règles. »

Les formes, les formalités, les formules, les règles, qu'il s'agisse de métaphysique, de religion ou de médecine, voilà ce qui irrite Molière. Enfin, M. Filerin, qui représente non pas la Faculté mais l'esprit de corps, fait honte à Desfonandrès et à Tomès de s'être querellés devant le client; il leur dit à peu près: « Ne découvrons pas au peuple par nos débats et nos querelles la forfanterie de notre art... Ne désabusons point les hommes avec nos cabales extravagantes, et profitons de leur sottise le plus doucement que nous pourrons, et puisque le plus grand faible des hommes, c'est l'amour qu'ils ont pour la vie, profitons-en, nous autres, par notre pompeux galimatias, et sachons prendre nos avantages de cette vénération que la peur de mourir leur donne pour notre métier. »

Mais ce n'est pas avec des citations forcément très brèves que je peux vous donner une idée de cette charmante comédie où se trouve encore la jolie scène des donneurs de conseils: « Vous êtes

orfèvre, monsieur Josse. » Lisez l'*Amour médecin*
pour votre grande joie; c'est, dans son genre, un
chef-d'œuvre. « Ce n'est ici qu'un simple crayon,
dit l'auteur dans un avertissement, un petit impromptu dont le Roi a voulu se faire un divertissement. Il est le plus précipité de tous ceux que
Sa Majesté m'ait commandés; et lorsque je dirai
qu'il a été proposé, fait, appris et représenté en
cinq jours, je ne dirai que ce qui est vrai ».
C'est merveilleux. Les improvisades à l'italienne,
l'office d'orateur qu'il avait exercé pendant plusieurs années, avaient entraîné Molière à cette
exécution rapide, à cette écriture cursive. Il écrit
alors comme il parle.

Certaines personnes, non sans goût, préfèrent,
dans l'œuvre de Molière, des petites comédies,
comme le *Mariage forcé*, l'*Amour médecin*, le
Médecin malgré lui, aux grandes comédies. Cela
peut se défendre. Il est certain que Molière y est
inimitable, incomparable dans la force et la grâce
comiques. N'ayant pas de prétentions, ces légères
productions les justifient et, ne promettant que
d'amuser, elles tiennent leur promesse.

L'*Amour médecin* amusa beaucoup Louis XIV
et la cour, et fut joué trois fois à Versailles, entre
le 13 et le 17 septembre; mais à ses ennemis déjà
nombreux Molière pouvait ajouter les médecins,
des ennemis mortels.

Arrêtons-nous un instant pour constater combien les circonstances de sa vie complexe déter-
minent l'œuvre de Molière. Il épouse Armande;
il écrit l'*Ecole des maris* et l'*Ecole des femmes,*

deux pièces qui témoignent de la même préoccupation: peut-on être aimé d'une jeune femme, lorsqu'on a vingt ans de plus qu'elle? et à la même préoccupation se rattache le *Mariage forcé.*

L'*Ecole des femmes* est violemment attaquée: il écrit, pour se défendre, la *Critique de l'Ecole des Femmes,* les attaques, les calomnies continuant, il répond par l'*Impromptu de Versailles.*

Il y a, toujours dans cette *Ecole des femmes* un passage dont les dévots s'emparent pour l'accuser d'irréligion, alors que ses intentions sont sans noirceur; ces susceptibilités, cette intolérance, cette mauvaise foi irritent Molière. Il se dit: « Ah! vous criez de la sorte pour mes pauvres chaudières bouillantes... Je vais vous faire crier pour quelque chose », et il écrit *Tartuffe.*

Les dévots s'alarment et font interdire *Tartuffe;* Molière, à la hâte, écrit le *Festin de Pierre;* et de Don Juan il fait non seulement un débauché et un athée, mais encore un hypocrite, par vengeance de la cabale qui a arrêté *Tartuffe.* Les dévots font interdire le *Festin de Pierre.* A la suite de ces déboires, de ces persécutions, de ces cabales, et surtout d'un travail continuel, Molière ressent une grande fatigue. Louis XIV, à qui lui et sa troupe appartiennent maintenant, lui demande un divertissement; le poète écrit en cinq jours une comédie-ballet, l'*Amour médecin,* et c'est sa première pièce contre la Faculté, la pièce d'un auteur comique et malade qui a tout de suite compris que les médecins n'entendent rien à son mal. Maintenant, il travaille activement au *Misan-*

thrope, **qui est commencé depuis deux ans. Le**
Misanthrope, nous le savons, c'est la lutte d'un
honnête homme assez bizarre contre une charmante coquette. Où Molière en est-il avec Armande? C'est intéressant à connaître.

Dans les premiers jours du mois d'août 1665,
une petite fille leur était née qui fut baptisée à
Saint-Eustache, Esprit-Madeleine, le parrain
étant Esprit-Rémond de Modène, et la marraine
Madeleine Béjart. Les deux anciens amants
avaient repris depuis quelques années d'amicales
relations. La Béjart s'occupait des intérêts de
M. de Modène et même ne cessait de lui prêter de
l'argent. C'est égal, voilà un parrainage qui paraît singulier, à moins qu'il ne signifie que M. de
Modène était bien le père naturel d'Armande dont
Madeleine était la mère naturelle. Alors, comme
grands-parents naturels, ils étaient compère et
commère dans le baptême de leur petite-fille, et ce
serait encore une preuve de la maternité de Madeleine, la preuve par le baptême de sa petite-fille.
En outre, ce parrainage de M. de Modène pouvait faire cesser les bruits qui couraient toujours
de la paternité de Molière, quant à Armande.
C'est probablement la raison que la Béjart avait
fait valoir auprès de Molière pour qu'il consentît
à donner comme parrain à sa fille l'ancien amant
de sa belle-mère. L'avait-on consulté seulement?
Quand Armande et Madeleine avaient décidé quelque chose, il n'avait qu'à s'incliner. Il laissait
faire pour avoir la paix; ces deux femmes étaient
liguées contre lui Que Madeleine ait été favorable

ou non au mariage, aussitôt après le mariage, elle s'était mise résolument avec sa fille contre son gendre. Toutes les femmes la comprendront.

La venue au monde de cette petite fille ne semble pas avoir rapproché les époux; depuis les fêtes de Versailles, le ménage allait mal. L'auteur du libelle la *Fameuse comédienne* met les choses au pire; mais d'abord qui est cet auteur? On a dit Chapelle, Racine, La Fontaine, les amis de Molière; c'est charmant! On a nommé aussi Blot, la comédienne Mlle Boudin, et encore le comédien Rosemont. Une chose certaine, c'est que ce pamphlet est de deux écritures, dont la seconde commence après la mort de Molière; c'est aussi net que, dans un verre, deux liquides de densité différente superposés. La deuxième partie est la mieux écrite; c'est ce qui a fait penser à La Fontaine; mais aimons à ne pas le croire. Quel qu'il soit, l'auteur de cette *Fameuse comédienne* fait commencer l'inconduite d'Armande tout de suite après le mariage; il lui donne comme amant un abbé de Richelieu qui entretint la Molière sur le pied de quatre pistoles par jour, sans les habits et les régals. « L'abbé ne manquait pas de lui envoyer tous les matins par un page le gage de leur traité et de l'aller voir toutes les après-dînées. » Après la *Princesse d'Elide,* elle est folle du comte de Guiche et va pleurer chez la Du Parc « à qui elle confiait l'indifférence que le comte de Guiche avait pour elle ». Irritée de la froideur de celui qu'elle adore, elle se jette entre les bras de Lauzun. Un lieutenant aux gardes et beaucoup d'autrès jeunes gens se mettent de la partie pour la consoler. L'abbé de Richelieu, qui la faisait épier avec soin, surprend une lettre qu'elle écrit à Guiche et, dès ce moment, prend le parti de la laisser, « après avoir fait apercevoir à Molière que le grand soin qu'il avait de plaire au public l'empêchoit d'examiner la conduite de sa femme; et que, pendant qu'il travailloit pour tout le monde, le monde travailloit pour lui ». Molière fait une scène à Armande : celle-ci lui avoue les sentiments qu'elle a eus pour Guiche et lui jure que tout le crime a été dans l'intention... Elle pleure; Molière croit et pardonne. Elle a de nouveaux amants; Molière, « averti par des gens mal intentionnés pour son repos de la conduite de sa femme », éclate en reproches violents. Cette fois, Armande se déclare outragée, s'évanouit, et c'est lui qui demande pardon; mais elle prend un ton fort haut et l'accuse d'avoir toujours conservé des relations avec la De Brie. « Elle conçut dès ce moment une aversion terrible pour son mari et porta les choses à une telle extrémité, que Molière consentit à la rupture qu'elle demandait incessamment depuis leur querelle; si bien que, sans arrêt du Parlement, ils demeurèrent d'accord qu'ils n'auraient plus d'habitude ensemble. » Sans doute, il ne faut pas croire tout ce que dit l'auteur de la *Fameuse comédienne*. On sent bien qu'en plus d'un endroit, il calomnie, invente, exagère. Il est rempli de haine pour Armande; il est très dur pour Molière et, si c'est un ami du poète, vraiment son amitié l'aveugle. Cependant, il **y a**

tel passage qui rend le son de la vérité. Ecoutez Molière se confiant à Chapelle, à Auteuil ou ailleurs, peu importe.

Je suis né avec les dernières dispositions à la tendresse ; et comme j'ai cru que mes efforts pouvaient lui (à Armande) inspirer par l'habitude des sentiments que le temps ne pouvait détruire, je n'ai rien oublié pour y parvenir. Comme elle était jeune quand je l'épousai, je ne m'aperçus pas de ses méchantes inclinations, et je me crus un peu moins malheureux que la plupart de ceux qui prennent de pareils engagements. Aussi le mariage ne ralentit point mes empressements, mais je lui trouvai tant d'indifférence que je commençai à m'apercevoir que toute ma précaution avait été inutile, et que tout ce qu'elle sentait pour moi était bien éloigné de ce que j'aurais souhaité pour être heureux. Je me fis à moi-même des reproches sur une délicatesse qui me semblait ridicule dans un mari, et j'attribuai à son humeur ce qui était effet de son peu de tendresse pour moi.

Ici, il raconte l'aventure avec le comte de Guiche, et comment il a pardonné.

Cependant mes bontés ne l'ont point changée ; et si vous saviez ce que je souffre, vous auriez pitié de moi. Ma passion est venue à tel point qu'elle va jusqu'à entrer avec compassion dans ses intérêts... Toutes les choses du monde ont du rapport avec elle dans mon cœur. Mon idée en est si fort occupée que je ne sais rien que son absence qui puisse m'en divertir. Quand je la vois, une émotion et des transports qu'on peut sentir, mais qu'on ne saurait dire, m'ôtent l'usage de la réflexion ; je n'ai plus d'yeux pour ses défauts, il m'en reste seulement pour ce qu'elle a d'aimable. N'est-ce pas là le dernier point de la folie, et n'admirez-vous pas que tout ce que j'ai de raison ne sert qu'à me faire connaître ma faiblesse sans en pouvoir triompher.

En ce qui concerne le ménage de Molière, Grimarest est moins pessimiste que l'auteur de la *Fameuse comédienne*. Il dit bien qu'Armande « ne fut pas plutôt Mlle de Molière qu'elle crut être au rang d'une duchesse; et elle ne se fut pas donnée en spectacle à la Comédie que le courtisan désoccupé lui en conta ». Mais il ajoute qu'elle n'avait rien à se reprocher. Dans Grimarest, ce n'est pas à Chapelle que Molière se confie, mais à Mignard et à Rohaut et le poète excuse Armande; il reconnaît qu'il était trop austère pour une société domestique et que la conduite de sa'femme serait exempte de tout soupçon pour tout autre homme moins inquiet qu'il ne l'est. Mais Grimarest est visiblement armandiste; il ne veut pas que la femme de Molière ait été infidèle... Cependant, il arrive à peu près aux mêmes conclusions que l'auteur de la *Fameuse comédienne:* « Ainsi Molière, après avoir essuyé beaucoup de froideur et de dissensions domestiques, fit son possible pour se renfermer dans son travail et dans ses amis, sans se mettre en peine de la conduite de sa femme. » A quelle époque eut lieu cette séparation? Sans doute à l'automne de 1665 ou au printemps de 1666. Je vais plus loin que Grimarest: je suis convaincu que Molière avait des raisons sérieuses d'être soupçonneux et jaloux. En tout cas, il résulte de tous ces témoignages qu'Armande était terriblement coquette; elle prenait des soins extraordinaires pour sa parure, elle avait de l'enjouement, de l'esprit, et était sensible au plaisir de le faire valoir; elle adorait qu'on lui fît la cour ; c'est tout le portrait de Célimène, et Molière, qui l'aimait, était le plus malheureux des hommes.

D'ailleurs, la vie le meurtrissait de tous les côtés. Son jeune ami Racine se conduisait bien mal envers lui. Molière venait de lui jouer *Alexandre,* sa deuxième tragédie, lorsque deux semaines après la première représentation, la pièce fut représentée le même jour au Palais-Royal et à l'Hôtel de Bourgogne. Racine, ne trouvant pas que sa tragédie fût bien interprétée chez Molière, avait été la porter chez les comédiens rivaux.

C'est ce que Jules Lemaître appelle une action fâcheuse. Mais Jules Lemaître aime Racine tendrement. Molière pensa que c'était une véritable trahison d'amitié et il dut en souffrir beaucoup ; mais tout cela est excellent pour le *Misanthrope.* Tout de même Molière traverse des jours sombres. On continue de le calomnier avec acharnement ; pour le perdre auprès du roi, on fait courir en manuscrit, sous son nom, un livre abominable. A toutes ces souffrances morales viennent s'ajouter les souffrances physiques. Il tombe gravement malade. Du 27 décembre 1665 au 21 février 1666, le théâtre du Palais-Royal est fermé. A peine guéri, Molière se remet au travail ; on a besoin d'une grande pièce nouvelle. Ah ! ce n'est pas dans la joie qu'il achève le *Misanthrope,* mais c'est sa plus belle pièce ; il atteint le sommet de sa courbe.

Il y travaillait depuis longtemps à ce *Misanthrope ;* c'est une pièce à laquelle il a beaucoup pensé, qu'il a portée en lui. Il y pense **déjà après** l'*Ecole des Femmes*. Dans l'*Impromptu de Versailles,* il annonce qu'il a vingt caractères de gens où il n'a point encore touché, par exemple ceux qui se font les plus grandes amitiés du monde et qui, le dos tourné, font galanterie de se déchirer l'un l'autre, les adulateurs à outrance, les flatteurs insipides, les lâches courtisans de la faveur, les perfides adorateurs de la fortune qui vous encensent dans la prospérité et vous accablent dans la disgrâce, et encore ceux qui caressent également tout le monde et courent à tous ceux qu'ils voient, avec les mêmes embrassades et les mêmes protestations d'amitié. Voilà évidemment le point de départ du *Misanthrope* et c'est déjà, **en prose,** le langage d'Alceste :

De protestations, d'offres et de sermens,
Vous chargez la fureur de vos embrassemens ;
Et quand je vous demande après quel est cet **homme,**
A peine pouvez-vous dire comme il se nomme.

C'est que Molière a observé la cour ; il a bien vite découvert, sous toutes les grimaces de politesse, ce qu'une société civilisée, et l'on peut dire avancée, recouvre de mensonges, de lâchetés grandes et petites :

Je ne trouve partout que lâche flatterie,
Qu'injustice, intérêt, trahison, fourberie.

Il y a précisément à la cour un seigneur dont l'humeur sauvage amuse les courtisans, c'est le marquis de Montausier, le mari de Julie d'Angennes, fille de la marquise de Rambouillet. Protestant, il s'était converti, à l'âge de trente-cinq ans, pour pouvoir épouser celle qu'il aimait et qui en avait trente-huit. Son mariage fut la première cause qui éclaircit la société du fameux hôtel, avant l'entière dispersion. De sa première religion il avait conservé une austérité et une tristesse qu'il répandait généreusement autour de lui; il les avait emmenées avec lui dans l'Angoumois dont il avait été nommé gouverneur; il les rapportait à Paris où il vint se fixer en 1653. A l'époque où Molière eut l'idée du *Misanthrope,* le marquis de Montausier avait cinquante-trois ans; sa vertu austère et inflexible passait, dans l'esprit de quelques courtisans, pour tomber dans la misanthropie. Cependant, la femme de ce rigide seigneur était complaisante aux amours du roi et de La Vallière; elle leur servait de « commode » ainsi qu'on disait à l'époque, de commode ou de « dariolette ». C'est un bien gentil nom pour un bien vilain métier. Le marquis de Montausier est sans doute un des originaux d'Alceste; il y en a deux autres: Molière lui-même et Boileau. Mais entrons dans le premier acte, pour voir comment ces trois personnages se substituent l'un à l'autre, paraissent et disparaissent tour à tour. Et d'abord voici la première scène.

Qu'est-ce donc ? qu'avez-vous ? — Laissez-moi, je vous
— Mais encor, dites-moi quelle bizarrerie.   [prie.

C'est la grande scène que chacun sait par cœur, où s'exposent admirablement les caractères d'Alceste et de Philinte. Alceste, pour commencer, est comique dans sa brusquerie: c'est Montausier. Il

reproche à Philinte d'avoir embrassé **un homme**
dont il ne sait même pas le nom. Mais cela arrive
tous les jours et ce n'est nullement s'abaisser jusqu'à trahir son âme. Il n'y a pas là de quoi s'aller
pendre de regret, autrement un pendu se balancerait à chaque arbre de Versailles, de Saint-Germain ou de Fontainebleau. S'il fallait dire à la
vieille Emilie qu'à son âge il sied mal de faire
la jolie et que le blanc qu'elle a scandalise chacun, ce serait chagriner bien gratuitement cette
pauvre dame. Alceste est donc ridicule, pour commencer, et Philinte a raison de le lui dire. Et
Philinte n'est ni sceptique, ni égoïste, ni lâche ;
c'est un honnête homme, bien élevé, indulgent,
tolérant ; il sait que, dans le monde, il est des
mensonges nécessaires, ce que Renan appelait des
mensonges de pure eutrapélie. D'ailleurs, Philinte s'exprime avec l'admirable bon sens de Molière, de sorte que Philinte est Molière homme du
monde, Molière courtisan même, car le poète « se
faisait remarquer à la cour pour un homme civil
et honnête, ne se prévalant point de son mérite
et de son crédit, s'accommodant à l'humeur de
ceux avec qui il était obligé de vivre, ayant l'âme
belle, libérale, en un mot, possédant et exerçant
toutes les qualités d'un parfaitement honnête
homme ». Ainsi écrit La Grange, et il **trace le por-**
trait de Molière-Philinte.

Mais bientôt le débat s'élève : Alceste hait tous
les hommes.

Les uns parce qu'ils sont méchants et malfaisans ;
Et les autres pour être aux méchants complaisans

Et n'avoir pas pour eux ces haines vigoureuses
Que doit donner le vice aux âmes vertueuses.
De cette complaisance on voit l'injuste excès
Pour le franc scélérat avec qui j'ai procès.
Au travers de son masque on voit à plein le traître,
Partout il est connu pour tout ce qu'il peut être ;
Et ses roulements d'yeux et son ton radouci
N'imposent qu'à des gens qui ne sont point d'ici.
On sait que ce pied plat, digne qu'on le confonde,
Par de sales emplois s'est poussé dans le monde,
Et que par eux son sort, de splendeur revêtu,
Fait gronder le mérite et rougir la vertu.
Quelques titres honteux qu'en tous lieux on lui donne,
Son misérable honneur ne voit pour lui personne :
Nommez-le fourbe, infâme, et scélérat maudit,
Tout le monde en convient et nul n'y contredit.
Cependant sa grimace est partout bien venue ;
On l'accueille, on lui rit, partout il s'insinue ;
Et, s'il est par la brigue, un rang à disputer,
Sur le plus honnête homme on le voit l'emporter.

Et nous n'avons plus du tout envie de rire, parce que nous sentons bien qu'Alceste va perdre son procès, et rien n'est moins risible que l'injustice rendue par la Justice de son pays. Admirez qu'à ce moment, Alceste nous a été si magistralement présenté, son indignation est si sincère et si belle, il trouve pour l'exprimer des paroles si justes et si fortes, que, sans savoir de quoi il s'agit et quel est ce procès, nous ne doutons pas un instant qu'il n'ait raison et que son adversaire ne soit une canaille. C'est d'un très grand art. Molière écrivait cette tirade pendant le procès du surintendant Fouquet, on peut dire dans le retentissement de l'affaire Fouquet ; je ne crois pas que les spectateurs de 1666 aient ri en entendant ces beaux vers, ou bien, si le comédien Molière faisait rire, il trahissait vraiment son auteur ; mais il en était incapable.

Mais, dit Philinte à Alceste :

Cette pleine droiture où vous vous renfermez,
La trouvez-vous ici dans ce que vous aimez ?
La sincère Eliante a du penchant pour vous,
La prude Arsinoé vous voit d'un œil fort doux ;
Cependant à leurs vœux votre âme se refuse,
Tandis qu'en ses liens Célimène l'amuse,
De qui l'humeur coquette et l'esprit médisant
Semblent si fort donner dans les mœurs d'à présent.

Ah ! que cela est vrai, répond à peu près Alceste ; je vois bien ses défauts, mais que voulez-vous, elle a l'art de me plaire : sa grâce est la plus forte. Oui, sa grâce est la plus forte, et c'est, en six mots mieux qu'en un long discours, toute l'explication de l'amour d'Alceste pour Célimène. Il obéit à la loi des contrastes et des compléments. Cet homme farouche doit aimer cette fleur de société. Alceste sans grâce doit aimer Célimène qui en est remplie, qui en a pour deux et même pour plusieurs. Et puis, il espère qu'il pourra la corriger de ces vices du temps : il a aussi une âme de rédempteur.

Mais voici Oronte qui vient lire un sonnet à Alceste. Alors Alceste devient Boileau. Il n'y avait que Boileau pour se fâcher à propos d'un sonnet, qui d'ailleurs n'est pas si mauvais. Un homme du monde ne se montrerait pas aussi homme de lettres, aussi gendelettres, surtout Montausier qui avait collaboré à *la Guirlande de Julie* et qui aurait aimé ce sonnet. Molière était l'ami de Boileau.

Ils avaient partie liée ensemble : ils combattaient le même combat contre la préciosité, le romanesque et le burlesque. On aurait bien étonné Théophile Gautier et Emile Zola, il y a cinquante ans, si on leur avait dit que, toutes choses transposées, Boileau avait mené la réaction du naturalisme contre le romantisme. Boileau et Molière n'avaient peut-être pas tout à fait les mêmes goûts ; mais ils avaient sûrement les mêmes dégoûts, ce qui en littérature attache davantage. Il y a quelque rapport entre la première satire et le premier acte du *Misanthrope*. Boileau, beaucoup plus jeune, mais qui savait la grammaire, le grec et faisait des vers très corrects, avait pris de l'autorité sur Molière qui écoutait volontiers ses conseils. Enfin Molière et Boileau s'aimaient et s'admiraient mutuellement et sincèrement ; mais Boileau ne mettait rien au-dessus de la littérature et ses colères littéraires amusaient Molière. C'est pourquoi nous avons la scène du sonnet, dans laquelle Alceste parle véritablement en régent du Parnasse.

Le premier acte du *Misanthrope* était terminé en 1664. Brossette raconta que Molière le lut chez le comte du Broussin un jour que Boileau avait récité sa deuxième satire, dédiée à notre poète :

Rare et fameux esprit dont la fertile veine
Ignore en écrivant le travail et la peine.

C'est au second acte que commence la lutte d'Alceste contre la coquette Célimène, et elle va remplir tout le reste de la pièce qui s'appelait d'abord *le Misanthrope ou l'Atrabilaire amou-*

reux. Cette lutte serait déjà très émouvante s'il
ne s'agissait que des personnages de la comédie ;
mais nous savons qu'il s'agit de Molière et d'Armande ; nous en sommes sûrs parce que les chagrins d'amour, les tortures de la jalousie ne se
devinent pas : il faut les avoir éprouvés pour les
exprimer avec cette vérité et cette intensité. On
n'exprime bien que ce dont on souffre. Non pas
que Célimène soit tout à fait Armande, pas plus
qu'Alceste n'est tout à fait Molière ; mais il y a
beaucoup d'Armande dans Célimène, comme il y a
beaucoup de Molière dans Alceste. Certes, on
rencontrait au théâtre, à la cour, à la ville, bien
des femmes dont le poète pouvait s'inspirer pour
tracer le portrait d'une coquette. Par exemple,
Henriette d'Angleterre, qui avait une coquetterie
intrépide, selon la jolie expression d'Anatole
France, et un goût de galanterie que n'interrom-
paient ni les malaises ni les grossesses. « Elle a
un certain air languissant, dit Mme de Lafayette,
et quand elle parle à quelqu'un, comme elle est
toute aimable. on dirait qu'elle demande le cœur,
quelque indifférente chose qu'elle puisse dire. »

Et Molière était très bien avec Madame : il lui
avait lu *le Misanthrope* avant qu'il fût représenté, et même la délicieuse Henriette voulait que
le poète supprimât le grand flandrin de vicomte
que Célimène a vu, trois quarts d'heure durant,
cracher dans un puits pour faire des ronds, à
cause que cette particularité désignait, paraît-il,
le comte de Guiche, dont Madame était fort occupée.

Sa grâce est la plus forte ; on dirait qu'elle demande le cœur ; voilà deux traits excellents pour définir Célimène. Oui, la grâce est une force persuasive. Célimène possède cette puissance de plaire et, ayant constaté cette puissance, elle la multiplie par la volonté de plaire, par le désir d'approbation. Elle a des dons, de l'art et du métier. Sur chaque homme qu'on lui présente, il faut qu'elle exerce sa séduction. Elle ne se donne jamais ; elle ne se promet pas non plus : c'est une Messaline platonique. Cependant ses manières, son attitude, tout en elle permet qu'on espère, mais qu'on espère toujours. Le sonnet d'Oronte lui est adressé, n'en doutez pas :

> Belle Philis, on désespère
> Alors qu'on espère toujours.

Célimène fait croire qu'elle sera possible demain, mais chaque jour est la veille de ce demain-là. Son grand art, c'est de faire croire à chacun non pas qu'il est seul, cela, elle ne peut pas, ils sont trop, mais qu'il est préféré. Elle le fait croire à Acaste, à Clitandre, à Oronte, à Alceste. Qu'elle promène les deux marquis, blondins, muguets, vains, fats, frivoles, cela nous est égal ; mais qu'elle promène un homme comme Alceste, c'est très grave ; elle est très coupable. Après tout, elle aime peut-être Alceste ; c'est un point qu'il n'est pas fort aisé de savoir, dit la douce Eliante à l'indulgent Philinte :

Comment pouvoir juger s'il est vrai qu'elle l'aime ?
Son cœur de ce qu'il sent n'est pas bien sûr lui-même ;

Il aime quelquefois sans qu'il le sache bien,
Et croit aimer aussi, parfois qu'il n'en est rien.

Pauvre Alceste ! son affaire est claire, dit alors Philinte dans les termes où l'on peut exprimer cette idée au dix-septième siècle et en vers. Tout compte fait, je crois qu'Alceste intéresse Célimène... il l'ennuie mortellement ; elle en a une peur affreuse, mais elle ne le trouve pas banal. Elle ne peut pas lui dire : « Allez-vous-en ! » Elle ne peut pas se passer de ses hommages grondeurs. Rien ne flatte davantage une femme élégante et raffinée comme d'avoir enchaîné un ours ; rien ne l'amuse plus que de pouvoir poser son petit pied sur la grosse bête velue. Mais il y a tel moment où l'ours se fâche tout de bon, et c'est la grande scène du quatrième acte. La prude Arsinoé, qui a pour Alceste de tendres mouvements, a voulu lui faire voir une preuve fidèle de l'infidélité du cœur de la coquette, et lui a montré un billet, de la main de Célimène, pour Oronte. Alceste revient auprès de la perfide et éclate d'abord en reproches véhéments et vagues, car, dans sa fureur, il néglige de préciser ses griefs. Célimène laisse passer la première bordée ; elle ne sait pas encore de quoi il retourne ; elle a plusieurs petites trahisons sur la conscience ; elle laisse venir. Enfin, voulant être fixée, elle dit à Alceste :

D'où vient donc, je vous prie, un tel emportement,
Avez-vous, dites-moi, perdu le jugement ?

Alors, Alceste lui montre le billet pour Oronte. Ce n'est que cela ? Elle respire. Elle pourrait

désavouer le billet... il n'est pas signé ; mais elle
ne le désavouera pas, puisqu'il est de sa main.
Elle sait bien qu'Alceste connaît son écriture.
Quelle franchise admirable ! « Puisque vous savez tout, je trouve plus digne de vous et de moi
de ne rien vous cacher. » Ainsi parle d'ordinaire
une femme infidèle acculée à la vérité, et elle se
met à mentir. « Oui, dit Célimène, ce billet est
de moi, mais qui vous dit qu'il est pour Oronte ?
Il est pour une femme, justement. — Ah ! par
exemple, s'écrie Alceste, je ne m'attendais pas à
ce trait. Si vous voulez me convaincre, ajustez
à une femme les mots de ce billet. » Célimène se
dérobe, le prend même de haut : « Il ne me plaît
pas, moi... pensez ce que vous voudrez... » Alceste insiste :

De grâce, montrez-moi, je serai satisfait,
Qu'on peut, pour une femme, expliquer ce billet.

CÉLIMÈNE

Non, il est pour Oronte, et je veux qu'on le croie ;
Je reçois tous ses soins avec beaucoup de joie,
J'admire ce qu'il dit, j'estime ce qu'il est,
Et je tombe d'accord de tout ce qu'il vous plaît.
Faites, prenez parti, que rien ne vous arrête,
Et ne me rompez pas davantage la tête.

C'est le duel de la sincérité contre le mensonge, de la naïveté contre la finesse, de la confiance contre l'abus de cette confiance. La scène
est magistrale. Avec des moyens et des procédés
de pure comédie, elle atteint au pathétique. Ecoutez Alceste :

Ciel ! rien de plus cruel peut-il être inventé ?
Et jamais cœur fut-il de la sorte traité ?
Quoi ! d'un juste courroux je suis ému contre elle,
C'est moi qui me viens plaindre, et c'est moi qu'on que-
On pousse ma douleur et mes soupçons à bout,   [relle,
On me laisse tout croire, on fait gloire de tout :
Et cependant mon cœur est encore assez lâche
Pour ne pouvoir briser la chaîne qui l'attache,
Et pour ne pas s'armer d'un généreux mépris
Contre l'ingrat objet dont il est trop épris !
Ah ! que vous savez bien ici contre moi-même,
Perfide, vous servir de ma faiblesse extrême
Et ménager pour vous l'excès prodigieux
De ce fatal amour né de vos traîtres yeux !
Défendez-vous au moins d'un crime qui m'accable,
Et cessez d'affecter d'être envers moi coupable.
Rendez-moi, s'il se peut, ce billet innocent ;
A vous prêter les mains ma tendresse consent ;
Efforcez-vous ici de paraître fidèle,
Et je m'efforcerai, moi, de vous croire telle.

Quels vers admirables ! Nous sommes ici sur un sommet d'où nous découvrons toute l'étendue d'un amour malheureux. A ce moment, Célimène sent que la partie est gagnée. Elle dit à Alceste :

Allez, vous êtes fou dans vos transports jaloux,
Et ne méritez pas l'amour qu'on a pour vous.
. . . .
Allez, de tels soupçons méritent ma colère,
Et vous ne valez pas que l'on vous considère.
Je suis sotte et veux mal à ma simplicité
De conserver encor pour vous quelque bonté.
Je devrais autre part attacher mon estime
Et vous faire un sujet de plainte légitime.

Ainsi elle le rassure en le menaçant. Oh ! elle n'est pas méchante, Célimène ; elle n'est pas cruelle, ou plutôt elle n'aime pas voir le sang.

Alors, elle n'égorge pas Alceste, elle l'empoisonne... c'est plus propre, c'est plus long, cela a un tas d'avantages. Célimène conclut :

Non, vous ne m'aimez point comme il faut que l'on aime

et Alceste de s'écrier :

Ah ! rien n'est comparable à mon amour extrême,
Et, dans l'ardeur qu'il a de se montrer à tous,
Il va jusqu'à former des souhaits contre vous.
Oui, je voudrais qu'aucun ne vous trouvât aimable,
Que vous fussiez réduite en un sort misérable,
Que le ciel en naissant ne vous eût donné rien,
Que vous n'eussiez ni rang, ni naissance, ni bien,
Afin que de mon cœur l'éclatant sacrifice
Vous pût d'un pareil sort réparer l'injustice ;
Et que j'eusse la joie et la gloire, en ce jour,
De vous voir tenir tout des mains de mon amour.

« C'est me vouloir du bien d'une étrange manière ! » répond Célimène ; mais Alceste parle en véritable amant. Il a aimé Célimène parce qu'elle est jolie, élégante, spirituelle ; mais elle séduit tous les hommes par ces qualités et, maintenant qu'il est pris et bien pris, Alceste voudrait que Célimène cessât d'être aimable, afin qu'il fût seul à l'aimer. Si on le poussait un peu, il dirait à Célimène : « J'aimerais mieux vous voir morte que de me voir trompé. » C'est le mot de Blanche de Castille à saint Louis : « Mon fils, j'aimerais mieux vous voir mort que coupable d'un péché mortel. » En amour, le péché mortel, c'est quand on ne vous aime pas. Ainsi une jolie femme méchante arrive à ce résultat : c'est que l'homme **qui l'aime** profondément, jalousement, mais qui l'aime pourtant plus pour lui que pour elle, la souhaite laide ou morte.

On sait comment tout cela se termine dans *le Misanthrope*. Célimène est confondue par la lecture des lettres des deux marquis, Acaste et Clitandre, qui s'en vont en ricanant. Oronte se retire très digne. Alceste, lui, n'est pas autrement fâché ; il ne voit qu'une chose là-dedans : c'est que ses rivaux s'éloignant d'eux-mêmes, il en est débarrassé. Ah ! c'est lui qui aime le mieux Célimène. Je veux bien, lui dit-il, oublier vos forfaits,

Pourvu que votre cour veuille donner les mains
Au dessein que j'ai fait de fuir tous les humains,
Et que dans mon désert où j'ai fait vœu de vivre,
Vous soyez sans tarder résolue à me suivre.

Il lui offre, somme toute, un désert et un cœur. Célimène accepte le cœur, mais sans le désert.

La solitude effraie une âme de vingt ans

et elle s'en va, en coquette, avec un petit rire et un petit coup d'éventail, secs tous deux.

Alceste, après avoir mis la main de la douce Eliante dans celle de l'indulgent Philinte, leur dit ou leur crie, selon l'acteur qui joue le rôle :

Trahi de toutes parts, accablé d'injustices,
Je vais sortir d'un gouffre où triomphent les vices,
Et chercher sur la terre un endroit écarté
Où d'être homme d'honneur on ait la liberté.

Il pense peut-être à Port-Royal-des-Champs.

Naturellement, les commentateurs se sont exercés sur *le Misanthrope*. Tous les personnages ont été étudiés : Alceste, Philinte, Célimène, Eliante.

Mais Alceste, surtout, a fait couler des flots d'encre. On s'inquiète encore de savoir si Molière a voulu nous faire rire aux dépens d'Alceste, si c'est un personnage comique. Alceste est comique dans la stricte mesure où il faut qu'il le soit pour entrer dans une comédie, ou bien l'intention de Molière était d'en faire un personnage comique, mais bientôt le poète a été entraîné par sa propre indignation, débordé par sa sincérité. Alceste est comique lorsqu'il se fâche à propos d'un sonnet, à propos des médisances de Célimène, pas bien méchantes pourtant ; lorsqu'il ne veut pas faire des excuses à Oronte ; lorsque, trahi par Célimène, il offre son cœur à la cousine Eliante, et alors que, dans ces conditions, ce n'est pas un cadeau à faire à une cousine. Voilà les endroits où Alceste est risible... Mais, autrement, il ne l'est pas, bien au contraire. Voici comment la douce Eliante le juge, et elle exprime certainement la pensée de Molière :

Dans ses façons d'agir il est fort singulier,
Mais j'en fais je l'avoue un cas particulier ;
Et la sincérité dont son âme se pique
A quelque chose en soi de noble et d'héroïque.
C'est une vertu rare du siècle d'aujourd'hui
Et je la voudrais voir partout comme chez lui.

Alceste n'est pas risible quand il s'indigne d'avoir perdu son procès ; il n'est pas risible quand il souffre par Célimène. A ce propos, on a trouvé que Célimène n'a rien fait de grave, de définitif, d'irréparable, pour qu'Alceste souffre à ce point. Elle est veuve, elle est libre, elle est seulement coquette ; ou bien faut-il comprendre qu'il y a ici une convention dont les spectateurs de 1666 n'étaient pas dupes ; faut-il comprendre que Célimène a été successivement ou est parallèlement la maîtresse (au sens moderne) d'Alceste, d'Oronte, d'Acaste, de Clitandre ? Ce ne serait guère dans le goût du dix-septième siècle.

Les héroïnes de Corneille et de Racine brûlent toujours de flammes ardentes mais pures. Dans la tragédie ou dans la comédie, nous n'admettons guère aujourd'hui qu'un homme soit jaloux d'une femme qu'il n'a pas possédée. Dans la jalousie, nous voyons les choses précises qu'y voyait Spinoza. Mais les gens du temps de Molière pouvaient s'intéresser aux seuls sentiments.

Le Misanthrope, c'est vraiment la plus belle comédie de Molière ; elle est spéciale dans son œuvre. D'abord, elle est tout entière de Molière, je veux dire qu'elle n'emprunte rien ni aux Italiens ni aux Espagnols, ni aux vieux conteurs français ; on n'y signale aucune imitation, et la farce n'y apparaît pas un instant ; certes M. Dubois, le domestique d'Alceste, fait rire lorsqu'il cherche dans toutes ses poches la lettre qu'il doit lui remettre et qu'il a laissée à la maison sur une table ; mais ce n'est pas de la farce, c'est parmi les choses qui peuvent arriver tous les jours.

Les cinq actes du *Misanthrope* se déroulent dans un salon. Jusqu'à présent, toutes les pièces de Molière ont eu pour décor quelque place de ville, à l'exception des *Précieuses,* de *la Critique* et de *l'Impromptu,* trois petites **pièces en un acte.**

D'être enfermé entre les quatre murailles d'un
salon, on dirait que cela oblige Molière à plus de
vraisemblance. Grandes ou petites, légères ou
profondes, toutes les comédies que j'appellerai
intérieures, ont un air de famille et, si l'on aimait
les classifications, on pourrait diviser l'œuvre de
Molière en comédies intérieures et en comédies
extérieures.

Dans ce *Misanthrope*, il n'y a pas de compli-
cations, pas de combinaisons. L'intrigue est simple, toute droite ; les scènes se succèdent logi-
quement, comme elles pourraient se succéder en
réalité. Les personnages entrent et sortent, en
donnant le plus souvent possible des raisons plau-
sibles de leurs entrées et de leurs sorties. On sent
le plus bel effort vers la vérité, le souci constant
de réduire la convention au minimum. Le dénouement est sombre, mais logique. Pour l'époque, c'est très remarquable. Molière est véritablement un grand novateur.

Ce qu'il faut admirer surtout dans *le Misanthrope*, c'est que Molière nous intéresse avec des
idées et des sentiments, avec l'indignation et la
douleur d'Alceste. Encore une fois, c'est d'une
grande sincérité et d'un grand art. Et, pourtant,
imaginez que *le Misanthrope* soit représenté demain, comme pièce nouvelle, toutes choses étant
transposées, d'ailleurs ; quel sort lui serait réservé ? On n'ose pas y penser. Beaucoup de gens
trouveraient qu'il n'y a pas de pièce et l'on ser-
virait à l'auteur la pauvre phrase : « Pour faire
un civet, prenez un lièvre », ce qui assimile le

poète à je ne sais quelle cuisinière bourgeoise.
Certes le théâtre de péripéties, d'action, a ses
mérites et même ses beautés ; mais le théâtre
psychologique a les siens aussi. De la pièce, sans
doute il y en aurait davantage, si Alceste se bat-
tait avec Oronte et le tuait et si, après avoir tué
Célimène, il se tuait lui-même. Alors, ce serait
une série d'accidents, une suite de faits-divers.
On peut toujours réunir des spectateurs devant
un fait-divers ; mais, comme l'a dit quelqu'un, ce
n'est plus une assemblée, c'est un rassemblement.
N'y a-t-il pas dans le *Misanthrope* un drame suffisant ? Aimer et n'être pas aimé, n'est-ce pas
l'aventure la plus poignante qui puisse arriver
à un cœur humain et dont les regrets et la tristesse peuvent s'étendre sur toute une vie ? Cette
aventure, Molière l'a transportée dans la comédie,
on peut dire sans action et par une suite de conversations naturelles ; dans la comédie qui jusque-là n'avait prétendu qu'à amuser par des
moyens bouffons ou romanesques. Ainsi, Molière,
le premier, a élevé la comédie à la plus grande
hauteur qu'elle puisse atteindre. C'est pourquoi
le Misanthrope n'est pas seulement la plus noble
expression du génie de Molière, c'est encore une
date considérable dans l'histoire du théâtre
français.

Le Médecin malgré lui. — Mélicerte. Pastorale Comique. — Le Sicilien Tartuffe.

Le Misanthrope sortait trop de la formule habituelle de la comédie pour réussir auprès du grand public, comme avait réussi, par exemple, *l'Ecole des Femmes,* qui avait paru aussi quelque chose de nouveau, mais qui était une comédie moins sévère. Il faut que la nouveauté surprenne et amuse; il ne faut pas qu'elle fasse trop réfléchir. Certes les connaisseurs durent aimer *le Misanthrope,* mais les connaisseurs ne sont jamais foule. A la dixième représentation, la recette fut de 212 livres ; c'était un dimanche ; il faisait sans doute très beau ; les Parisiens étaient allés se promener. « Toutes les saisons de l'année sont bonnes pour les bonnes comédies, écrit sagement Samuel Chappuzeau ; mais les grans autheurs ne veulent guère exposer leurs pièces nouvelles que depuis la Toussaint jusques à Pâques, lorsque toute la Cour est rassemblée au Louvre ou à Saint-Germain. Ainsi l'hyver est destiné pour les pièces héroïques et les comiques règnent l'été, la gaye saison voulant des diver-

tissements de même nature. » *Le Misanthrope*
n'est pas une pièce héroïque, mais presque ; le
théâtre avait besoin d'une pièce gaie et Molière,
rapidement, gaiement, écrit *le Médecin malgré lui.*
« *Le Misanthrope* était l'ouvrage d'un sage qui
écrivait pour les hommes éclairés ; et il fallut
que le sage se déguisât en farceur pour plaire à
la multitude. » Ainsi Voltaire plaint Molière
d'avoir été obligé d'écrire *le Médecin malgré lui.*
Mais non, Voltaire, il ne faut pas plaindre Molière quand il écrit ces petites pièces ; cela ne
lui coûte aucun effort, aucune peine, mais le dé-
tend, le délasse... On sent qu'il s'amuse lui-même
beaucoup en les écrivant, et il entend d'avance
les rires du parterre. Molière vient d'être très malade ; il est guéri ; il éprouve le besoin de se divertir aux dépens des médecins. *Le Médecin malgré lui,* après *le Misanthrope,* c'est dans son œuvre un accès de gaieté comme il en avait dans
la vie : quand il se trouvait avec ses amis, il était
sombre, taciturne, le contemplateur, et puis tout
à coup, il parlait, racontait, riait et faisait rire.
Le Médecin malgré lui c'est, développé en trois
petits actes, une farce qu'il avait jouée dans les
provinces, puis à Paris, sous ces titres : *le Fago
tier, le Fagoteux* ou *le Médecin par force.*

Sganarelle est intelligent, habile, il n'a pas son
pareil pour faire des fagots, et il y a fagots et
fagots. Ah ! s'il ne buvait pas ! mais il boit et,
quand il a bu, il ne s'inquiète pas si sa femme
Martine et ses quatre enfants ont du pain ; et
quand Martine se plaint, il lui donne des coups

de bâton, et il retourne à ses fagots. Les coups
de bâton, au théâtre, on les reçoit sur le dos mais
on les garde sur le cœur : Martine veut se venger. Elle en cherche le moyen, quand elle rencontre Valère et Lucas, domestiques de Géronte,
en quête de quelque médecin particulier qui pût
donner quelque soulagement à la fille de leur
maître, attaquée d'une maladie qui lui a ôté tout
d'un coup l'usage de la langue. « Précisément,
dit Martine, nous avons le plus merveilleux
homme du monde pour les maladies désespé-
rées... Vous le trouverez maintenant vers ce petit
lieu qui s'amuse à couper du bois ; mais c'est un
homme extraordinaire, fantasque, bizarre, quin-
teux, qui tient sa science enfermée ; pour lui faire
avouer qu'il est médecin, il faut lui donner des
coups de bâton. » Valère et Lucas, après avoir
rossé Sganarelle, l'emmènent comme médecin
chez leur maître Géronte. Ainsi dans un vieux
fabliau qui a pour titre *le Vilain mire*, c'est-à-
dire le Paysan médecin, un riche paysan ayant
épousé la fille d'un chevalier et craignant les
dangers de cette alliance disproportionnée, bat
sa femme comme du plâtre, chaque matin, afin
qu'elle ne songe pas à le tromper. Un jour deux
messagers arrivent ; ils cherchent un médecin
pour la fille du roi qui a avalé une arête de poisson. « J'ai votre homme, leur dit la femme battue :
c'est mon mari ; mais pour lui faire avouer qu'il
est médecin, il faut lui donner des coups de
bâton. »

La fille de Géronte, Lucinde, n'a pas avalé une

arête **de poisson** ; elle est devenue **subitement** muette, parce qu'elle ne peut pas épouser son amoureux Léandre, qui n'a pas assez d'argent. Voici Sganarelle en habit de médecin avec la longue robe et le bonnet pointu, entre Lucinde muette et Géronte désolé, et c'est la fameuse scène de la consultation :

GÉRONTE

Elle est devenue muette, sans que jusques ici on en ait pu savoir la cause ; et c'est un accident qui a fait reculer son mariage.

SGANARELLE

Et pourquoi ?

GÉRONTE

Celui qu'elle doit épouser veut attendre sa guérison pour conclure les choses.

SGANARELLE

Et qui est ce sot-là qui ne veut pas que sa femme soit muette ? Plût à Dieu que la mienne eût cette maladie ! Je me garderais bien de la vouloir guérir.

GÉRONTE

Enfin, monsieur, nous vous prions d'employer tous vos soins pour la soulager de son mal.

SGANARELLE

Ah ! ne vous mettez pas en peine. (*A Lucinde*) : Donnez-moi votre bras. (*A Géronte*) : Voilà un pouls qui marque que votre fille est muette.

GÉRONTE

Hé ! oui, monsieur, c'est là son mal ; vous l'avez trouvé du premier coup.

SGANARELLE

Ah ! ah !

GÉRONTE

Oui ; mais je voudrais bien que vous me puissiez dire
d'où cela vient.

SGANARELLE

Il n'est rien de plus aisé. Cela vient de ce qu'elle a
perdu la parole.

GÉRONTE

Fort bien ; mais la cause, s'il vous plaît, qui fait qu'elle
a perdu la parole ?

SGANARELLE

Tous nos meilleurs auteurs vous diront que c'est l'empêchement de l'action de la langue.

GÉRONTE

Mais encore, vos sentiments sur cet empêchement de
l'action de sa langue ?

SGANARELLE

Aristote, là-dessus, dit... de fort belles choses.

GÉRONTE

Je le crois.

SGANARELLE

Ah ! c'était un grand homme !

GÉRONTE

Sans doute.

SGANARELLE

Grand homme tout à fait (*levant son bras depuis le*

coude), un homme qui était plus grand que moi de tout cela. Pour revenir donc à notre raisonnement, je tiens que cet empêchement de l'action de sa langue est causé par de certaines humeurs, qu'entre nous autres savants nous appelons humeurs peccantes, peccantes, c'est-à-dire... humeurs peccantes ; d'autant que les vapeurs formées par les exhalaisons des influences qui s'élèvent dans la région des maladies, venant... pour ainsi dire... à... Entendez-vous le latin ?

GÉRONTE

En aucune façon.

SGANARELLE, se levant brusquement.

Vous n'entendez point le latin.

GÉRONTE

Non.

SGAGARELLE, avec enthousiasme.

Cabricias arci thuram catalamus, singulariter, nominativo; hæc musa, la muse; *bonus, bona, bonum, Deus sanctus, estnc oratio latinas ? Etiam.* Oui. *Quare ?* Pourquoi ? *Quia substantivo, et adjectivum, concordat in generi, numerum et casus,* etc.

Non, Molière ne devait pas s'ennuyer en écrivant cette scène-là, ni les autres scènes du *Médecin malgré lui*. Ne le plaignez pas, Voltaire. Réjouissons-nous au contraire que son génie comique ait pu lui procurer de telles distractions. Nous ferait-il rire encore avec des moyens aussi simples, s'il n'avait pas ri lui-même en écrivant ces petites pièces ? Et nous n'avons pas à nous demander si Sganarelle est un personnage comique. Il n'y a pas de doute là-dessus ; il faut que les commentateurs en prennent leur parti.

En revanche, Molière ne dut pas s'amuser en écrivant *Mélicerte* et *la Pastorale comique* pour les fêtes que le roi donna à Saint-Germain-en-Laye et qui durèrent près de trois mois, du 2 décembre 1666 au 20 février 1667.

Pendant ces fêtes, on représenta plusieurs fois un grand ballet, *le Ballet des muses,* dont le livret était probablement de Benserade. Il était composé de treize entrées : le roi dansait dans la quatrième entrée « pour s'y délasser en quelque façon, dit le livret, de ses travaux continuels pour l'Etat ». Mlle de La Vallière dansait aussi ; mais le livret ne nous dit pas si c'était pour la même raison.

La troisième entrée était une pièce comique en faveur de Thalie, et c'est là que se plaçait *Mélicerte.* Comme toujours, Molière avait été prévenu trop tard. Il fournit une comédie en vers, inachevée, en deux actes. Eroxène et Daphné, bergères nobles, sont rivales : elles aiment le très jeune berger Myrtil qui aime Mélicerte, bergère crue pauvre, et Lycarsis, le père de Myrtil, va consentir à l'union de son fils et de Mélicerte, lorsque le berger Nicandre arrive annoncer des choses graves :

NICANDRE

Savez-vous en quel lieu Mélicerte est cachée?

MYRTIL

Comment ?

NICANDRE

En diligence elle est partout cherchée.

MYRTIL

Et pourquoi ?

NICANDRE

Nous allons perdre cette beauté
C'est pour elle qu'ici le roi s'est transporté;
Avec un grand seigneur on dit qu'il la marie.

MYRTIL

O ciel! Expliquez-moi ce discours, je vous prie.

NICANDRE

Ce sont des incidents grands et mystérieux.
Oui, le roi vient chercher Mélicerte en ces lieux;
Et l'on dit qu'autrefois feu Bélise sa mère,
Dont tout Tempé croyoit que Mopse étoit le frère...
Mais je me suis chargé de la chercher partout :
Vous saurez tout cela tantôt de bout en bout.

Non, nous ne le saurons jamais ; la comédie pastorale héroïque s'arrête là. Nous ne saurons jamais ce qu'ont fait ensemble feu Bélise et Mopse, un oncle de Mélicerte ; nous pouvons seulement nous en douter. « Ces deux actes, dit le commentateur de 1823, ne font point regretter que Molière n'ait pas eu le temps de faire les autres ; nous devons même gémir de ce que le peu de temps qu'il y consacra fût aussi mal employé. » Non, commentateur de 1823, il n'y a pas là de quoi gémir : ces deux actes ne sont pas déshonorants, ils sont seulement un peu ennuyeux. On sent bien que c'est la pièce de commande que Molière a écrite pour plaire au roi, la pièce qui était' intercalée dans un ballet de Benserade. Cela n'était pas très excitant pour le poète, il faut le reconnaître.

C'était le jeune Baron, alors âgé de treize ou quatorze ans, qui jouait le rôle du berger Myrtil. Fils de la célèbre comédienne Baron, il faisait partie d'une troupe de petits comédiens, sous la direction d'une femme qu'on appelait la Raisin ; et cette petite troupe donna quelques représentations sur le théâtre du Palais-Royal. C'est là que Molière connut le petit Baron : il avait alors douze ans ; il était joli comme les amours et jouait très gentiment. Molière obtint un ordre du roi pour ôter cet enfant de la troupe de la Raisin ; il le prit avec lui, le logea dans sa maison, le fit travailler et le traita comme un fils. Armande devint bientôt jalouse de l'affection de Molière pour le petit homme, et l'on faisait déjà courir sur cette affection de fort vilains bruits. Mais ce qui mit le comble à la fureur de Mlle Molière, c'est que, dans *Mélicerte,* ce petit Baron avait le plus joli rôle, alors qu'elle, la femme du directeur et de l'auteur, jouait une panne, Daphné ou Eroxène. Alors, un jour, Armande gifla Baron qui, mortifié, demanda au roi la permission de s'en aller avant la fin des fêtes et retourna dans la troupe de la Raisin.

On apportait continuellement des modifications au *Ballet des Muses* : le 5 janvier 1667, *Mélicerte* fut remplacée dans la troisième entrée par une *Pastorale comique,* toujours de Molière. Enfin, le 14 et le 16 février, on ajouta deux nouvelles entrées de Turcs et de Maures et la dernière était accompagnée du *Sicilien. Le Sicilien ou l'Amour peintre,* c'est une comédie-ballet en un acte ;

c'est aussi un opéra-comique ; c'est encore, dans une farce élégante, une jolie étude de la jalousie ; on parle, on chante, on danse ; il y a du bémol, du bécarre, et le dialogue est léger et fluide ; parfois ce n'est ni de la prose ni des vers, mais de la prose rythmée, des vers blancs. C'est du théâtre de fantaisie, du théâtre de poète, qui fait songer à deux poètes, Shakespeare et Musset. La scène est à Messine, comme dans *l'Etourdi,* d'abord sur une place publique, puis dans l'appartement de Don Pèdre, puis on revient sur la place publique. Les personnages sont charmants : il y a d'abord Don Pèdre, un gentilhomme sicilien fort jaloux d'Isidore, jolie esclave grecque qu'il tient en sa possession ; Adraste, gentilhomme français, est amoureux d'Isidore ; Hali, esclave turc et plaisant, qui appartient à Adraste, emploie mille ruses divertissantes pour servir les amours de son maître ; Adraste prend la place du peintre Damon, son ami, et s'introduit chez Don Pèdre sous le prétexte de faire le portrait de la belle Isidore ; et il y a encore une autre esclave grecque, Zaïde, qui prête son voile à Isidore pour s'enfuir avec Adraste, et cela « sur la moustache » de Don Pèdre. Celui-ci frappe à la porte d'un sénateur, à qui il veut se plaindre de l'affront qu'on vient de lui faire ; mais le sénateur a fait une mascarade, la plus belle du monde... ce sont gens vêtus en Maures qui dansent admirablement... des habits merveilleux et qui sont faits exprès... on la va faire répéter pour en donner le divertissement au peuple. « Mais enfin, je voudrais bien vous parler de mon affaire, lui dit Don Pèdre. — Je ne veux point, aujourd'hui, d'autres affaires que de plaisir, répond le sénateur. Allons, messieurs, venez, dit-il aux danseurs. » Cette scène entre le sénateur et Don Pèdre, je l'imagine entre Louis XIV et Molière : « Sire, demande le poète, quand donnerez-vous l'autorisation de jouer *Tartuffe* ? — Oh ! Molière, nous parlerons de cela plus tard. Faites-moi une pièce où je puisse danser. » Et Molière écrit ce gracieux chef-d'œuvre, *le Sicilien*, qui se termine par une entrée de gens vêtus en Maures. Quatre Maures de qualité, c'étaient le Roi, Monsieur le Grand, les marquis de Villeroy et de Rassan ; quatre Mauresques, c'étaient Henriette d'Angleterre, Mlle de La Vallière, Mme de Rochefort et Mlle de Brancas ; des Maures nus et des Maures à capot, c'étaient des professionnels de la danse.

Mélicerte, la Pastorale comique, le Sicilien, telle fut la contribution de Molière à ces fêtes de Saint-Germain. Le roi était ravi : il fit présent de deux riches mantes à Mlles Molière et De Brie, qui jouaient Zaïde et Isidore dans *le Sicilien,* et Molière croyait emporter une autorisation de représenter *Tartuffe* sur son théâtre. Mais, au printemps de cette année 1667, le poète fut encore gravement malade ; le bruit s'était même répandu qu'il était mourant. Il souffrait toujours de la poitrine, d'une toux continuelle ; il était obligé de se mettre au lait. *Tartuffe* ne fut joué que très tard dans la saison, le 5 août. La pièce s'appelait maintenant *l'Imposteur* et Tartuffe était devenu Panulphe. Vaines précautions. Elle fut interdite le lendemain par ordre du premier président, M. de Lamoignon, que le roi avait chargé de l'administration et de la police de Paris, pendant son absence. Louis XIV était alors à la tête des armées, dans les Flandres. Sans doute, avant son départ, il n'avait fait à Molière que des promesses vagues, quant à *Tartuffe,* en tout cas non écrites, mais que l'auteur, dans l'envie qu'il en avait, aura prises pour une autorisation formelle. Cette autorisation formelle, définitive ne sera accordée que le 5 février 1669, et la pièce représentée le jour même sous son titre primitif, *Tartuffe.* Entre le texte de 1667 et 1669, il y eut des modifications, des adoucissements ; mais quand on parle de *Tartuffe,* c'est de la pièce représentée en 1669... on ne connaît pas l'autre version.

Quand on a seulement lu la dixième partie de ce qui a été écrit sur *Tartuffe,* on ne sait plus où l'on en est ; il est impossible d'avoir une opinion, ni sur l'œuvre, ni sur le personnage. Tartuffe est-il gros ou maigre ? rouge ou pâle ? janséniste ou jésuite ? athée ou croyant ? Molière a-t-il attaqué seulement l'hypocrisie ? n'a-t-il pas attaqué aussi la religion par la même occasion ? et, disons-le tout de suite, si le personnage manque à ce point de netteté, c'est à cause des transformations successives qu'il a dû subir, et des tribulations que l'auteur a traversées. Devant tant de questions soulevées et, pour s'y reconnaître, il faut avancer dans cette comédie pas à pas, et ne se souvenir qu'au fur et à mesure de ce qu'on a lu.

Le titre d'abord. Ce nom, Tartuffe, désigne bien un trompeur. Dans le vieux français, truffer signifiait « tromper ». Scarron appelle un hypocrite Montufar ; La Bruyère appelle son hypocrite Onuphre ; dans la pièce de 1667, Tartuffe s'appelait Panulphe. Montufar, Tartuffe, Onuphre, Panulphe, tous ces noms, remarque Sainte-Beuve, présentent la même idée dans une onomatopée confuse, quelque chose en dessous et de fourré.

Premier acte. Nous sommes chez Orgon. « Le théâtre est une chambre, deux fauteuils, une table, un tapis dessus, deux flambeaux. » C'est une comédie d'intérieur. Première scène ; nous voyons réunie toute une famille : c'est Mme Pernelle, la mère d'Orgon, Elmire, sa femme, Damis et Mariane, son fils et sa fille, enfants d'un premier lit, Cléante, le beau-frère, et la servante Dorine qui fait partie de la famille, ce qui explique son franc-parler ; elle a élevé Damis et Mariane dont la mère est morte. C'est la première fois que Molière nous introduit dans une famille aussi complète. Cette première scène est une exposition admirable, la plus originale, la plus animée qu'ait écrite Molière ; ce n'est pas une longue conversation entre deux personnages, mais une conversation générale. Mme Pernelle, une vieille dame acariâtre, dit d'abord son fait à chacun ; à Dorine :

... Vous êtes, ma mie, une fille suivante
Un peu trop forte en gueule et fort impertinente,

Vous vous mêlez sur tout de dire votre avis.

A Damis :

... Vous êtes un sot, en trois lettres, mon fils,
C'est moi qui vous le dis qui suis votre grand'mère.

A Mariane :

... Mon Dieu; sa sœur, vous faites la discrète,
Et vous n'y touchez pas, tant vous semblez doucette!
Mais il n'est, comme on dit, pire eau que l'eau qui dort,
Et vous menez, sous chape, un train que je hais fort.

A Elmire :

Ma bru, qu'il ne vous en déplaise,
Votre conduite, en tout, est tout à fait mauvaise.

. . . .

Vous êtes dépensière; et cet état me blesse,
Que vous alliez vêtue ainsi qu'une princesse,
Quiconque à son mari veut plaire seulement,
Ma bru, n'a pas besoin de tant d'ajustement.

A Cléante :

Pour vous, monsieur son frère,
Je vous estime fort, vous aime et vous révère :
Mais enfin, si j'étois de mon fils, son époux,
Je vous prierois bien fort de n'entrer point chez nous.
Sans cesse vous prêchez des maximes de vivre
Qui, par d'honnêtes gens, ne se doivent pas suivre.

Nous apprenons bientôt qu'il y a un **M. Tartuffe**, installé dans la maison. Lorsqu'il est entré
chez Orgon, c'était un gueux qui n'avait pas de
souliers ; à présent, il exerce céans un pouvoir
tyrannique : il prétend empêcher tout le monde
de se divertir, il contrôle tout, ce critique zélé ;
il y a plus, depuis quelque temps, il écarte du
logis toute visite honnête, et, dit Dorine:

Veut-on que là-dessus je m'explique entre nous ?...
(*Montrant Elmire.*)
Je crois que, de madame, il est ma foi jaloux.

Quant au jeune et bouillant Damis, il nous fait prévoir qu'il en viendra à quelque grand éclat avec cet hypocrite. Mme Pernelle est bien seule à le défendre ; mais nous sommes enclins à croire Damis et Dorine sur leurs paroles, parce que Damis c'est la jeunesse, l'ardeur, la bonne foi, et Dorine, c'est le bon sens, la franchise, l'âme du peuple ; tandis que Mme Pernelle est une vieille dame ridicule. Le rôle, à l'origine, était joué par un homme, le boiteux Louis Béjart, et c'est pour cela que l'actrice joue ce rôle, de nos jours, avec une canne à béquille : c'est ce qu'on appelle, au théâtre, une tradition.

Mais Cléante, le beau-frère, et Dorine restent seuls. Dorine en profite pour pousser le portrait de Tartuffe et, du même coup, nous commençons à connaître aussi Orgon.

Nos troubles l'avoient mis sur le pied d'homme sage,
Et, pour servir son prince, il montra du courage;
Mais il est devenu comme un homme hébété,
Depuis que de Tartuffe on le voit entêté :
Il l'appelle son frère, et l'aime, dans son âme,
Cent fois plus qu'il ne fait mère, fils, fille et femme.
C'est de tous ses secrets l'unique confident,
Et de ses actions le directeur prudent.
Il le choie, il l'embrasse et, pour une maîtresse,
On ne sauroit, je pense, avoir plus de tendresse.
Enfin, il en est fou; c'est son tout, son héros ;
Il l'admire à tous coups, le cite à tous propos ;
Ses moindres actions lui semblent des miracles,
Et tous les mots qu'il dit sont pour lui des oracles.

Lui, qui connoît sa dupe, et qui veut en jouir,
Par cent dehors fardés a l'art de l'éblouir ;
Son cagotisme en tire, à toute heure, des sommes,
Et prend droit de gloser sur tous tant que nous sommes.

Voici précisément Orgon, qui revient de sa campagne où il a passé deux jours. Il demande à Dorine des nouvelles d'ici.

Et nous apprenons qu'Elmire a eu la fièvre, n'a pas soupé, n'a pas dormi, a été saignée. Orgon l'interrompt à quatre reprises pour demander : « Et Tartuffe ? — Tartuffe, lui, se porte à merveille. Gros et gras, le teint frais et la bouche vermeille. — Le pauvre homme ! dit Orgon. — Il a mangé deux perdrix avec une moitié de gigot en hachis. — Le pauvre homme ! — Il a dormi admirablement. — Le pauvre homme ! — Et pour réparer le sang qu'avait perdu madame, il a bu à son déjeuner quatre grands coups de vin. — Le pauvre homme ! » dit encore Orgon. Ces quatre interrogations : « Et Tartuffe ? » Et ces quatre exclamations : « Le pauvre homme ! » c'est un genre de comique qu'aime beaucoup Molière, le comique à répétition, et dont il s'est souvent servi avec bonheur.

Tartuffe, dans cette petite scène, nous est montré comme un homme gourmand et sensuel, « c'est un goinfre », dit Jules Lemaître, « un truand de sacristie, un pourceau béat ». Quant à Orgon, ce bon seigneur a pu servir fidèlement son roi pendant la Fronde, nous le trouvons déjà un peu bête avec ses quatre : Et Tartuffe ? Le pauvre homme !

Cléante reste seul avec son beau-frère, et ils parlent encore de Tartuffe. « Ah ! mon frère, s'écrie Orgon,

> Vous seriez charmé de le connoître,
> Et vos ravissements ne prendroient point de fin.
> C'est un homme... qui... ah!... un homme... un homme
> Qui suit bien ses leçons goûte une paix profonde,   [enfin.
> Et comme du fumier regarde tout le monde.
> Oui, je deviens tout autre avec son entretien :
> Il m'enseigne à n'avoir affection pour rien ;
> De toutes amitiés il détache mon âme;
> Et je verrois mourir frère, enfans, mère et femme,
> Que je m'en soucierois autant que de cela.

Voilà quelques vers qui peuvent faire croire que Tartuffe est janséniste. Le point de départ de Tartuffe, c'est une réponse à ceux qui, pour les chaudières bouillantes, accusaient Molière d'irrespect et d'impiété dans son *Ecole des femmes*. Ces premières accusations ont probablement été formulées par quelques jansénistes. La secte austère, « le parti », comme on disait à l'époque, détestait le théâtre ; Nicole traitait les auteurs d'empoisonneurs publics. Molière pouvait redouter que le jansénisme ne fît du théâtre, en France, ce que le puritanisme en avait fait en Angleterre. En attaquant le jansénisme, il se défendait, et il faisait aussi sa cour à Louis XIV qui haïssait les jansénistes dont le rigorisme le gênait. Molière était un courtisan adroit et hardi ; mais c'était aussi un philosophe de la nature ; toute sa comédie enseigne qu'il faut imiter la nature, s'y soumettre et s'y conformer. Alors il détestait le jansénisme qui prêchait au contraire

le détachement du monde et l'abnégation de soi-
même.

> Il m'enseigne a n'avoir affection pour rien,
> De toutes amitiés il détache mon âme,

dit Orgon, en parlant de Tartuffe. Molière détestait la haire, la discipline, par lesquels on inflige
au corps des souffrances contre la nature, comme
s'il n'y avait pas assez des maux naturels. Molière avait écouté les leçons de Gassendi, du néo-
épicurien Gassendi ; Lucrèce était le poète qu'il
admirait et qu'il traduisait. « Evite la douleur »,
dit la doctrine d'Epicure et « Guenille si l'on
veut, ma guenille m'est chère », dira le bonhomme
Chrysale dans les *Femmes savantes*. Molière ne
devait pas comprendre le Pascal du cilice. Alors,
Brunetière pense que Molière n'attaque pas seulement l'hypocrisie, mais la religion elle-même.
Ce que Molière combat dans la religion chré-
tienne, c'est ce qui s'oppose à sa religion laïque, à
la religion de la nature, c'est la contrainte. Ne
paraît-il pas plus juste de dire que, ce qu'il combat, c'est d'abord l'hypocrisie et aussi l'exagération de la religion, même cette exagération fût-
elle sincère, car on ne pouvait pas accuser les
jansénistes d'hypocrisie. Mais Bossuet lui-même
leur reproche une rigueur qui « enfle la présomp-
tion, nourrit le dédain, entretient un chagrin superbe et un esprit de fastueuse singularité, fait
paraître la vertu trop pesante, l'évangile excessif,
le christianisme impossible ». Et si Bossuet pense
ainsi, que devait penser le libertin Molière ? Lors-

que les trois premiers actes de la comédie furent représentés à Versailles en 1664, Tartuffe avait été vêtu de ce costume mi-laïque, mi-religieux qu'avaient adopté les solitaires de Port-Royal ; grand chapeau, petit collet, pourpoint sombre ; c'était la reliure janséniste. Lorsque la pièce fut jouée, au Palais-Royal, en 1667, Molière nous le dit lui-même dans son second placet au roi, il a déguisé le personnage sous l'ajustement d'un homme du monde ; il a donné à Tartuffe le petit chapeau, les grands cheveux, le grand collet, l'épée et des dentelles sur tout l'habit.

Orgon continue :

Ah! si vous aviez vu comme j'en fis rencontre,
Vous auriez pris pour lui l'amitié que je montre.
Chaque jour à l'église il venoit, d'un air doux,
Tout vis-à-vis de moi se mettre à deux genoux.
Il attiroit les yeux de l'assemblée entière
Par l'ardeur dont au ciel il poussoit sa prière;
Il faisoit des soupirs, de grands élancemens
Et baisoit humblement la terre à tous momens.

Avec naïveté, il décrit à son beau-frère la lourde mômerie et les grossières grimaces de Tartuffe ; et Cléante, en 1667, se contentait de faire quelques réflexions sur les différences qui se rencontrent entre la véritable et la fausse vertu :

Il est de faux dévots ainsi que de faux braves.
Hé quoi! vous ne ferez nulle distinction
Entre l'hypocrisie et la dévotion ?
Vous les voulez traiter d'un semblable langage,
Et rendre même honneur au masque qu'au visage,
Egaler l'artifice à la sincérité,
Confondre l'apparence avec la vérité,

Estimer le fantôme autant que la personne,
Et la fausse-monnoie à l'égal de la bonne.

Cela ne parut pas suffisant, et le Grand Condé
conseilla à Molière de développer ce passage, pour
donner satisfaction aux dévots véritables. C'était
là, en effet, le point délicat et qu'il était essentiel
d'éclairer. Les gens de la plus sincère dévotion
accusaient Molière d'avoir écrit une comédie dangereuse « par les soupçons que le libertinage faisait concevoir de la vraie pitié, par les malignes
représentations de la fausse ».

C'est pourquoi, quand la pièce eut été interdite
deux fois, Molière, pour donner satisfaction aux
personnes pieuses, ajouta toute la tirade dans laquelle Cléante, qui semble être alors le porte-
parole de Molière, fait le départ entre les parfaits
dévots et les faux.

Qui savent ajuster leur zèle avec leurs vices,
Sont prompts, vindicatifs, sans foi, pleins d'artifices,
Et, pour perdre quelqu'un, couvrent insolemment
De l'intérêt du ciel leur fier ressentiment,
D'autant plus dangereux dans leur âpre colère,
Qu'ils prennent contre nous des armes qu'on révère,
Et que leur passion, dont on leur sait bon gré,
Veut nous assassiner avec un fer sacré.

C'est le morceau de bravoure, ce n'est plus un
beau-frère qui parle à un beau-frère, c'est Molière qui parle au parterre, aux archevêques, au
roi. Et pourtant, malgré les soixante vers que Molière a ajoutés, malgré la distinction éloquente
qu'il établit entre les faux dévots et les dévots de
cœur, on suspecte encore les intentions du poète.

Cela vient de ce que Cléante ne parle pas au nom de la religion, mais au nom de la morale des honnêtes gens. C'est un laïque : il exprime avec vigueur son horreur des faux dévots, mais il n'est pas parmi les autres. Et ce qui fait que, dans cette comédie, la balance semble pencher du côté du libertinage, entendez la religion de la nature, c'est que personne n'y parle au nom de l'autre religion. La balance pencherait résolument de l'autre côté, si Molière avait introduit dans sa pièce le personnage de compensation, c'est-à-dire s'il avait pris soin de nous montrer un vrai dévot, un homme pieux, sincère, bon, indulgent, libéral et intelligent. Mais la religion, il faut bien le dire, est représentée par Tartuffe, un scélérat hypocrite et par Orgon, un idiot.

Deuxième acte : Orgon s'est mis en tête de marier avec ce vilain Tartuffe sa fille, Mariane, qui a dix-sept ans et aime Valère. Dorine représente à son maître l'horreur, le ridicule et les dangers d'une telle union ; mais Orgon veut que ce mariage se fasse; il se fera; et la deuxième partie de ce second acte est une scène de dépit amoureux entre Valère et Mariane, scène fort longue et tout à fait inutile. Ce deuxième acte ne nous apprend rien de nouveau sur Tartuffe qui ne paraît qu'au troisième acte. Comment cela se fait-il ? C'est la première fois, c'est l'unique fois, dans tout le théâtre de Molière, que le principal personnage de la pièce paraît aussi tard. Francisque Sarcey en a donné cette explication : c'est que toute l'action, au troisième et au quatrième acte,

reposant sur la prodigieuse confiance que Tartuffe
a su inspirer à Orgon, il fallait établir solidement
cette confiance aux yeux du public. Certainement;
mais le premier acte suffit pour nous renseigner.
Le second acte, (surtout la deuxième moitié du
second acte), n'ajoute rien à l'idée que nous
pouvons nous faire de la confiance d'Orgon. Cette
apparition tardive de Tartuffe, du principal personnage, est si extraordinaire, encore une fois,
dans le théâtre de Molière, qu'il en faut chercher
une autre raison qu'une longue et adroite prépa-
ration. Ces précautions lentes ne sont pas dans le
tempérament dramatique de notre poète. C'est
beaucoup trop malin pour lui, et j'emploie malin
dans un sens péjoratif.

Il faut plutôt croire que, dans la pièce qui fut
jouée, inachevée, en 1664, à Versailles, Tartuffe
apparaissait beaucoup plus tôt, non pas au premier acte, mais certainement au second. Michelet
pense même que la pièce était complète et plus
forte en trois actes. Complète, non. mais plus
avancée, en ce qui concerne le rôle de Tartuffe.
Après la représentation de Versailles, et devant
les colères soulevées par ces trois actes, Louis XIV
et Molière ont causé évidemment, et, pour que sa
comédie pût être jouée, le poète a dû y apporter
de graves modifications et, par endroits, la boule-
verser. C'est pourquoi nous avons, entre autres
choses. la scène d'amoureux dépit et de raccommodement, entre Valère et Mariane, scène plaquée
là pour remplir un vide et amenée de la façon la
moins vraisemblable. Valère est ému par le projet

insensé d'Orgon de marier sa fille avec Tartuffe. « Quel est le dessein où votre âme s'arrête ? » demande-t-il à Mariane, et celle-ci lui répond par un : « **Je ne sais** » puéril et déconcertant, car elle aime Valère et saura bien, au quatrième acte, plaider en termes des plus touchants la cause de son cœur. On dira qu'il y a d'autres scènes plaquées dans le théâtre de Molière ; mais *Tartuffe* est la seule pièce dans laquelle il y ait une scène ainsi plaquée et dans laquelle le personnage principal arrive si tard. Et de cette coïncidence, on peut conclure, je crois, que Tartuffe arrivait plus tôt dans la version primitive. Dire qu'on saura peut-être un jour ce qui se passe dans la planète Mars et qu'on ne connaîtra jamais les trois premiers actes de *Tartuffe,* tels qu'ils furent joués en 1664, à Versailles !

Enfin, dans l'état actuel des choses, il apparaît, ce Tartuffe, au troisième acte, et nous allons le voir agir

Laurent, serrez ma haire avec ma discipline,

dit-il à son garçon, demeuré dans la coulisse.

Couvrez ce sein que je ne saurais voir,

dit-il à Dorine qui est en scène avec la gorge nue.

La servante, après lui avoir répondu de la bonne sorte, lui annonce qu'Elmire désire avoir un entretien avec lui : « Hélas ! très volontiers », répond le bon apôtre ; Elmire arrive ; Tartuffe se montre tout de suite entreprenant ; aucune prudence ; il serre les doigts de la dame ; il lui prend

le genou, lui manie le fichu : « Que fait là votre
main ? lui dit Elmire. Je suis venue vous parler
de ma belle-fille Mariane et de Valère. Est-il vrai
que mon mari veut dégager sa foi et vous donner
sa fille ? — Il m'en a dit deux mots, répond Tartuffe.

> Mais, madame, à vrai dire
> Ce n'est pas le bonheur après quoi je soupire.

Et, tout de go, il fait une déclaration à Elmire.
Nous sommes bien étonnés que celle-ci ne l'arrête
pas tout de suite ; à ce moment-là, elle n'a aucune
idée ; il ne s'agit pas encore de confondre Tartuffe
aux yeux d'Orgon. Que faut-il penser d'Elmire ?
C'est une femme du monde, aimable, intelligente,
sûre de sa vertu et pas du tout dévote ; cela n'explique pas pourquoi elle écoute Tartuffe aussi
longtemps. La vérité, c'est qu'elle est au spectacle,
comme nous, et qu'elle est curieuse de voir comment le drôle s'en tirera. Elle est curieuse et bientôt amusée ; elle n'est pas indignée un seul instant
par cette déclaration de satyre onctueux faite en
termes de dévotion mystique et où l'hypocrisie
donne la main, si j'ose dire, à la concupiscence,
et celle-ci à la casuistique. C'est à la fois gros et
fin, lourd et délié : — L'amour, dit Tartuffe à
Elmire,

> L'amour qui nous attache aux beautés éternelles,
> N'étouffe pas en nous l'amour des temporelles :
> Nos sens facilement peuvent être charmés
> Des ouvrages parfaits que le ciel a formés.

> Il a sur votre face épanché des beautés
> Dont les yeux sont surpris, et les cœurs transportés ;

Et je n'ai pu vous voir, parfaite créature,
Sans admirer en vous l'auteur de la nature,
Et d'une ardente amour sentir mon cœur atteint,
Au plus beau des portraits où lui-même s'est peint.

. . . .

En vous est mon espoir, mon bien, ma quiétude.
De vous dépend ma peine ou ma béatitude :
Et je vais être enfin, par votre seul arrêt,
Heureux, si vous voulez, malheureux, s'il vous plaît.

— Comment ? lui dit Elmire,

Un dévot comme vous, et que partout on nomme...
Ah ! pour être dévot, je n'en suis pas moins homme,

répond Tartuffe ; et il dit encore :

Je sais qu'un tel discours de moi paroît étrange :
Mais, madame, après tout, je ne suis pas un ange.

Enfin, pour décider Elmire, il lui démontre que
cela ne se saura pas, et il pense que pour une
femme honnête, c'est la seule chose qui importe :

J'aurai toujours pour vous, ô suave merveille,
Une dévotion à nulle autre pareille.
Votre honneur avec moi ne court point de hasard,
Et n'a nulle disgrâce à craindre de ma part.

. . . .

Les gens comme nous brûlent d'un feu discret,
Avec qui, pour toujours, on est sûr du secret.
Le soin que nous prenons de notre renommée
Répond de toute chose à la personne aimée;
Et c'est en nous qu'on trouve, acceptant notre cœur,
De l'amour sans scandale, et du plaisir sans peur.

Et voilà des vers qui nous font comprendre la
phrase de Racine, à propos de Tartuffe, dans la

lettre qu'il écrivait en réponse aux deux lettres de MM. Dubois et Barbier d'Aucourt, jansénistes ennemis des spectacles : « On vous avoit dit que les jésuites étoient joués dans cette comédie ; les jésuites, au contraire, se flattoient qu'on en vouloit aux jansénistes ». Tartuffe, a dit Sainte-Beuve, c'est Escobar traduit sur le théâtre. Molière, qui ne comprenait pas le Pascal au cilice, devait, en revanche, admirer le Pascal des *Provinciales*.

Elmire, sans indignation et sur le ton de la conversation, fait observer à Tartuffe qu'elle pourrait être d'humeur à redire tout à son mari ; elle ajoute qu'elle n'en fera rien à la condition qu'il use de son empire sur Orgon pour faire presser l'union de Valère avec Mariane.

Mais le bouillant Damis qui s'était caché, pendant toute cette scène, dans un cabinet d'où il a tout entendu (ah ! Tartuffe n'a pas pensé au petit cabinet), le bouillant Damis sort et s'écrie :

Non, madame, non, ceci doit se répandre... je veux détromper mon père

> Et lui mettre en plein jour
> L'âme d'un scélérat qui vous parle d'amour.

C'est que Damis a une haine active contre Tartuffe qui a voulu lui nuire. En quoi ? Comment ? Nous ne le savons pas. Il y avait sans doute dans la première version une affaire Damis-Tartuffe que Molière a dû abandonner, quand il a modifié sa comédie. Mais voici Orgon. Damis raconte à son père ce qu'il a entendu, et l'attitude d'Elmire

est encore assez étrange : elle ne soutient pas son
beau-fils et dit seulement que de ces propos,

> On ne doit d'un mari traverser le repos ;
> Que ce n'est point de là que l'honneur peut dépendre,
> Et qu'il suffit pour nous de savoir nous défendre.

C'est à croire qu'elle a été flattée et même troublée, un peu, par la déclaration qu'elle vient d'entendre. On comprend qu'une honnête femme intelligente ne fasse pas d'éclat, si un galant homme
lui offre des hommages tant soit peu directs ;
mais quand ces hommages viennent de Tartuffe !

Grâce au silence d'Elmire et à l'incroyable bêtise d'Orgon, la scélératesse de Tartuffe va se dé-
ployer. Il se condamne et s'accuse lui-même, en
général et sans rien spécifier, de toutes sortes de
crimes ; il pousse l'humilité jusqu'à se jeter aux
genoux de Damis ; alors Orgon se jette aux genoux de Tartuffe. Il demande un bâton pour battre son fils ; il le chasse de sa présence, le déshé-
rite, le maudit, et, finalement, annonce à Tartuffe
qu'il lui fait donation entière de ses biens. Cette
donation se fait bien brusquement : elle n'est pas
amenée. Elle devait être mieux expliquée dans la
première version.

Nous avons vu agir Tartuffe ; son hypocrisie est
grossière et, ce qui est plus grave pour l'hypocrisie, imprudente. Ce n'est pas ainsi que La Bruyère
comprend l'hypocrite :

Onuphre ne dit point: *ma haire et ma discipline;* au
contraire, il passeroit pour ce qu'il est, pour un hypocrite, et il veut passer pour ce qu'il n'est pas, pour un

homme dévot... S'il se trouve bien d'un homme opulent, à qui il a sçu imposer, dont il est le parasite et dont il peut tirer de grands secours, il ne cajolle point sa femme, il ne luy fait du moins ny avance, ny déclaration; il s'enfuira, et luy laissera son manteau, s'il n'est aussi sûr d'elle que de lui-même; il est encore plus éloigné d'employer pour la flater et pour la séduire le jargon de la dévotion... Il sçait où se trouvent des femmes plus sociables et plus dociles que celle de son ami... Les femmes d'ailleurs, qui fleurissent et qui prospèrent à l'ombre de la dévotion, luy conviennent... Il n'oublie pas de tirer avantage de l'aveuglement de son ami... mais il ne pense point à profiter de tirer avantage de toute sa succession, ny à s'attirer une donation générale de tous ses biens, s'il s'agit sur tout de les enlever à un fils, le légitime héritier... Aussi ne se joue-t-il pas à la ligne directe, et il ne s'insinue jamais dans une famille où se trouvent tout à la fois une fille à pourvoir et un fils à établir: il y a là des droits trop forts et trop inviolables; on ne les traverse point sans faire de l'éclat, et il l'appréhende... Il en veut à la ligne collatérale, on l'attaque plus impunément; il est la terreur des cousins et des cousines, etc.

En traçant le portrait d'Onuphre, **La Bruyère** fait donc une critique du personnage de Tartuffe et il faut reconnaître qu'Onuphre est plus fin, plus vrai que Tartuffe qui, lui, est un peu gros, même pour le théâtre.

Quatrième acte : Orgon veut marier sa fille à Tartuffe, dès ce soir. Mariane se jette aux genoux de son père. Oh ! ce n'est plus la sotte petite fille du deuxième acte : c'est une petite **amoureuse** qui souffre, pleure et supplie.

Allons, ferme, mon cœur! point de foiblesse **humaine!**

dit Orgon qui se sent attendrir. Oui, soyons durs !

Orgon, à ce moment-là, est odieux. Ah ! Elmire est bien avancée de ne pas avoir dévoilé Tartuffe tout à l'heure. Maintenant, pour convaincre son mari, elle est obligée d'organiser une petite comédie : « Cachez-vous sous cette table, dit-elle à son mari, sous cette table que recouvre un grand tapis et vous allez entendre ce que vous allez entendre ». Elle a fait mander Tartuffe. L'hypocrite arrive bientôt ; il se montre d'abord méfiant ; mais Elmire, pour le rassurer, trouve des paroles singulièrement adroites, elle se révèle admirable comédienne ; il s'agit d'empêcher le mariage monstrueux de Mariane avec Tartuffe, et la fin justifie les moyens.

Elmire feint d'avoir pour Tartuffe les plus tendres sentiments, et bientôt celui-ci devient pressant. Il demande des gages :

Je ne me fierai point à des propos si doux,
Qu'un peu de vos faveurs, après quoi je soupire,
Ne vienne m'assurer tout ce qu'il m'ont pu dire,
Et planter dans mon âme une constante foi
Des charmantes bontés que vous avez pour moi.

— Quoi! Vous voulez aller avec cette vitesse?

dit Elmire, après avoir toussé pour avertir son mari. Et Tartuffe : « Oui, vous devez convaincre ma flamme par des réalités ».

Tartuffe, une fois de plus, oublie toute prudence ; mais ce gros homme au teint fleuri, à la bouche vermeille, qui mange trop de viande et boit trop de vin, c'est un sanguin qui n'a pas pu vivre impunément auprès de cette jeune femme séduisante. Le désir s'est accumulé en lui. Qu'Elmire paraisse complaisante à ce désir, il est tout prêt à tomber dans le piège. C'est la première fois et l'unique fois, d'ailleurs, que Molière a montré ainsi l'amour physique, ce qui était encore très hardi pour l'époque. Elmire fait pourtant à Tartuffe une forte objection :

Mais comment consentir à ce que vous voulez,
Sans offenser le ciel, dont toujours vous parlez?

Tartuffe n'est pas embarrassé :

Je puis vous dissiper ces craintes ridicules,
Madame : et je sais l'art de lever les scrupules.
Le ciel défend, de vrai, certains contentemens;
Mais on trouve avec lui des accommodemens.
Selon divers besoins, il est une science
D'étendre les liens de notre conscience,
Et de rectifier le mal de l'action
Avec la pureté de notre intention

Elmire tousse plus fort, et elle frappe sur la table pour avertir son mari ; mais Orgon ne se montre pas. Qu'est-ce qu'il lui faut ? Qu'est-ce qu'il attend ? Il attend que Tartuffe ait dit de lui :

C'est un homme, entre nous, à mener par le nez.
De tous nos entretiens il est pour faire gloire,
Et je l'ai mis au point de voir tout sans rien croire.

Enfin Orgon sort, pendant que Tartuffe est allé voir s'il était dans la galerie, et quand le traître revient, Orgon le met à la porte :

Il faut, tout sur le champ, sortir de la maison.

Mais Tartuffe se redresse :

C'est à vous d'en sortir, vous qui parlez en maître:
La maison m'appartient; je le ferai connoître.

Et il ose encore parler de confondre et punir l'imposture et de venger le ciel qu'on blesse.

Ce n'est pas seulement l'hypocrite, c'est aussi l'effronté. A partir de ce moment, Orgon ne sera plus ridicule ; mais reconnaissons qu'il a été, jusqu'ici, d'une épaisse et incroyable bêtise. On a peine à croire que même avant d'avoir rencontré Tartuffe, cet homme ait pu être intelligent. Il est d'une bêtise de théâtre. Molière a dû introduire beaucoup de comique dans certaines scènes, autrement elles eussent été trop noires ; le public ne les aurait pas supportées dans une comédie.

Alors, pour rétablir l'équilibre, Molière a fait Dorine plaisante, parfois hors de propos, et Orgon ridicule ; c'est lui qui jouait ce rôle et il y a accumulé les effets comiques. Personnellement, comme acteur, il aimait faire rire ; on ne saurait trop le répéter. ·C'est pour cela qu'Orgon, entre autres choses, dit quatre fois : « Et Tartuffe ? Le pauvre homme ! » alors que deux fois suffiraient.

Malheureux Orgon ! Non seulement il a fait à Tartuffe donation entière de ses biens, mais encore il a remis entre les mains du traître certaine cassette qu'un sien ami, Argas, criminel d'Etat, lui avait confiée, et cette cassette contient des papiers où la vie et les biens de cet Argas sont attachés. Voilà une histoire de cassette qui arrive aussi brusquement que l'histoire de la donation. Nous nous attendons à toutes les catastrophes. Donation, cassette, Tartuffe a de quoi perdre Orgon après l'avoir chassé de sa maison, lui et les siens. Il n'y manque pas : voici M. Loyal, huissier à verge, qui vient signifier à Orgon l'exploit de certaine ordonnance :

> Monsieur sans passion,
> Ce n'est rien seulement qu'une sommation,
> Un ordre de vider d'ici vous et les vôtres,
> Mettre vos meubles hors, et faire place à d'autres.

Bientôt, Tartuffe lui-même arrive avec un exempt et déclare à Orgon qu'il est prisonnier. Mais, par un coup d'optimisme foudroyant, nous sommes tirés d'une alarme aussi chaude : nous vivons sous un prince ennemi de la fraude ; et ce n'est pas ce que pense Alceste, qui perd un procès dans lequel il a pour lui l'honneur, la probité, la pudeur et les lois. Enfin ! c'est Tartuffe qu'on emmène en prison. Est-ce le dénouement qu'avait d'abord prévu Molière ? C'est difficile à croire, tant il est imprévu et quasi féerique. On sent bien que l'histoire de la cassette est rapportée à la hâte pour le dénouement qui devait flatter Louis XIV et mettre le monarque dans les intérêts du poète. Ou bien y a-t-il dans ce dénouement « une respectueuse ironie » ?

Dans sa belle histoire de Louis XIV, **M.** Lavisse a écrit : « Négliger les choses religieuses du dix-septième siècle, c'est les estimer petitement, c'est ne pas comprendre l'histoire de ce siècle, c'est ne pas la sentir ». Et cela s'applique aussi à la comédie de *Tartuffe*. Les causes de *Tartuffe*, c'est la Congrégation du Saint-Sacrement, la cabale des dévots, l'austérité de Port-Royal : c'est le grand nombre de ces directeurs de conscience qui s'impatronisaient dans les familles et ne s'occupaient pas moins des choses temporelles que des choses spirituelles ; et c'est surtout la triste légion des hypocrites et des faux dévots. On pensait au dix-septième siècle que Molière avait voulu non pas faire un caractère, mais une personne. Et l'on citait plusieurs personnes : d'abord l'abbé de Roquette, que Mme de Sévigné appelle toujours « le pauvre homme », et dont l'abbé de Choisy dit « qu'il avait tous les caractères que l'auteur de *Tartuffe* a si fidèlement représentés sur le modèle d'un homme faux ». Tallemant des Réaux dit de l'abbé de Pons, qu'il appelle un grand hypocrite : « C'est l'original de Tartuffe ». Et le même Tallemant raconte sur un certain Charpy, sieur de Sainte-Croix, une historiette que Molière a pu connaître :

Un jour qu'il estoit dans l'Eglise des Quinze-Vingts, Mme Hausse, veuve de l'apoticaire de la Reyne y vint ; elle loge dans les Quinze-Vingts mesmes. Il l'accosta et luy parla de dévotion avec tant d'emportement qu'il charma cette femme qui est dévote. Elle le loge chez elle. Luy, qui est si charitable qu'il aime son prochain comme luy-même, s'est mis à aimer la petite Mme Patrocle, la fille de Mme Hausse... Mme Hausse, qui a enfin ouvert les yeux, en a averty son gendre ; il a respondu que c'étaient des railleries et prend Charpy pour le meilleur amy qu'il ait au monde. Souvent les maris font leurs héros de ceux qui les font cocus.

Molière a donc pu faire un caractere, selon le procédé des auteurs dramatiques, avec plusieurs personnes ; mais surtout il a fait une comédie contre l'hypocrisie avec sa haine profonde pour tout ce qui est mômerie, mensonges, exagération de la piété même sincère, en un mot avec sa haine de tout ce qui est contre la nature.

Peu importe que le point de départ de *Tartuffe* soit une vengeance de Molière contre les ennemis des spectacles ; son génie a singulièrement élargi et élevé le débat. Il s'attaque à l'hypocrisie religieuse, parce qu'au dix-septième siècle, l'Eglise occupe dans l'Etat une place prépondérante et que sa domination pèse fortement sur la politique, la société, la famille, les mœurs. Le personnage de Tartuffe faisait-il rire les spectateurs du temps de Molière ? On a de la peine à croire qu'il les ait fait rire tout le temps. Une chose certaine, c'est qu'il ne fait pas rire les Français du vingtième siècle. Tartuffe nous remplit d'horreur, d'effroi et de dégoût, parce qu'il symbolise à nos yeux l'hypocrisie, la religieuse et toutes les autres, philosophique, scientifique, politique, sociale, humanitaire. Comme l'a très bien dit Alfred Capus, un homme riche et heureux qui prêche la révolte sociale sans s'être préalablement dépouillé de ses biens, n'est peut-être pas un imposteur moins dangereux que celui de Molière. A la place de : peut-être, il faut dire : certainement. Débarrassons la comédie de toute son éxégèse, Tartuffe pour nous est l'hypocrite, c'est-à-dire l'homme le plus néfaste dans toutes les classes et dans tous les partis, pour sa classe et pour son parti, que ce soit un faux dévot, un mauvais prêtre, un politicien arriviste, un général antimilitariste, un débauché féministe, un patron anarchiste ou un banquier collectiviste. Non, aujourd'hui, nous

ne rions pas de Tartuffe, ni même d'Orgon : d'un
côté l'extrême fourbe, de l'autre l'extrême bêtise,
ce n'est pas risible. A partir du troisième acte,
nous sommes inquiets, angoissés ; et, parce que
Tartuffe est une pièce admirablement mal faite,
nous ne nous apercevons pas, à la représentation,
des quelques moyens grossiers et des invraisemblances ; nous sommes entraînés dans une action
des plus poignantes, nous admirons le magnifique
effort du poète vers la courageuse vérité : sa force
est la plus forte.

Elle ne fut pourtant pas la plus forte en 1667.
Le lendemain de la représentation du 5 août, un
huissier de la cour du Parlement vint de la part
du premier président, M. de Lamoignon, défendre
la pièce. Molière fit des plaintes à Madame, qui
chargea un de ses officiers d'aller parler à M. de
Lamoignon ; mais celui-ci ne voulut rien entendre.
Molière écrivit alors un placet au roi. Deux comédiens de la troupe, le fidèle La Grange et le
sieur de la Thorillière, partirent en poste pour
porter ce placet à Louis XIV « qui était au siège
de l'Isle, en Flandre ». Ils furent très bien reçus.
Dans son placet, Molière mentionnait les modifications qu'il avait apportées à sa pièce ; il écrivait
aussi : « Il ne faut plus que je songe à faire des
comédies, si les Tartuffes ont l'avantage... Daignent vos bontés, Sire, me donner une protection
contre leur rage envenimée... et puissé-je, en
retour d'une campagne si glorieuse, délasser Votre
Majesté des fatigues de ses conquêtes, lui donner
d'innocens plaisirs après de si nobles travaux, et

faire rire le monarque qui fait trembler toute l'Europe. »

Le roi fit dire aux deux comédiens qu'à son retour à Paris, il ferait examiner la pièce de *Tartuffe* et laissa espérer qu'on la jouerait.

Boileau était l'ami de M. de Lamoignon. Il accompagna Molière chez le premier président. Molière expliqua l'objet de sa visite qui était d'obtenir l'autorisation de faire représenter sa comédie. M. de Lamoignon, courtoisement, mais fermement, répondit qu'il fallait attendre le retour du roi. Molière « essaya pourtant de prouver à ce magistrat que sa comédie était très innocente ; mais il ne fit que bégayer et ne put point surmonter le trouble où l'avait jeté le premier président ».

Alors, Molière, fatigué, toujours malade, découragé, se retira quelque temps à Auteuil.

Tartuffe et *le Misanthrope !* il faut mettre ces deux pièces au plus haut et tout à fait à part dans l'œuvre de Molière : elles marquent la grande époque de sa carrière. Il les annonçait dans *l'Impromptu de Versailles,* dès 1663. C'est que déjà il était jalousé, haï, calomnié, en butte à toutes les attaques ; il observait les mœurs de la cour et de la ville et il constatait partout la sottise, la cupidité, l'injustice, l'hypocrisie ; bientôt il connaissait la persécution et les plus graves chagrins domestiques ; il était trahi en amour, trahi en amitié ; et tout cela mûrissait son génie ; c'est de tout cela que sont faits *Tartuffe* et *le Misanthrope,* et c'est pourquoi *Tartuffe* et *le Misanthrope* ne sont pas des comédies. Quand il écrit

ces deux pièces, Molière voit la vie toujours en
poète comique, mais malheureux et malade ; il
la voit comme elle est, c'est-à-dire un mélange de
choses douloureuses et joyeuses, attristantes et
risibles, où la tristesse domine néanmoins, et alors,
avec son souci d'imiter la nature et de reproduire
la réalité, entre la tragédie et la comédie, il con-
çoit un genre nouveau et qui doit être la représentation de la vie telle qu'il la voit et la comprend. On l'étonnerait bien si on lui disait qu'il
veut passer les bornes de son art, et qu'il viole
les règles.

Son art est fait de sincérité, et la sincérité ne
connaît pas de bornes ni de règles ; il n'a même
pas prémédité de faire quelque chose de nouveau,
mais, ce qui est mieux, il l'a fait parce qu'il l'a
senti. Oui, c'est avec une vision nette de la vie,
avec son indignation, sa douleur et aussi sa force
comique qu'il fait *le Misanthrope* et *Tartuffe*. Ces
deux pièces appartiennent à la même veine ; elles
sont bien de Molière ; elles ne doivent rien aux
Italiens ni aux Espagnols. Si *le Misanthrope* est
plus parfait et plus pur, c'est que le sujet est
moins dangereux, et aussi qu'Alceste, c'est Molière lui-même. Si, à l'action sombre de *Tartuffe*,
se mêlent des éclats de rire parfois intempestifs,
et qui ne l'éclairent pas, c'est que le sujet est
périlleux et que la pièce a dû subir des modifications nombreuses. Nous ne savons pas si le premier *Tartuffe* n'était pas aussi logique et aussi
clair que *le Misanthrope*. Et si l'on me dit que la
représentation de la vie, avec son mélange de joie

et de douleur, de comique et de tragique, est irréalisable au théâtre, je répondrai qu'elle est des plus réalisables et que c'est une admirable formule de théâtre, à condition, bien entendu, que, tristes ou gaies, les choses y soient vraies et à leur place. Et si l'on me demande encore si *Tartuffe* et *le Misanthrope* sont des comédies, en me faisant observer que la comédie doit bien finir, que le dénouement doit être consolant, je répondrai que *Tartuffe* et *le Misanthrope* sont des pièces, ou, mieux encore, que c'est *Tartuffe* et *le Misanthrope*.

Et c'est parce que Molière est l'auteur de *Tartuffe* et du *Misanthrope* que Sainte-Beuve a pu dire : « Aimer Molière, c'est être guéri à jamais, je ne parle pas de la basse et infâme hypocrisie, mais du fanatisme, de l'intolérance et de la dureté en ce genre, de ce qui fait anathématiser et maudire. Aimer Molière, c'est être également à l'abri et à mille lieues de cet autre fanatisme politique, froid, sec et cruel, qui ne rit pas, qui sent son sectaire, qui, sous prétexte de puritanisme, trouve moyen de pétrir et de combiner tous les fiels, et d'unir dans une doctrine amère les haines, les rancunes et les jacobinismes de tous les temps. C'est ne pas être moins éloigné, d'autre part, de ces âmes fades et molles qui, en présence du mal, ne savent ni s'indigner, ni haïr.

« Aimer Molière, c'est être assuré de ne pas aller donner dans l'admiration béate et sans limite pour une humanité qui s'idolâtre et qui oublie de quelle étoffe elle est faite et qu'elle n'est toujours, quoi

qu'elle fasse, que l'humaine et chétive nature.
C'est ne pas la mépriser trop, pourtant, cette commune humanité dont on rit, dont on est, et dans laquelle on se replonge chaque fois avec lui par une hilarité bienfaisante. »

Et c'est aussi parce que Molière est l'auteur de *Tartuffe* et du *Misanthrope* qu'un jour, au roi qui demandait quel était, parmi les grands écrivains, celui qui avait le plus honoré son règne, Boileau répondit : « Sire, c'est Molière ».

Tartuffe et *le Misanthrope* furent écrits entre 1663· et 1667, c'est-à-dire dans les années où Molière commence d'être misérable, physiquement et moralement. Mais puisque ces misères physiques et morales ont continué jusqu'à sa mort, on pourrait s'étonner qu'il n'ait plus jamais fait des pièces de ce genre-là, de ce genre qu'il avait inventé. Molière est un grand poète comique, mais il est aussi directeur. Il fait des pièces pour qu'elles soient jouées ; or, *Tartuffe* est interdit, et *le Misanthrope* ne plaît pas au public. L'auteur voit ce qu'il en coûte pour vouloir dire la cruelle et dangereuse vérité. Il ne recommencera plus ; mais, s'il en revient aux comédies gaies et aux farces, sa manière se sera élargie et même, après la comédie sombre, il inventera la farce noire : *George Dandin* et *le Malade imaginaire*.

Amphitryon. — George Dandin. — L'Avare

Après l'interdiction de *Tartuffe,* Molière alla se reposer à Auteuil, un joli village entouré de prés, de champs et de vignes. C'était alors la campagne. Molière avait loué un petit appartement, au rez-de-chaussée, dans une maison appartenant à un vieux gentilhomme, ancien écuyer porte-manteau de Gaston d'Orléans. Il avait la jouissance du parc. Molière était très aimé ; il faisait beaucoup de charités ; il était très bien avec son curé, François Loyseau. Le poète n'aimait pas beaucoup la campagne ; son œuvre le prouve bien; chaque fois qu'il s'est agi de la dépeindre, il l'a fait de la façon la plus pauvre.

Il aimait surtout la cour, la ville, le théâtre ; il contemplait les hommes, mais il ne regardait pas les arbres ; il se serait ennuyé à Auteuil tout seul ; alors, il avait sous-loué une petite chambre à son vieil ami Chapelle ; il travaillait et il invitait souvent des amis : Boileau, La Fontaine, Guilleragues, Jonsac, Puymorin. Grimarest est fertile en anecdotes sur Auteuil. La plus célèbre est celle d'un souper où ces messieurs les convives, parmi lesquels Boileau, avaient furieusement bu. Après le souper, ils continuaient de boire, en causant.

Ayant épuisé toute sorte de sujets, on tomba sur la morale vers trois heures du matin. Sur la morale ! A cette heure, les vertueuses maximes et les honnêtes préceptes sont depuis longtemps couchés. On reconnut que l'étude, la science, la littérature même étaient choses bien vaines ; l'amour, bien décevant ; les femmes, des animaux... Chagrin, injustice, malheurs de tous côtés. Enfin, l'on convint que la vie était un pauvre partage et qu'il fallait la quitter. Et tous ces ivrognes se levèrent pour aller se noyer de compagnie, la rivière étant à leur portée. Quelqu'un courut prévenir Molière qui, lui, n'avait bu que du lait et était couché depuis quelque temps. Il se leva en toute hâte pour parler à ces intempérants : « Quoi, leur reprocha-t-il, vous voulez vous noyer sans moi? Je vous croyais plus de mes amis. — Il a raison, s'écria Chapelle, viens donc te noyer avec nous. — Oh ! doucement, dit alors Molière, ne nous noyons pas à la nuit, comme des désespérés ou bien des gens ivres. Demain, sur les huit à neuf heures du matin, bien à jeun et devant tout le monde, nous nous irons jeter, la tête devant, dans la rivière. » On approuva ses raisons, et chacun s'en fut coucher.

On parle de la retraite de Molière à Auteuil, après l'interdiction de *Tartuffe*, comme si cette retraite avait duré des mois. Elle ne fut que de quelques semaines ; le 25 septembre, Molière reprenant courage, malgré la bourrasque et l'orage, remontait sur les planches. Le théâtre du Palais-Royal fit sa réouverture par une représentation du *Misanthrope:* Mais il semble que Molière boude Louis XIV qui n'a toujours pas donné l'autorisation de jouer *Tartuffe.* Le 6 novembre, la troupe étant partie pour Versailles, par ordre du roi, joua plusieurs pièces : *Attila, la Veuve à la mode, la Pastorale, l'Accouchée ou l'Embarras de Godart ;* vous voyez, pas une seule pièce de Molière, ce qui est exceptionnel.

Dans l'automne de 1667, il écrivit *Amphitryon.* Vraiment, il faut admirer sa puissance, sa rapidité de travail et la souplesse de son talent. *Amphitryon* ne ressemble à rien de ce qu'il a fait jusqu'ici ; c'est une délicieuse comédie mythologique et en vers libres, et la naturalisation française d'une légende grecque. Jupiter voulant engendrer, pour les dieux et pour les hommes, un héros qui les défendît contre le malheur, et cherchant avec quelle mortelle il pourrait fabriquer ce héros, ne trouva pas de collaboratrice plus parfaite que la belle et vertueuse Alcmène, femme d'Amphitryon, roi de Thèbes. Mais Alcmène aimait son mari d'une façon presque paradoxale, et, pour faire ce qu'il voulait faire, Jupiter n'avait qu'une ressource : prendre la forme d'Amphitryon. Pendant que le roi de Thèbes était à la guerre contre les Théléboens, le maître des dieux se présente donc un jour à l'irréprochable Alcmène sous la figure de son mari, et, grâce à ce stratagème, il est très bien accueilli par l'épouse passionnée et fidèle. Amphitryon revient de la guerre et apprend que sa femme a cru le voir pendant son absence. Colère conjugale sur la terre, coup de tonnerre au ciel : c'est Jupiter qui manifeste sa puissance. Bientôt Alcmène met au monde deux jumeaux : Hercule, fils de Jupiter, et Iphiclès, fils d'Amphitryon. Junon, furieuse du nouvel adultère de son époux, envoie une nuit deux serpents pour faire périr les jumeaux qui dormaient. Déjà un des reptiles s'est enroulé autour de la petite jambe d'Iphiclès ; l'enfant pousse un cri ; mais Hercule, prenant, sans s'émouvoir, les deux serpents dans ses deux déjà fortes petites mains, les serre de telle façon qu'il les étouffe. Cette belle histoire avait été traitée par les tragiques grecs.

Plaute l'avait traitée à son tour vers l'an 200 avant Jésus-Christ, en ajoutant au trio Alcmène-Amphitryon-Jupiter les personnages de Mercure et de Sosie. Dans la tragi-comédie du poète latin, Alcmène est le type de la matrone romaine, chaste, modeste, tempérante, craignant les dieux, aimant ses parents, soumise à son mari.

En 1636, Rotrou avait fait jouer sous ce titre, *les Sosies,* une belle adaptation de la tragi-comédie de Plaute. On jouait encore la pièce de Rotrou sur le théâtre du Marais en 1650. Elle avait changé de titre, s'appelait *la Naissance d'Hercule,* et était représentée avec un grand luxe de machines. Comment l'idée est-elle venue à Molière d'écrire *Amphitryon ?* On lui reprochait peut-être ses imitations italiennes et espagnoles ; tandis qu'emprunter aux Grecs et aux Latins, ce n'est pas emprunter, c'est utiliser un héritage. Alors, il relit Plaute ; il relit aussi *les Sosies* de Rotrou, qu'il a pu voir

jouer dans sa jeunesse. Il se peut que le succès des *Sosies* ait donné à Molière l'idée de faire un *Amphitryon,* comme le succès des divers *Don Juan* lui avait donné l'idée de faire un *Don Juan.* Alors, les événements de 1661 se reproduisent avec une symétrie admirable. Pour la seconde fois, Molière ne peut jouer *Tartuffe* sur lequel il comptait ; il est désorienté. Il faut à son théâtre une pièce nouvelle ; il trouve plus commode et plus sûr de traiter un sujet qui a fait ses preuves et nécessitant des machines qui attirent toujours du monde. Maintenant, pourquoi écrit-il cette nouvelle comédie en vers libres ? Il y a l'exemple de Pierre Corneille qui, dans sa tragédie d'*Agésilas,* a mêlé aux alexandrins les vers de huit pieds ; mais il y a surtout l'influence de La Fontaine, qui vient de publier les deux premiers livres de ses contes. Molière a pu comprendre alors toutes les ressources du vers libre, admirer sa grâce, sa souplesse et les jolis plis qu'il fait, comme une étoffe légère, sur l'idée qu'il habille, tandis que l'alexandrin, draperie monotone et lourde, fait toujours des plis un peu rigides, surtout si l'on respecte la césure qui, à force d'être respectée, demandera un jour, comme cette vieille fille pendant le sac d'une ville : « Où viole-t-on ? » Donc, Molière, avec ses dons prodigieux d'imitation et d'assimilation, fait des vers libres comme son ami La Fontaine, et il y réussit merveilleusement.

Amphitryon commence par un adorable prologue. C'est un dialogue entre Mercure et la Nuit. Mercure, las de faire les courses des dieux, et

ayant, de la part de Jupiter, deux mots à dire à
la Nuit, l'attend assis sur un nuage, et quand elle
passe, il l'arrête :

Tout beau, charmante Nuit; daignez vous arrêter

Et il lui dit ce dont il s'agit : c'est Jupiter

Qui de votre manteau veut la faveur obscure
      Pour certaine douce aventure
      Qu'un nouvel amour lui fournit.

    Des yeux d'Alcmène il a senti les coups,
Et, tandis qu'au milieu des béotiques plaines
      Amphitryon, son époux,
      Commande aux troupes thébaines,
Il en a pris la forme et reçoit là-dessous
      Un soulagement à ses peines
Dans la possession des plaisirs les plus doux.
L'état des mariés à ses feux est propice :
L'hymen ne les a joints que depuis quelques jours ;
Et la jeune chaleur de leurs tendres amours
A fait que Jupiter à ce bel artifice
      S'est avisé d'avoir recours.
Son stratagème ici se trouve salutaire;
      Mais, près de maint objet chéri,
Pareil déguisement serait pour ne rien faire,
Et ce n'est pas partout un bon moyen de plaire
      Que la figure d'un mari.

Quel esprit ! quelle grâce ! C'est vraiment du
meilleur La Fontaine et c'est pourtant du Molière.
Alors la Nuit dit à Mercure :

Si par son stratagème il voit sa flamme heureuse,
Que peut-il souhaiter? et qu'est-ce que je puis?

MERCURE

Que vos chevaux, par vous au petit pas réduits,
Pour satisfaire aux vœux de son âme amoureuse,

D'une nuit si délicieuse
Fassent la plus longue des nuits.

Cocher ! au pas.

« Bien, répond la Nuit, je vais faire une station dans cet hémisphère, avec ma suite obscure. » Tout ce prologue est exquis.

Le premier acte commence par un récit plein de verve : Sosie, valet d'Amphitryon, avant de raconter à Alcmène la bataille où son époux fut victorieux, la raconte d'abord, pour s'exercer, à sa lanterne qu'il a posée par terre. On sent que Molière est dans les meilleures dispositions, qu'il s'amuse, et lui-même s'étonne de tous les traits heureux qu'il rencontre chemin faisant :

Peste ! où prend mon esprit toutes ces gentillesses ?

Ensuite, vient la scène entre Sosie et Mercure, peut-être un peu longue, mais encore pleine de trouvailles ingénieuses et drôles. Enfin, voici Alcmène qui paraît au bras du seigneur Jupiter avec qui elle vient de passer cette longue nuit annoncée dans le prologue et que le spectateur remplit selon son imagination.

La situation est délicate ; Molière l'a traitée avec une admirable adresse. Cette Alcmène, les cheveux épars, on la sent toute moite encore de la chaleur du lit. « Une scène d'amour entre Alcmène et Jupiter risquait d'être un peu froide, comme toute scène entre deux amants également satisfaits. » Qui donc dit cela ? Oh ! ce n'est pas moi, c'est Laharpe. Eh bien, la scène n'est pas froide du tout, parce que Molière a mis dans l'esprit de Jupiter une préoccupation **bien masculine.** Jupiter veut qu'Alcmène l'aime, non pas parce qu'elle le croit son mari, mais qu'elle l'aime comme un amant ; il veut que, sous les traits d'Amphitryon, son mari, elle aime Jupiter amant. C'est assez subtil. A un moment, ce que dit Jupiter signifie : « Vous n'êtes pas étonnée ? Enfin ! ce n'est pas votre mari qui se serait conduit comme je l'ai fait ». Et la réponse d'Alcmène signifie : « Mais non, mon ami, votre valeur ne m'étonne nullement ; j'y suis habituée ; et puis, il y a longtemps que l'on ne s'était vu ».

— Adieu ! lui dit Jupiter,

> De mon devoir l'étrange barbarie
> Pour un temps m'arrache de vous ;
> Mais, ßelle Alcmène, au moins, quand vous verrez l'époux,
> Songez à l'amant, je vous prie.

ALCMÈNE

> Je ne sépare point ce qu'unissent les dieux,
> Et l'époux et l'amant me sont fort précieux.

Mais, il revient bientôt, le véritable Amphitryon ; Alcmène l'accueille par un : « Quoi ! de retour si tôt ? » qui chagrine l'amoureux époux. — Certes, dit-il,

> C'est en ce jour
> Me donner de vos feux un mauvais témoignage
> Et ce « Quoi ! si tôt de retour ? »
> En ces occasions n'est guère le langage.
> L'attente d'un retour ardemment désiré
> Donne à tous les instants une longueur **extrême ;**
> Et l'absence de ce qu'on aime,
> Quelque peu qu'elle dure a toujours trop duré.

Alors, Amphitryon apprend par Alcmène qu'il

est revenu la veille au soir, qu'elle l'a fort bien
reçu. Elle lui apprend, croyant le lui rappeler,
comment cela s'est passé:

ALCMÈNE

L'histoire n'est pas longue. A vous je m'avançai,
    Pleine d'une aimable surprise;
    Tendrement je vous embrassai.
Et témoignai ma joie à plus d'une reprise.

AMPHITRYON, à part.

Ah! d'un si doux accueil, je me serois passé!

ALCMÈNE

    Votre cœur, avec véhémence,
M'étala de ces feux toute la violence,
Et les soins importuns qui l'avaient enchaîné;
Et jamais votre amour en pareille occurrence
Ne me parut si tendre et si passionné.

AMPHITRYON

Ensuite, s'il vous plaît?

ALCMÈNE

      Nous nous entrecoupâmes
De mille questions qui pouvoient nous toucher.
On servit. Tête à tête, ensemble, nous soupâmes;
Et, le souper fini, nous nous fûmes coucher.

AMPHITRYON

Ensemble?

ALCMÈNE

    Assurément. Quelle est cette demande?

AMPHITRYON

Ah! c'est ici le coup le plus cruel de tous.

Et il s'emporte et veut se venger. « De quoi

donc vous venger? » lui demande Alcmène qui ne comprend rien à cette colère jalouse d'un mari qu'elle adore, et Amphitryon lui fait cette réponse admirable :

Je ne sais pas : mais ce n'étoit pas moi ;
Et c'est un désespoir qui de tout rend capable.

C'était une scène très dangereuse encore et, grâce à la délicatesse du poète, à aucun moment, elle n'est choquante. Toutes les réponses que fait Alcmène à Amphitryon sont celles d'une épouse passionnée. « Cette comédie blesse la décence, dit le commentateur de 1823, en ce que l'adultère y est mis à la scène; mais il ne blesse point la morale, car Alcmène n'est point coupable d'intention; elle n'est pas plus répréhensible et ne donne pas un exemple plus dangereux qu'une femme violée. » Elle n'est coupable ni d'intention, ni de fait; elle reste fidèle dans l'adultère, puisque Jupiter — ce Don Juan olympien — a pris, pour la séduire, la figure de celui qu'elle aime, employant à peu près un des moyens favoris du séducteur de Séville, du Burlador; par exemple, lorsque, pour posséder la duchesse Isabelle, il se substitue, la nuit, à son fiancé le duc Octavio.

Aussi quand Jupiter revient pour « rapaiser » Alcmène, celle-ci se réconcilie assez vite avec le dieu qu'elle croit toujours être Amphitryon; et elle consomme à nouveau l'adultère dans les transports les plus conjugaux et les plus édifiants. C'est Mercure, sous la figure de Sosie, qui, du haut du balcon de la maison d'Amphitryon,

apprend à Amphitryon, à qui il ne veut pas ouvrir
la porte, qu'Amphitryon est auprès de la belle
Alcmène, à jouir des douceurs d'un aimable entretien. Le malheureux mari entre dans une
grande fureur: il veut tuer le véritable Sosie qui
survient avec deux capitaines thébains. A la fin
tout s'arrange; et Jupiter, annoncé par le bruit
du tonnerre, armé de son foudre, dans un nuage,
sur son aigle, vient faire le dénouement:

Regarde, Amphitryon, quel est ton imposteur,
Et, sous tes propres traits, vois Jupiter paroître.
A ces marques tu peux aisément le connoître;
Et c'est assez, je crois, pour remettre ton cœur
      Dans l'état auquel il doit être,
Et rétablir chez toi la paix et la douceur.
      Un partage avec Jupiter
      N'a rien du tout qui déshonore·
   Et, sans doute, il n'est que glorieux
De se voir le rival du souverain des dieux.
Alcmène est toute à toi, quelque soin qu'on emploie.
Et ce doit à tes feux être un objet bien doux,
De voir que, pour lui plaire, il n'est point d'autre voie
      Que de paraître son époux.

Amphitryon ne dit rien et Sosie conclut:

      Tout cela va le mieux du monde;
      Mais enfin coupons aux discours,
Et que chacun chez soi doucement se retire:
      Sur de telles affaires toujours
      Le meilleur est de ne rien dire.

Molière, dans *Amphitryon,* a abandonné le dénouement de Plaute et de Rotrou: on annonce
seulement la naissance d'Hercule. Il a ajouté le
personnage de Cléanthis, la femme de Sosie, et
ainsi le trio Mercure-Sosie-Cléanthis correspond

au trio Jupiter-Amphitryon-Alcmène; c'est plus symétrique. Ce besoin de symétrie se retrouve partout au grand siècle: dans l'architecture, dans la peinture, dans la musique, dans la poésie, dans le théâtre. Mais tandis que Jupiter est très ardent et Amphitryon fort amoureux, Mercure ne veut rien savoir de Cléanthis, et Sosie est un mari philosophe. Il y a donc symétrie avec contraste, ce qui est un double élément comique. Enfin, des deux tragi-comédies de Plaute et de Rotrou, Molière a fait une comédie en trois actes qui est un chef-d'œuvre de fantaisie, de grâce, de finesse et d'élégance françaises, et, l'on peut dire, une pièce unique dans tout son théâtre.

Amphitryon fut représenté le vendredi 13 janvier 1668, sur le théâtre du Palais-Royal. Robinet, dans une *Lettre en vers* à Madame, dit que c'est la chose merveilleuse à voir, que l'aimable enjouement du comique et les beautés de l'héroïque, les intrigues, les passions; les décorations, avec des machines volantes, feront courir à ce spectacle une foule extrême, bien par delà la mi-carême; les acteurs y sont dans une couche superbe, c'est-à-dire qu'ils ont de très beaux costumes:

> Vous y verrez certaine *Nuit*
> Fort propre à l'amoureux déduit
> Et de même certaine Alcmène
> Ou bien sa Remembrance humaine
> Qui vaudrait bien, sans en douter,
> Qu'un Remembrant de Jupiter
> Plein de ce feu qui le cœur brûle
> Lui fît un Remembrant d'Hercule.

On croit que c'est Mlle Molière qui jouait le rôle d'Alcmène, et à qui s'adressaient ces beaux compliments de Robinet.

La troisième représentation d'*Amphitryon* eut lieu aux Tuileries devant le Roi et « les principales dames » de la cour. Le règne de La Vallière était fini; et la nouvelle maîtresse, c'était la belle comme le jour, impérieuse, altière, dominante, moqueuse et spirituelle Athénaïs de Mortemart, marquise de Montespan. Jupiter, Alcmène, Amphitryon; Louis XIV, Athénaïs et ce pauvre Montespan: les rapprochements étaient tout indiqués. On ne manqua pas de les faire. Lorsque, dans le prologue, Jupiter fait dire à la Nuit par Mercure: « allez au pas » et que la Nuit s'écrie pour rire:

> Voilà sans doute un bel emploi
> Que le grand Jupiter m'apprête!
> Et l'on donne un nom fort honnête
> Au service qu'il veut de moi!

comment ne pas penser au rôle que Mme de Montausier et la princesse de Bade avaient joué dans les nouvelles amours du roi. Jupiter demandant à Alcmène si elle l'aime comme amant ou comme mari, c'était Louis XIV demandant à la Montespan, ainsi qu'il l'avait demandé à La Vallière, si elle l'aimait comme roi ou comme amant. Car c'est la grande préoccupation de tous ceux qui ont la fortune et la puissance, de savoir s'ils sont aimés pour eux-mêmes, quand ils aiment; c'est la préoccupation des rois et des milliardaires; et, si Don Juan était un amant, ce serait la préoccupation de Don Juan vers sa vingtième conquête

et même avant: « M'aimez-vous pour moi-même
ou parce que vous savez que je suis Don Juan et
que vous connaissez mes dix-neuf autres aventures? »

Quand Jupiter, dans son nuage et sur son aigle,
dit à Amphitryon:

> Un partage avec Jupiter
> N'a rien du tout qui déshonore.

c'était bien l'opinion de quatre-vingt-dix-neuf sur
cent des courtisans qui étaient là; et comment ne
pas penser à ce pauvre M. de Montespan qui aimait sa femme, mais dont plus d'un pourtant en-
viait le malheur. Que Molière ait fait allusion à
Louis XIV et à Mme de Montespan, en écrivant
Amphitryon, cela ne fait pas de doute pour Michelet. Cet historien passionné va même jusqu'à dire
que c'est le roi qui a proposé et imposé le sujet.
D'un autre côté, on objecte que, dans le temps
qu'il écrivit *Amphitryon*, Molière ne pouvait pas
connaître la nouvelle aventure du grand Alcandre
— c'est le surnom de Louis XIV dans les *Amours
des Gaules*. Cependant, on en parlait depuis longtemps; déjà, au printemps de 1667, le marquis
de Saint-Maurice écrivait: « On dit que le Roy
aime Mme de Montespan; il n'y a que deux jours,
il se promena seul avec elle en carrosse ». Et dans
une lettre datée du camp de Lille, au mois d'août:
« L'on peste contre le voyage du Roy de France
qui, pour aller voir les dames, a failli toutes les
conquêtes qu'il pouvait faire ». Il est question là
du petit voyage de Compiègne; et nous savons, par

les mémoires de Mlle de Montpensier, que le roi, à Compiègne, se couchait fort tard et voyait Mme de Montespan dans sa chambre. On parlait beaucoup de tout cela pendant cette campagne de Flandre que les dames suivaient en carrosse. Le jour de l'entrée triomphale dans Arras, la Reine avait dans son carrosse Mlle de Monpensier, la princesse de Bade, Mmes de Montausier et de Montespan; et l'on avait remarqué que, toute la journée, le Roi avait chevauché du côté de la portière où se trouvait la belle marquise, démasquée nonobstant l'extrême poussière. On potinait au son du canon. Quand les deux comédiens La Grange et La Thorillière revinrent du camp de Lille où ils étaient allés porter, après l'interdiction de *Tartuffe*, le placet de Molière, ils rapportèrent à leur directeur les dernières nouvelles. Ce n'est pas cela qui a donné à Molière l'idée d'écrire *Amphitryon;* mais, comme il écrivait cette comédie mythologique, il n'a pas négligé, chemin faisant, des allusions dans lesquelles il y a moitié satire, moitié flatterie, car il était à la fois courtisan adroit et hardi. On peut encore dire pour sa défense que ni les Grecs, ni les Latins, ni Euripide, ni Plaute, ni, plus près de lui, Rotrou, n'avaient certainement songé à Louis XIV et à la Montespan.

Sans doute, après le grand succès de l'adorable *Amphitryon,* Molière avait commencé d'écrire l'*Avare;* c'était la série Plaute. Mais Louis XIV, ayant envahi la Flandre et la Franche-Comté, venait de boucler par le traité d'Aix-la-Chapelle

cette petite guerre rapide qui a pu être comparée
à un ballet militaire un peu accentué. Or, « le
Roy ayant accordé la paix aux instances de ses
alliés et aux vœux de toute l'Europe, ne pensait
plus qu'à s'appliquer aux affaires de son royaume,
lorsque, pour réparer en quelque sorte ce que la
cour avait perdu dans le carnaval, pendant son
absence, il résolut de faire une fête dans les jardins de Versailles ». Comme il n'y avait pas de
fête à Versailles sans la comédie, on demanda
une comédie à Molière qui écrivit *George Dandin
ou le Mari confondu*, pour cette fête que
Louis XIV offrait à Mme de Montespan et qui fut
la plus somptueuse du règne. Mlle de Scudéry
en a fait une jolie relation. Le duc de Créqui, premier gentilhomme de la chambre du roi, avait été
chargé de ce qui regardait la comédie; et le sieur
Vigarini, le même qui avait, en 1664, organisé
les machines pour les *Plaisirs de l'île enchantée*
(cela fait plaisir de le retrouver), avait dressé un
théâtre de feuillée sur l'emplacement actuel du
bassin de Saturne. La salle, devant le théâtre,
haute de trente pieds jusqu'à la corniche, était
couverte de feuillée par dehors et par dedans et
ornée de magnifiques tapisseries. Du haut du plafond pendaient trente-deux chandeliers de cristal,
portant chacun six bougies de cire blanche. Autour de la salle, sur des sièges disposés en amphi-
théâtre, douze cents personnes pouvaient prendre
place et, dans le parterre, sur des bancs, il y avait
encore une plus grande quantité de monde.

En tout, trois mille spectateurs, parmi lesquels

l'ambassadeur de Venise, l'envoyé de la cour de Turin, et les résidents de l'Empereur, de Suède, de Danemark, de Portugal et de Mantoue. Au milieu, sous un dais élevé, étaient assises Leurs Majestés. *George Dandin* fut donc représenté la première fois devant la plus brillante assemblée. Molière, prévenu tard comme toujours et obligé d'écrire cette pièce à la hâte, a puisé dans le fonds de ses anciennes farces, et c'est autour d'une scène, d'une situation de la *Jalousie de Barbouillé* qu'il a écrit les trois actes du *Mari confondu*.

Angélique qui vient d'un rendez-vous avec Valère, son amant, se trouve à la porte de chez elle. Le Barbouillé, son mari, qui est dans la maison, refuse de lui ouvrir ; elle supplie, elle feint de se tuer; le Barbouillé sort, inquiet. Profitant de la porte laissée ouverte, Angélique rentre et, à son tour, ne veut pas ouvrir à son mari, qu'elle traite d'ivrogne et de sac à vin infâme ; et ce sera à peu près la dernière scène de *George Dandin*.

« Ah! qu'une femme demoiselle est une étrange affaire, s'écrie George Dandin, dès le début de la pièce, et que mon mariage est une leçon bien parlante à tous les paysans qui veulent s'élever au-dessus de leur condition, et s'allier, comme j'ai fait, à la maison d'un gentilhomme... J'aurais bien mieux fait, tout riche que je suis, de m'allier en bonne et franche paysannerie que de prendre une femme qui se tient au-dessus de moi, s'offense de porter mon nom et pense qu'avec tout mon bien, je n'ai pas assez acheté la qualité de son mari. George Dandin, George Dandin, vous avez fait la sottise la plus grande du monde. Ma maison m'est effroyable maintenant, et je n'y rentre point sans y trouver quelque chagrin. »

George Dandin, riche paysan, a épousé en effet la jolie et trop fine pour lui Angélique, fille d'un gentilhomme campagnard, M. de Sotenville et de Mme de Sotenville, née de La Prudoterie. Les Sotenville ont le plus profond dédain pour leur roturier de gendre, bien que leurs affaires, au moment du mariage, fussent assez délabrées et que l'argent du paysan ait servi à boucher d'assez bons trous. Pour George Dandin, l'aventure n'a pas été fort bonne; il n'a profité que d'un allongement de nom et, au lieu de George Dandin, d'avoir reçu par ses beaux-parents le titre de M. de La Dandinière. Nous sommes dans la petite noblesse ridicule. En outre, sa femme est une coquine, une dessalée qui reçoit des billets doux et accepte des rendez-vous du jeune vicomte de Clitandre. Le mari est averti des manigances de sa femme par Lubin, un paysan au service de l'amant, et qui, chaque fois qu'il a fait, auprès d'Angélique, une commission galante pour Clitandre, vient la raconter à George Dandin avec des airs finauds et mystérieux. Mais de même qu'Arnolphe, dans l'*Ecole des femmes,* averti par Horace, n'empêche pas Horace et Agnès de se rejoindre, de même George Dandin, averti par Lubin, n'empêche pas Angélique et Clitandre d'avoir commerce ensemble. Par trois fois, George Dandin est mis au courant de ce que fait Angélique; par trois fois, il invite ses beaux-parents à constater l'inconduite de leur fille; par trois fois, c'est lui qui est confondu. Chaque acte, comme l'a très bien formulé M. Bergson, ramène le même effet à trois temps. Molière connaissait bien le mécanisme du comique. Au dix-septième siècle, le mari trompé et le roturier qui veut s'anoblir étaient des personnages comiques.

George Dandin qui réunit les deux était doublement comique. D'où vient qu'aujourd'hui il ne nous fait plus rire, qu'il nous attriste? Nous ne le plaignons pas tout le temps. Il est risible pour avoir épousé, riche paysan, une fille de petite noblesse. Il est coupable, pour l'avoir épousée sans son consentement à elle, et nous donnons raison à la jeune femme lorsqu'à son mari qui lui dit : « C'est ainsi que vous satisfaites aux engagements de la foi que vous m'avez donnée publiquement? » elle répond :

Moi? Je ne vous l'ai point donnée de bon cœur, et vous me l'avez arrachée. M'avez-vous, avant le mariage, demandé mon consentement, et si je voulais bien de vous? Vous n'avez consulté pour cela que mon père et ma mère; ce sont eux proprement qui vous ont épousé, et c'est pourquoi vous ferez bien de vous plaindre toujours à eux des torts que l'on pourra vous faire. Pour moi, qui ne vous ai point dit de vous marier avec moi, et que vous avez prise sans consulter mes sentiments, je prétends n'être point obligée de me soumettre en esclave à vos volontés; et je veux jouir, s'il vous plaît, de quelque nombre de beaux jours que m'offre la jeunesse, prendre les douces libertés que l'âge me permet, voir un peu le beau monde, et goûter le plaisir de m'ouïr dire des douceurs.

Oui, nous comprenons qu'à son mari lourdaud, Angélique préfère ce jeune vicomte de Clitandre, si tendre. C'est la juste punition du vaniteux George Dandin, c'est la sanction logique d'un sot mariage. Mais est-ce que cela ne suffit pas, et faut-il encore que nous le voyions par trois fois dans une posture humiliante? La première fois, lorsque ses beaux-parents l'obligent à faire des excuses à Clitandre; la seconde fois, lorsqu'il reçoit des coups de bâton qu'Angélique feint de destiner à Clitandre; la troisième fois, lorsque ses beaux-parents l'obligent à faire des excuses à Angélique, à genoux et une chandelle à la main. Alors, il s'écrie:

« Ah! je le quitte maintenant et je n'y vois plus de remède. Lorsqu'on a, comme moi, épousé une méchante femme, le meilleur parti qu'on puisse prendre, c'est de s'aller jeter dans l'eau la tête la première. »

Tout compte fait, ce George Dandin trompé et bafoué est pénible. Il ne l'était pas pour les spectateurs du temps de Molière qui étaient plus cruels et plus gais. Nous avons aussi nos cruautés, mais nous sommes plus réfléchis, plus sensibles. L'infortune conjugale ne nous fait plus rire. Quand on réclame la liberté en amour, quand on reconnaît à l'homme et à la femme le droit d'avoir aimé et de ne plus aimer, il serait bien illogique de voir une infériorité et un ridicule dans le fait de n'être pas aimé ou de ne l'être plus. Malgré sa sottise, George Dandin profite de notre moderne sensibilité. Nous savons bien qu'il ne souffre pas dans son cœur mais dans sa vanité. Peu importe! nous mettons dans la comédie une tristesse que les gens du dix-septième siècle sûrement n'y mettaient pas, que Molière n'a pas voulu y mettre, qu'il y a mise, pourtant, malgré lui. Car il y a autre chose, c'est qu'Angélique fait penser à Armande. Oui, l'Angélique de *George Dandin* et la Molière de la *Fameuse comédienne* se ressemblent comme deux sœurs. Entendez Angélique, lorsqu'elle revient d'un rendez-vous nocturne avec Clitandre et qu'elle est dehors, à la porte de sa maison:

Il est vrai que j'ai failli, dit-elle à son mari, je vous l'avoue encore une fois, et que votre ressentiment est juste; que j'ai pris le temps de sortir pendant que vous dormiez, et que cette sortie est un rendez-vous que j'avois donné à la personne que vous dites. Mais enfin ce sont des actions que vous devez pardonner à mon âge, des emportements de jeune personne qui n'a encore rien vu, et ne fait que d'entrer au monde; des libertés où l'on s'abandonne sans y penser de mal...

Si vous m'accordez généreusement la grâce que je vous demande, ce procédé obligeant, cette bonté que vous me ferez voir me gagnera entièrement. Elle touchera tout à fait mon cœur. En un mot, elle sera cause que je renoncerai à toutes les galanteries, et n'aurai de l'attachement que pour vous. Oui, je vous donne ma parole que vous m'allez voir désormais la meilleure femme du monde, et que je vous témoignerai tant d'amitié, tant d'amitié, que vous en serez satisfait.

Dans les premiers temps du mariage et à ses premières fautes, Armande a dû parler ainsi. Angélique est un portrait vivant et, si l'on peut dire, vécu. En passant du Barbouillé à George Dandin, Angélique s'est affinée en malice, développée en rouerie. Elle n'est plus la jeune femme brusque, rudimentaire, conventionnelle et traditionnelle de la farce. C'est l'auteur du *Misanthrope* qui a écrit *George Dandin;* il a voulu faire une comédie gaie, c'est certain : M. et Mme de Sotenville, Clitandre, Lubin, Colin, Claudine sont des personnages de comédie ; mais Angélique est un personnage de drame. Après lui avoir donné toutes les excuses de tromper George Dandin, Molière en fait bientôt une femme inquiétante de perversité et effrayante de ruse audacieuse. D'ailleurs, il semble que Molière ne puisse pas concevoir la femme sans un fonds de perversité naïve. L'esprit vient à Agnès avec une rapidité singulière, et Elmire, vis-à-vis de Tartuffe, se montre tout à coup une comédienne consommée. C'est que, plus ou moins consciemment, Molière travaille, presque toujours, d'après Armande qui n'est pas un modèle, j'allais dire un numéro, ordinaire; et c'est parce que nous savons combien il a souffert par Armande que nous découvrons dans *George Dandin* une grande amertume. On objecte: si Armande s'était reconnue dans Angélique, aurait-elle joué le rôle? Quelle plaisanterie! Et quelle comédienne n'est pas ravie de jouer, dans une comédie, le principal rôle où elle est jeune, jolie, fine, distinguée, spirituelle, courtisée, aimée ? Peu lui importe d'être plus ou moins dessalée.

Quoi qu'il en soit, ceux qui furent invités à voir *George Dandin ou le Mari confondu,* pour la première fois, à Versailles, le 18 juillet 1668, trouvèrent la pièce archicomique. Cette comédie

farce était mêlée à un opéra pastoral dû à la collaboration des deux Jean-Baptiste: les vers étaient de Molière et la musique de Lulli. Cet opéra pastoral formait quatre intermèdes avec de nombreuses entrées de ballet. A la fin de la comédie, quand George Dandin vient de prononcer sa phrase pessimiste : « Le meilleur parti qu'on puisse prendre, c'est de s'aller jeter dans l'eau la tête la première », un paysan lui conseille de noyer dans le vin toutes ses inquiétudes, et l'emmène pour joindre sa troupe, « voyant venir la foule de bergers amoureux qui commencent à célébrer par des chants et des danses le pouvoir de l'Amour ». Puis arrivaient des suivants de Bacchus et des bacchantes. Le chœur des suivants de Bacchus qui faisaient différentes postures, pendant que les bergers et les bergères « dansaient plus sérieusement ». Tout finissait donc le plus agréablement du monde.

Le 9 septembre de cette même année 1668, l'*Avare* fut représenté pour la première fois, sur le théâtre du Palais-Royal. C'est une grande comédie en cinq actes, en prose, et qui est longue, sans doute parce que Molière l'a écrit à la hâte: il faut avoir beaucoup de temps devant soi pour faire court. Le théâtre avait besoin d'une importante pièce nouvelle. Pour écrire l'*Avare*, Molière a emprunté de toutes mains, selon sa coutume quand il est pressé. Dans l'*Avare*, ainsi que dans *Don Juan*, il est le « grand picoreur », comme l'appelle Ménage, le grand profiteur, comme l'appelle je ne sais plus qui. D'ailleurs la question de « l'invention dans l'art » se posait à peine de son temps. « La question d'imitation et de plagiat, dit Brunetière, étant contemporaine ou à peu près de celle du droit d'auteur, elle est donc plutôt commerciale qu'artistique; et ainsi la discussion n'en relève pas tant de la critique littéraire que de la jurisprudence. Elle n'a peut-être d'intérêt que dans la mesure où la littérature et l'art sont des marchandises comme le sucre et le café. » C'est un point de vue; il est pourtant intéressant de connaître dans quelle mesure une œuvre est originale et personnelle. Weiss pense que s'il y avait eu, dans l'ancienne France, sur la propriété littéraire, une jurisprudence analogue à celle qui existe aujourd'hui, il y a dix chefs-d'œuvre dans notre langue que nous n'aurions pas. Je ne suis pas de cet avis; nous en aurions peut-être vingt autres. Je crois qu'il faut regretter, au contraire, cette facilité qu'avaient les auteurs de puiser à droite et à gauche. En ce qui concerne Molière, ce sont les pièces qui contiennent le moins d'imitations qui sont les plus remarquables. L'*Avare* et *Don Juan*, qui en sont chargées, ne sont pas parmi ses meilleures comédies, et le *Misanthrope*, sorti tout entier de son cœur et de son cerveau, est son chef-d'œuvre. Riccoboni prétend que dans l'*Avare*, il n'y a pas quatre scènes qui soient de la main de Molière. Cet Italien exagère; il faut reconnaître pourtant que les sources de l'*Avare* sont nombreuses. La plus grosse source, c'est une comédie de Plaute, l'*Aulularia*, que l'on s'obstine, dit Laurent Tailhade, à nommer l'*Aululaire*, d'un mot qui possède le rare avantage de n'être ni latin ni français. Sous ce titre: la *Farce de la Marmite,* Laurent Tailhade a fait la plus intelligente, la plus exacte et en même temps la plus libre traduction de l'*Aulularia* de Marius Accius Plautus.

Un pauvre homme, Euclio, ayant trouvé un trésor, a perdu sa tranquillité. Il a enfermé ce trésor dans une marmite qu'il cache en différents endroits. Euclio a une fille, Phœdra, qui a été violée par le jeune Lyconides: elle est enceinte et même sur le point d'accoucher. L'oncle de Lyconides, le vieil et riche Megadorus, qui ignore ce détail, demande à Euclio sa fille en mariage. Il s'engage à la prendre sans dot; ce qui détermine Euclio à la lui donner. Un esclave de Lyconides, Strobilus, ayant observé les allées et venues inquiètes d'Euclio, forme le projet de dérober la marmite que l'avare a cachée dans le temple de la Bonne Foi. Euclio s'aperçoit que la marmite a été enlevée: il se désespère et hurle: « A mort! A l'assassin! Au meurtre! Où courir? Où ne pas courir ? etc. ». Lyconides, le violeur de Phœdra, entendant ces cris, pense qu'Euclio se plaint de l'outrage fait à sa fille, il avoue qu'il est coupable. Ici se déroule un long quiproquo ou plutôt *quæ-proquâ, quæ* étant Phœdra et *quâ* la marmite. Tout ce que Lyconides lui dit de la fille, Euclio le rapporte à la marmite. Enfin, on finit par s'entendre: Megadorus renonce à la main de Phœdra que Lyconides épouse.

Harpagon, à qui un débiteur vient de rendre

dix mille **écus, les a enfermés dans une cassette**
qu'il a enterrée dans son jardin. Il tremble que
quelqu'un ne la déterre. Il a une fille, Elise, qu'il
veut marier au seigneur Anselme qui a cinquante
ans passés, qui a du bien et prend la jeune fille
sans dot. La Flèche, valet de Cléante, le fils d'Harpagon, vole la cassette pour son jeune maître, qui
a besoin d'argent afin de s'enfuir avec une jeune
fille pauvre qu'il aime. Harpagon s'aperçoit que
la cassette lui a été dérobée et entre aussitôt dans
une fureur et dans un monologue incroyables.
Valère qui s'est introduit comme intendant chez
Harpagon, afin d'être plus près d'Elise qu'il a
sauvée des eaux et qu'il aime (les deux amants
ont engagé secrètement et mutuellement leur foi),
Valère est accusé par maître Jacques, le cocher
cuisinier à qui il a donné des coups de bâton,
d'avoir volé la cassette. Harpagon fait mander
Valère : « Approche, lui dit l'avare, viens confes-
ser l'action la plus noire, l'attentat le plus horrible qui ait jamais été commis ». Valère croit
qu'il est accusé d'avoir séduit Elise et un long
quiproquo se déroule. Tout ce que Valère lui dit
d'Elise. Harpagon le rapporte à sa cassette. « Je
veux, dit-il à son intendant, que tu me confesses
en quel endroit tu me l'as enlevée. »

VALÈRE

Moi ? je ne l'ai point enlevée, et elle est encore chez
vous.

HARPAGON, *à part.*

O ma chère cassette ! (*Haut.*) Elle n'est point sortie de
ma maison ?

VALÈRE

Non, monsieur.

HARPAGON

Hé! dis-moi un peu; tu n'y as point touché?

VALÈRE

Moi, y toucher? Ah! vous lui faites tort, aussi bien qu'à moi; et c'est d'une ardeur toute pure et respectueuse que j'ai brûlé pour elle.

HARPAGON, à part.

Brûlé pour ma cassette!

VALÈRE

J'aimerais mieux mourir que de lui avoir fait paroître aucune pensée offensante; elle est trop sage et trop honnête pour cela.

HARPAGON, à part.

Ma cassette trop honnête!

VALÈRE

Tous mes désirs se sont bornés à jouir de sa vue, et rien de criminel n'a profané la passion que ses beaux yeux m'ont inspirée.

HARPAGON, à part.

Les beaux yeux de ma cassette! Il parle d'elle comme un amant d'une maîtresse, etc.

Molière a donc largement imité Plaute; parfois, l'imitation est heureuse, comme dans la scène du quiproquo; parfois elle est moins heureuse, comme dans l'interminable monologue, quand Harpagon s'aperçoit que la cassette a été volée.

Ici Molière enchérit sur le comique du poète latin: Harpagon se prend lui-même par le bras, en

criant: « Arrête. Rends-moi mon argent, **coquin!** »
Il dit encore: « C'en est fait! je n'en puis plus, je
me meurs, je suis mort, je suis enterré. N'y a-t-il
personne qui veuille me ressusciter, en me rendant mon cher argent? » Je suis enterré! Fallait-il
que l'acteur Molière eût envie de faire rire pour
avoir ajouté ce trait. A la fin, Harpagon s'adresse
directement aux spectateurs: « Que de gens
assemblés! Quel bruit fait-on là-haut? Est-ce
mon voleur qui y est? N'est-il point caché là parmi
vous? Ils me regardent tous et se mettent à rire. »
Plaute (deux cents ans avant Jésus-Christ), est
plus discret, plus vrai, et, pourtant il s'adresse
à des milliers de spectateurs composés pour les
deux tiers de la plèbe romaine, sur un théâtre en
plein air, ce qui supporte un certain grossissement.

A l'esclave Strobilus, Euclio qui le soupçonne
d'avoir dérobé la marmite, dit: « Voyons tes
mains. — Les voici. — Je vois. Allons. Exhibe
la troisième ». Au valet La Flèche, Harpagon, qui
le soupçonne de lui emporter quelque chose, dit:
« Montre-moi tes mains. — Les voilà. — Les
autres. » Ici Molière imite scolairement, en homme
qui trouve excellentes toutes les plaisanteries
d'un classique latin.

Euclio est un pauvre homme. Harpagon est un
homme riche; il a un grand train de maison,
deux laquais, Brindavoine et La Merluche; une
servante, Dame Claude; un intendant, Valère; un
cuisinier et un cocher, en une seule personne, il
est vrai, Maître Jacques; son fils Cléante a un

valet, La Flèche. C'est un bien nombreux personnel, pour un avare; a-t-il besoin de tant de gens
autour de lui? Est-il tenu de représenter? Qu'est-
ce qu'il est? Qu'est-ce qu'il fait? Nous ne le savons pas. Au dix-septième siècle, Harpagon faisait penser, paraît-il, au lieutenant criminel Tardieu; mais ce Tardieu était obligé de représenter,
et encore sa belle-mère, sa femme et lui-même
n'avaient-ils pour tout valet qu'un cocher. « Le
carrosse était si meschant, ajoute Tallemant, et
les chevaux aussy, qu'ils ne pouvoient aller ; ils
ne mangeoient pas leur saoul ». Où est la néces-
sité qu'Harpagon ait des chevaux et un carrosse?
La vérité est que si Harpagon n'avait pas une
demi-douzaine de domestiques, il n'y aurait pas
une demi-douzaine de scènes plaisantes et semées
de traits heureux à peindre l'avarice.

Tout cela ne nous dit toujours pas ce que fait
Harpagon. Il fait l'usure, c'est certain, et cela
même, à un moment, le met dans une situation
singulière vis-à-vis de son fils. Cléante cherche à
emprunter quinze mille francs pour s'enfuir avec
Mariane. Un honnête courtier, Maître Simon, a
trouvé un honnête usurier pour prêter au jeune
homme au denier quatre, c'est-à-dire vingt-cinq
pour cent, les quinze mille francs dont douze
mille francs comptant et les mille écus restant en
hardes, nippes et bijoux dont s'ensuit le mémoire.
Cléante est obligé d'en passer par là. « Voilà où
les jeunes gens sont réduits par l'avarice des
pères, dit-il à son valet La Flèche; et on s'étonne
après cela que les fils souhaitent qu'ils meurent. »

A ce moment-là, Cléante ne connaît pas encore son usurier. Soudain, il est mis en sa présence : c'est Harpagon, c'est son père. La scène pouvait être très belle ; mais Molière ne l'a pas poussée au noir ; il se souvient du *Misanthrope* et de *Tartuffe* et qu'il ne faut pas confondre les genres. Alors, le père et le fils échangent des répliques de comédie :

HARPAGON

Comment ! pendard, c'est toi qui t'abandonnes à ces coupables extrémités ?

CLÉANTE

Comment ! mon père, c'est vous qui vous portez à ces honteuses actions ?

HARPAGON

C'est toi qui te veux ruiner par des emprunts si condamnables !

CLÉANTE

C'est vous qui cherchez à vous enrichir par des usures si criminelles !

HARPAGON

Ote-toi de mes yeux, coquin, ôte-toi de mes yeux.

CLÉANTE

Qui est plus criminel, à votre avis, ou celui qui achète un argent dont il a besoin, ou bien celui qui vole un argent dont il n'a que faire ?

HARPAGON

Retire-toi, te dis-je, et ne m'échauffe pas les oreilles. (*Seul.*) Je ne suis pas fâché de cette aventure ; et ce

m'est un avis de tenir l'œil plus que jamais sur toutes
ses actions.

C'est la seule leçon que le misérable père tire
de cette aventure. La situation n'en est pas moins
originale, vraisemblable et belle. D'ailleurs, l'idée
n'en appartient pas à Molière. Elle est plus qu'in-
diquée dans la *Belle Plaideuse,* une comédie de
Bois-Robert représentée quelques années avant
l'*Avare.*

Tout ce qui concerne l'avarice dans l'*Avare*
tiendrait à peine trois actes; pour remplir les cinq
actes de cette comédie, il y a une histoire d'amour
qui n'ajoute rien au caractère d'Harpagon, qui
surprend au contraire et déconcerte. Oui, Harpagon est un avare amoureux: il aime Mariane, la
jeune fille pauvre; ainsi, il est le rival de son
fils; et cette rivalité introduit gratuitement une
complication qui n'aboutit à rien. Harpagon
amoureux reste avare et, par là, Molière a voulu
nous montrer que l'avarice est plus forte que
l'amour. Le poète était d'un avis différent quand
il écrivait l'*Ecole des Femmes*. Ne fait-il pas dire
à Horace :

Il le faut avouer, l'amour est un grand maître :
Ce qu'on ne fut jamais, il nous enseigne à l'être;
De la nature en nous il force les obstacles,
Et ses effets soudains ont de l'air des miracles;
D'un avare à l'instant il fait un libéral.

Et c'est Horace qui a raison. Quand l'avarice
est installée dans un cœur, surtout dans un cœur
de vieillard (et l'avarice, dit Massillon, semble

se ranimer et prendre de nouvelles forces dans la vieillesse) elle n'y laisse pas entrer une autre passion, elle n'y laisse pas entrer l'amour, ou bien, si l'amour y entre, c'est qu'il est le plus fort. Harpagon pourra rester avare vis-à-vis de tout le monde, marier sa fille sans dot à un seigneur Anselme qui a cinquante ans passés, faire l'usure, ne pas donner assez d'avoine à ses chevaux, mais s'il est amoureux de Mariane, ayant pour la jeune fille un amour de vieillard, il deviendra envers sa maîtresse sinon magnifique, du moins généreux, sinon généreux, du moins convenable. Or son amour pour Mariane ne change rien chez Harpagon. Le bonhomme qui la reçoit pour la première fois ne change même pas d'habits. Il reste tel qu'il est, sordide, sans perruque, avec des cheveux de son crû sous un bonnet noir et crasseux; il garde ses vêtements sombres, râpés, luisants, usés, son haut-de-chausses attaché à l'ancienne mode par des aiguillettes; il ne fait pas même préparer une collation; il ne se met pas non plus en frais pour le dîner qu'il offre à la jeune fille ainsi qu'à sa future belle-mère; dîner qui se composera de quelque bon haricot bien gras, avec quelque pâté en pot bien garni de marrons. Il y a plus: il ne donne même pas d'argent à Frosine, femme d'intrigue, qui s'est entremise pour son mariage avec Mariane, et cette Frosine, femme d'intrigue, n'a pas pris ses sûretés pour se faire payer des services qu'elle rend! Elle dit bien qu'elle se rattrappera de quelque côté; mais de quel côté? Qu'Harpagon soit amoureux et,

qu'à aucun moment, l'amour n'inflige une défaite, même partielle, à son avarice, c'est invraisemblable. L'amour du vieillard donne lieu à
quelques scènes de comédie qui seraient les
mêmes, s'il n'était pas avare; cet amour exaspère surtout les mauvais sentiments que le jeune
Cléante avait déjà pour son père. Jean-Jacques
Rousseau trouvait cette comédie très immorale.
« C'est un grand vice d'être avare, et de prêter
à usure, écrit-il dans sa *Lettre sur les Spectacles*
à d'Alembert; mais n'en est-ce pas un plus grand
encore à un fils de voler son père, de lui manquer de respect, de lui faire mille insultants reproches, et quand son père irrité lui donne sa
malédiction, de répondre d'un air goguenard qu'il
n'a que faire de ses dons... la pièce où l'on fait
aimer un fils insolent en est-elle moins une école
de mauvaises mœurs? »

Evidemment, le jeune Cléante n'est pas un modèle de respect filial ; mais, par deux fois, il
rencontre Harpagon sur son chemin, dans des
conditions qui ne sont pas pour inspirer du respect, une fois comme usurier, une autre fois
comme amant sénile de la jeune fille qu'il aime.
Nous sommes avec Cléante, même quand il insulte
son père, parce qu'Harpagon n'est pas un père,
c'est un monstre. Lorsque La Flèche vole la cassette pour son jeune maître, nous sommes en-
chantés que cet or mal acquis rentre dans la circulation. De tous les vices qui peuvent s'emparer
d'un homme, l'avarice est certainement le plus
détestable, et qui excite le moins notre pitié.

Le dénouement de l'*Avare* est romanesque, comme celui de l'*Etourdi* et de l'*Ecole des Femmes :* on découvre tout à coup que le seigneur Anselme est le père de Mariane et de Valère. On peut dire que l'*Avare* est une comédie où chaque scène est bien en soi, mais où toutes les scènes ne forment pas un ensemble logique. Pour avoir été formé avec Euclio (deux cents ans avant Jésus-Christ), le lieutenant criminel Tardieu, et très vraisemblablement Jean Poquelin, le maître tapissier qui, en vieillissant, était devenu ladre vert, Harpagon n'est pas un type homogène. Malgré les éléments comiques qu'elle renferme, c'est encore une pièce triste, une tragédie rosse. Beaucoup de critiques considèrent l'*Avare* comme un chef-d'œuvre, et parmi les grandes comédies de Molière, c'est celle qui a été le plus souvent jouée, après *Tartuffe*. Quand elle fut représentée pour la première fois, elle n'obtint pas un succès éclatant. Il semble que l'on ait été déçu de ce que la pièce fût écrite en prose. Ce titre, l'*Avare,* annonçait une grande étude de caractère, et, partant, cinq actes en vers. C'était une opinion répandue, au dix-septième siècle, qu'une importante comédie devait être en vers ; c'était l'opinion de Boileau qui regardait pourtant l'*Avare* comme une des meilleures pièces de l'auteur. Fénelon aime le style de cette comédie. « J'aime bien mieux sa prose que ses vers, dit l'auteur de *Télémaque.* Par exemple, l'*Avare* est moins mal écrit que les pièces qui sont en vers. » Fénelon est sévère pour le *Misanthrope* et *Tartuffe ;* mais il est incontestable que, dans l'*Avare,* Molière est en possession d'un merveilleux dialogue de théâtre.

Le 11 décembre de cette année 1668, et bien qu'en marge de son *Registre* La Grange ne mette pas le losange teinté de noir, nous le mettrons en marge de cette conférence, car c'est ce jour-là que mourut Mlle Du Parc. Elle avait quitté la troupe du Palais-Royal l'année précédente, aux vacances de Pâques, et elle était passée à l'Hôtel de Bourgogne pour jouer l'*Andromaque* de Racine. Elle fut une touchante Andromaque. Racine qui l'adorait, lui avait appris ce rôle, et, quand elle le récitait, chaque alexandrin devait lui rappeler un baiser. Après Corneille, après Molière, le tendre et passionné Racine; c'était son troisième poète, mais celui-là fut aimé. Et voilà qu'en pleine gloire, en plein amour et aussi en couches, elle meurt subitement. Robinet, dans une de ses lettres en vers à Madame, signale ainsi l'événement:

> L'Hostel de Bourgogne est en deuil
> Depuis peu, voyant au cercueil
> Son Andromaque si brillante,
> Si charmante et si triomphante,
> Autrement la belle Du Parc,
> Par qui l'Amour tirait de l'arc,
> Sur les cœurs avec tant d'adresse,
> Clotho, sans yeux et sans tendresse
> Pour les plus accomplis objets,
> Comme pour les plus imparfaits,
> Et qui n'aime pas le théâtre,
> Dont tout le monde est idolâtre,
> Nous a ravi cette beauté
> Dont chacun était enchanté,
> Alors qu'avec un port de reyne,

> Elle paraissait sur la scène,
> Et tout ce qu'elle eut de charmant
> Gît dans le sombre monument.
> Elle y fût mercredi conduite
> Avec une nombreuse suite
> Dont étoyent les comédiens
> Tant les Français qu'Italiens.
> Item les poëtes de théâtre
> Dont l'un, le plus intéressé
> Etait à demy trépassé.

Et cela rappelle les vers par lesquels, dix-huit ans auparavant, un autre gazetier, Loret, signalait la disparition d'une autre beauté :

> Le pauvre Marion de Lorme,
> De si rare et plaisante forme,
> A laissé ravir au tombeau
> Son corps si charmant et si beau.
> Quand la mort avec sa faucille
> Assassine une belle fille,
> J'en ai toujours de la douleur
> Et tiens cela pour grand malheur.

Ainsi, ces galants journalistes du dix-septième siècle déposaient sur le cercueil des belles personnes qui s'en allaient des fleurs émouvantes. Pauvre Marquise Thérèse Du Parc ! Elle dansait à ravir ; c'est elle, s'il faut en croire Mlle Poisson, qui inventa le maillot : « Mlle Du Parc, dit cette Poisson, faisait certaines cabrioles remarquables car on voyait ses jambes et partie de ses cuisses par le moyen de sa jupe fendue des deux côtés, avec des bas de soye attachés au haut d'une petite culotte. »

La belle comédienne-danseuse finit tragédienne et mourut tragiquement. On sait quel fut le contre-coup terrible de ses amours avec Racine. Dix ans plus tard, au moment de l'Affaire des Poisons, la Voisin mettait Racine en cause, devant la Chambre ardente.

Le 5 février 1669, *Tartuffe* fut représenté sur le théâtre du Palais-Royal. Le Roi avait enfin levé l'interdiction. La Grange écrit simplement le titre de la pièce sur son *Registre,* mais en lettres victorieuses, en caractères énormes ; et même au-dessus du titre, il figure le signe d'allégresse, l'illumination, trois petites chandelles. Avec quelle joie il a dû écrire la recette de la première représentation, 2.860 livres! Même avec l'*Ecole des femmes,* on n'avait jamais atteint un pareil chiffre.

On joua *Tartuffe* au Palais-Royal depuis le 5 février jusqu'à l'interruption de Pâques. On le joua souvent en visite. Le 21 février, la pièce fut représentée chez la reine Marie-Thérèse « qui rit bien de voir l'Hypocrite ajusté comme il le mérite ». C'est la consécration officielle. Au mois d'août, la troupe est allée à Saint-Germain, par ordre du Roi, et l'on a joué l'*Avare* et *Tartuffe.*

Plus de quarante représentations consécutives, des visites chez les plus grands personnages, c'était un succès sans précédent et qui dédommagea le poète de sa longue attente. Le ton de son troisième placet est celui d'un homme heureux. A propos de cette « grande résurrection de *Tartuffe* », il demande au roi le canonicat vacant de la chapelle de Vincennes pour le fils de son médecin, M. de Mauvillain. « Une première faveur m'a réconcilié avec les dévots, dit-il, cette seconde faveur me réconciliera avec les médecins ». Louis XIV accorda le canonicat ; mais, dans sa prochaine pièce, *M. de Pourceaugnac*, Molière introduira des médecins ridicules.

**Monsieur de Pourceaugnac. — Les Amants
Magnifiques. — Le Bourgeois Gentilhomme. — Psyché. — Les Fourberies de Scapin. — La Comtesse
d'Escarbagnas. — La Mort
de Madeleine Béjart.**

Dans le placet que les deux comédiens La
Grange et La Thorillière étaient allés porter au
Roi, au camp de Lille, après la seconde interdiction de *Tartuffe,* Molière écrivait à Louis XIV:
« Il ne faut plus que je songe à faire des comédies, si les Tartuffes ont l'avantage »; mais il
manifestait aussi la meilleure volonté de délasser
Sa Majesté et de lui donner d'innocents plaisirs,
et il semble sous-entendre: si l'interdiction est
levée. Il tient sa promesse; à partir de la grande
résurrection de *Tartuffe,* sur huit comédies qu'il
fait représenter, six sont écrites d'abord pour le
divertissement du Roi et de la Cour, et représentées pour la première fois à Versailles, à Saint-
Germain ou à Chambord. On peut dire que, de
1669 jusqu'à sa mort, le génie et le talent de Molière sont exclusivement au service du Roi.

A l'automne de 1669, il y eut à Chambord de

grandes fêtes. La troupe partit le **17 septembre**
et ne revint à Paris que le 20 octobre. On y joua,
entre plusieurs comédies, *Monsieur de Pourceaugnac* pour la première fois.

C'était une comédie-ballet en trois actes. Lulli
avait fait la musique des chansons et des danses.

Monsieur de Pourceaugnac est plutôt une farce
qu'une comédie, une farce énorme.

Un brave gentilhomme limousin vient à Paris
pour épouser Julie, la fille du bourgeois Oronte ;
mais Julie aime Eraste qui s'entend avec le Napolitain Sbrigani, homme d'intrigue, et Nérine,
femme d'intrigue, pour machiner une série de
cruelles plaisanteries à ce malheureux Pourceaugnac, afin qu'il reprenne au plus vite le coche
pour Limoges. « Ce sera facile, dit Sbrigani, c'est
un homme à donner dans tous les panneaux qu'on
lui présentera, à se laisser duper sans s'en apercevoir. » Ce n'est pas qu'il soit plus bête qu'un
autre, ce pauvre M. de Pourceaugnac, mais il est
confiant comme la plupart des braves gens ; il ne
croit pas capables de fourberie et de duperie
Sbrigani et Eraste qui, dès son arrivée, le prennent sous leur protection et se déclarent ses amis.
Eraste remet d'abord sa victime entre les mains
d'un médecin, en ayant soin de le prévenir que
M. de Pourceaugnac est fou ; et, naturellement, ce
médecin, qui a appelé un ancien à la rescousse,
découvre dans l'infortuné gentilhomme tous les
signes de la folie hypocondriaque. Cette scène de
la consultation, dans cette farce échevelée, est
une scène de comédie, à la lecture du moins, parce

qu'à la représentation, les comédiens y ajoutent mille bouffonneries. « Il y a là, dit M. Maurice Raynaud, toute une pathologie burlesque, arrangée, il est vrai, pour les besoins de la comédie, mais qui n'en est pas moins calquée sur le galénisme à la mode. C'est la satire la plus vraie, la plus philosophique qui ait jamais été faite des défauts de la méthode scolastique (1). » Il faut songer que Molière était hypocondre; Lombroso prétend même qu'il était épileptique; comment le sait-il?

Mais que le poète ait été atteint de noire mélancolie, nous le savons par les témoignages des contemporains et nous le constatons aussi à travers son œuvre. Cette consultation auprès de M. de Pourceaugnac a bien pu se faire auprès de Molière, et presque dans les mêmes termes. Ainsi, dans cette farce, Molière hypocondre se met en scène, comme Molière mari trompé s'était mis en scène dans certains passages de la farce de *George Dandin*. Se jouer en farce, c'est un procédé qu'il emploiera encore dans *le Malade imaginaire*, la farce finale et mortelle. Comment guérir cette folie hypocondriaque chez M. de Pourceaugnac ? Par des saignées fréquentes et plantureuses, et même, si le mal est opiniâtre, par l'ouverture de la veine du front, afin que le gros sang puisse sortir ; par un bain d'eau pure et nette avec force petit lait clair ; par d'agréables conversations, chants et instruments de musique, danses (c'est la partie qui concerne Lulli) ; enfin

(1) Maurice RAYNAUD, *les Médecins au temps de Molière.*

par un petit lavement, pour servir de prélude et
d'introduction à ces judicieux remèdes. Alors
deux médecins grotesques s'asseoient aux côtés
de M. de Pourceaugnac et chantent pour le dis-
traire ; et l'un des médecins grotesques, sous le
nom d'el signor Chiachiarroni, c'était Lulli. Puis
des matassins entrent qui se mettent à danser
autour de lui. Enfin arrive un apothicaire avec
l'instrument que vous savez. M. de Pourceaugnac
ne veut rien prendre ; bientôt les médecins grotesques et les matassins s'arment chacun d'un
instrument, et c'est alors une poursuite folle à
travers tout le théâtre.

On connaît la suite des aventures du provin-
cial : Pourceaugnac entre Nérine, accent picard,
et Lucette, accent languedocien, chacune l'accu-
sant de l'avoir épousée et abandonnée avec une
demi-douzaine d'enfants ; Pourceaugnac entre
deux avocats qui lui chantent : la polygamie est
un cas pendable ; Pourceaugnac déguisé en
femme pour échapper à la potence ; Pourceaugnac entre deux Suisses qui le trouvent une belle
femme et lui font des propositions malhonnêtes ;
enfin Pourceaugnac graissant la patte à l'exempt
pour obtenir sa liberté. Avant de reprendre le
coche de Limoges, il serre la main à Sbrigani, en
disant : « Voilà le seul honnête homme que j'aie
trouvé en cette ville. — Par ma foi, voilà une
grande dupe, dit le Napolitain. »

Quelles raisons Molière a-t-il eues de choisir
un gentilhomme limousin pour le ridiculiser
ainsi, pour en faire une grande dupe ? On dit

que, dans le temps qu'il parcourait les provinces,
Molière, très mauvais dans la tragédie, fut sifflé
à Limoges. Mais nous sommes en 1669 ; le poète
aurait donc attendu quinze ans pour se venger !
Voilà une bien longue rancune. Grimarest raconte que « le Pourceaugnac fut fait à l'occasion
d'un gentilhomme limousin qui, un jour de spectacle et dans une querelle qu'il eut sur le théâtre
avec les comédiens, étala une partie du ridicule
dont il était chargé. Il ne le porta pas loin. Molière, pour se venger de ce campagnard, le mit
en son jour sur le théâtre ; il en fit un divertissement au goût du peuple qui se réjouit fort à cette
pièce ». Robinet dit aussi que l'original est à
Paris. Mais il faut bien en vouloir à quelqu'un
pour en faire un Pourceaugnac, et l'on ne doit pas
chercher dans la rancune ou la mauvaise humeur
de Molière la source de cette farce pleine, celle-là,
de bonne humeur. Depuis longtemps les provinciaux, en général, mais surtout les Limousins, les
Auvergnats qui habitaient les provinces éloignées,
étaient en butte aux plaisanteries des spirituels
Parisiens. Paris a toujours raillé la province, qui
le lui a rendu souvent, d'ailleurs. Dès le treizième
siècle, on disait à Paris : « les plus rogneux sont
limosins », ou bien : « manger du pain comme un
Limosin ». Quand il aborde Pourceaugnac, Sbrigani lui dit : « Je vous ai vu ce matin avec le
coche, et la grâce avec laquelle vous mangiez
votre pain m'a fait naître de l'amitié pour vous ».
Rabelais a fait limousin son écolier ridicule.

De quelque province qu'il soit, comme l'a très

bien montré M. Abel Lefranc, le **gentilhomme
campagnard**, au dix-septième siècle, est un personnage de comédie. Les auteurs comiques s'en
emparent, le criblent de brocards et inventent
pour lui des noms ridicules : de La Garennière,
de Chante-Oye, de Bouc-Lourdault, de Bois-Sec,
de Moulin-Preux, de Branche-Morte, et aussi de
La Cochonnière, de Cochonvilain, de Cochonzac ;
on s'explique alors le nom de Pourceaugnac. C'est
que la noblesse française est divisée en noblesse
de cour et en noblesse de campagne, et il y a un
antagonisme entre les deux noblesses. Les courtisans de Louis XIV méprisent et même haïssent
les gentilshommes campagnards qui restent sur
leurs terres, ne viennent pas à la cour, et semblent ainsi leur donner une leçon de sagesse, de
dignité et d'indépendance. On se moque de leurs
manières grossières, de leur pauvreté, de leur
avarice, de leurs infortunes conjugales, car les
femmes, s'ennuyant dans les tristes châteaux, se
distraient comme elles peuvent, pendant que les
seigneurs boivent ou chassent. Et le hobereau
pourrait bien dire au courtisan : « Si ma femme
me trompe parce qu'on s'ennuie au fond d'une
province, la vôtre vous trompe parce que l'on
s'amuse trop à Versailles ». Extrême ennui, extrême amusement, le résultat est bien le même.
En résumé, Molière est mandé à Chambord pour
divertir le Roi et la cour. Cette cour, il est bien
sûr de la faire rire en lui montrant les mésaventures d'un gentilhomme, et campagnard et limousin, et qui s'appelle M. de Pourceaugnac.

Michelet trouve que *M. de Pourceaugnac* est horrible, et M. Jules Claretie, reprenant le mot de Sbrigani, écrit : « Une grande dupe à coup sûr. Reste à savoir s'il est bien triste d'être ainsi dupé. Pour moi, je n'échangerais jamais un tel rôle de dupe contre celui de dupeur. Pourceaugnac, berné et ridiculisé, domine ce monde de coquins de toute la hauteur de son honnêteté ». Il est certain que Pourceaugnac est un brave homme ; il ne manque pas de bon sens ; il n'a pas de vanité ; il n'ambitionne pas, comme George Dandin, de devenir le mari d'une demoiselle ; il vient à Paris pour épouser la fille d'Oronte, un bon bourgeois ; vraiment il ne mérite en aucune façon qu'on lui joue des tours « qui mèneraient à présent leurs auteurs en police correctionnelle ». Mais cette farce est tellement franche, énorme, que l'on ne songe pas un seul instant à la possibilité, encore moins à la réalité d'un M. de Pourceaugnac. La vérité, c'est que nous n'avons pas plus à le plaindre que nous n'avons à nous apitoyer sur le vieux père Guignol en proie aux rudes facéties de ce garnement de Guignolet, toutes proportions gardées. *Monsieur de Pourceaugnac* est une pièce de Molière que l'on joue à la Comédie-Française le mardi gras, et qui fait rire jusques aux larmes les enfants et aussi les grandes personnes qui les accompagnent. Elle fit de même rire, en 1669, à Chambord, les grands spectateurs, et Louis XIV donnait l'exemple. La pièce fut représentée le 15 novembre sur le théâtre du Palais-Royal et divertit la ville comme elle avait diverti la cour. Je crois bien qu'il ne faut voir, dans *Monsieur de Pourceaugnac,* ni amertume, ni pessimisme ; et il ne faut pas non plus accuser Molière d'un manque de générosité. Réservons ces grands mots pour d'autres occasions.

Du 30 janvier au 18 février 1670, la troupe alla à Saint-Germain, pour le Roi. On y joua *les Amans magnifiques.* C'est encore une pièce de commande et, le plus grave, c'est que le Roi a proposé, autant dire imposé, le sujet à Molière. L'auteur nous le dit dans un avant-propos :

Le Roi, qui ne veut que des choses extraordinaires dans tout ce qu'il entreprend, s'est proposé de donner à sa cour un divertissement qui fût composé de tous ceux que le théâtre peut fournir; et pour embrasser cette vaste idée et enchaîner ensemble tant de choses diverses, Sa Majesté a choisi pour sujet deux princes rivaux qui, dans la vallée de Tempé où l'on doit célébrer les Jeux Pythiens, régalent à l'envi une jeune princesse et sa mère de toutes les galanteries dont ils se peuvent aviser.

Pauvre Molière ! Il faut qu'il se conforme à ce petit argument royal ; avec deux princes rivaux, une jeune princesse et sa mère et les Jeux Pythiens, que voulez-vous qu'il fasse, sinon une comédie héroïque ; et la comédie héroïque, ce n'est pas son affaire. Enfin ! tout de même, il faut écrire cinq actes en prose. Alors, il invente ceci : deux princes, Iphicrate et Timoclès, amans magnifiques, aimant la princesse Ériphile, lui offrent des divertissements, espèrent conquérir son cœur ; mais un jeune général, Sostrate, soldat de fortune, c'est-à-dire pauvre, aime en silence Ériphile. Clitidas, un plaisant de cour (c'est **Molière**

qui jouait le rôle), arrache assez facilement à Sostrate l'aveu de son amour. Clitidas est auprès de la princesse en quelque faveur ; comme il s'est acquis le privilège de se mêler à la conversation et de parler à tort et à travers de toutes choses, il lui parle de l'amour de Sostrate. « Je sais, dit-il à la princesse, la cause de cette profonde mélancolie dont toute la cour s'aperçoit, il a été contraint de m'avouer qu'il était amoureux. »

ÉRIPHILE

Comment, amoureux ! Quelle témérité est la sienne ! C'est un extravagant que je ne verrai de ma vie.

CLITIDAS

De quoi vous plaignez-vous, madame ?

ÉRIPHILE

Avoir l'audace de m'aimer ! et de plus, avoir l'audace de le dire !

CLITIDAS

Ce n'est pas vous, madame, dont il est amoureux.

ÉRIPHILE

Ce n'est pas moi ?

CLITIDAS

Non, madame ; il vous respecte trop pour cela, et est trop sage pour y songer.

ÉRIPHILE

Et de qui donc, Clitidas ?

CLITIDAS

D'une de vos filles, la jeune Arsinoé.

ÉRIPHILE

A-t-elle tant d'appas, qu'il n'ait trouvé qu'elle digne de
son amour ?

CLITIDAS

Il l'aime éperdument, et vous conjure d'honorer sa
flamme de votre protection.

ÉRIPHILE

Moi ?

CLITIDAS

Non, non, madame ; je vois que la chose ne vous plait
pas. Votre colère m'a obligé à prendre ce détour ; et pour
vous dire la vérité, c'est vous qu'il aime éperdument.

ÉRIPHILE

Vous êtes un insolent de venir ainsi surprendre mes
sentimens. Allons, sortez d'ici, vous vous mêlez de vouloir
lire dans les âmes, de vouloir pénétrer dans les secrets
du cœur d'une princesse ! Otez-vous de mes yeux, et
que je vous vois jamais... Clitidas.

CLITIDAS

Madame ?

ÉRIPHILE

Venez ici ; je vous pardonne cette affaire-là.

CLITIDAS

Trop de bonté, madame...

ÉRIPHILE

Mais à condition, prenez bien garde à ce que je vous
dis, que vous n'en ouvrirez la bouche à personne du
monde. sur peine de vie.

CLITIDAS

Il suffit.

ÉRIPHILE

Sostrate t'a donc dit qu'il m'aimait ?

L'on voit que, par sa colère, son dépit, sa pudeur, sa curiosité, la fière et tendre Eriphile est, elle aussi, une ancêtre des héroïnes de Marivaux. Elle deviendra l'Araminte des *Fausses Confidences,* comme la princesse d'Elide deviendra la marquise de *la Seconde surprise de l'amour.*

Marivaux n'a fait que répéter, avec mille variantes, détours et subtilités, des situations sentimentales qui sont plus sobrement traitées et avec moins de marivaudage, c'est certain, dans *la Princesse d'Elide* et dans *les Amans magnifiques,* comédies nobles et galantes. Marivaux voulait s'éloigner de Molière ; il s'en éloignait comme une rivière s'éloigne de sa source. Mais ne nous éloignons pas de la princesse Eriphile. Clitidas sert donc les amours de Sostrate et il y a un astrologue, Anaxargue, qui sert les amours du prince Iphicrate dont les présents et les promesses l'emportent de beaucoup sur tout ce qu'a pu faire l'autre prince Timoclès. Avec la collaboration d'un admirable ingénieur, l'astrologue fait apparaître à Eriphile et à sa mère, Aristione, Vénus accompagnée de quatre petits amours dans une machine. « Pense à donner ta fille à qui sauvera tes jours », dit la déesse à Aristione. L'astrologue a organisé un péril pour Aristione : cette princesse vient se promener tous les soirs sur le rivage ; des corsaires feront mine de l'enlever et le prince Iphicrate volera à son secours ; mais c'est Sostrate, le militaire pauvre, amoureux timide et courageux, qui sauve les jours de la princesse Aristione, mis en danger par un sanglier, animal hideux et nullement préparé qui n'entre pas dans les combinaisons de l'astrologue, ni dans ses prévisions. Et Sostrate épouse Ériphile.

Molière a fait de l'astrologue un personnage ridicule. Clitidas le raille cruellement. Pourtant, à l'époque où Molière écrivait *les Amans magnifiques,* il n'y avait plus d'astrologie officielle, ni d'astrologues de cour ; mais il y avait toujours des astrologues honteux, je veux dire qui se cachaient et que l'on consultait. On pratiquait beaucoup la magie et la sorcellerie au dix-septième siècle. Encore de nos jours, je sais des personnes cultivées, fort intelligentes et des plus honorables qui, sachant l'année, le jour et l'heure exacte de votre naissance, vous diront ce qui vous arrivera, tireront votre horoscope. Ce sont des astrologues.

Les Amans magnifiques étaient mêlés de merveilleux intermèdes, chansons, danses pastorales, dans un grand luxe de décors et de machines. L'ensemble s'appelait *le Divertissement royal,* et, dans cet ensemble, la comédie n'est qu'un long accessoire. Il y a de la candeur dans la façon dont ces différents intermèdes sont annoncés. A la fin du quatrième acte, après une assez jolie scène d'amour entre Ériphile et Sostrate, Cléonice, la confidente de la princesse Ériphile, vient lui dire :
« Madame, je vous vois l'esprit tout chagrin ; vous plaît-il que vos danseurs, qui expriment si bien toutes les passions, vous donnent mainte-

nant quelque épreuve de leur adresse ? — Qu'ils
fassent tout ce qu'ils voudront, répond Eriphile,
pourvu qu'ils me laissent à mes pensées. » Et
c'est l'entrée de quatre pantomimes qui, pour
épreuve de leur adresse, ajustent leurs pas aux
inquiétudes d'Eriphile. Comment font-ils ? La
jeune princesse ne sait pas lequel des deux princes, Iphicrate et Timoclès, elle doit épouser. Elle
préfère à ces amans magnifiques un général sans
fortune. Comment font-ils, les quatre pantomimes, pour ajuster leurs pas à un tel état d'âme ?
Enfin ! c'est leur affaire, ça les regarde.

A la fin de la comédie, les deux princes, Iphicrate et Timoclès, amans magnifiques mais écon-
duits, se plaignent et menacent ; alors, la princesse mère Aristione dit simplement : « Je pardonne toutes ces menaces aux chagrins d'un
amour qui se croit offensé, et nous n'en verrons
pas avec moins de tranquillité la fête des Jeux
Pythiens. Allons-y de ce pas et couronnons, par
ce pompeux spectacle, cette merveilleuse journée ».

Dans le premier intermède, le Roi devait figurer
Neptune et danser « pendant que les Pêcheurs,
les Tritons et les Fleuves accompagnaient ses
pas de gestes différents et de bruits de conques
de perles ». Et à la fin des Jeux Pythiens, il devait figurer Apollon, naturellement, et danser encore. Ah ! Apollon, Neptune, ce ne sont pas des
divinités de second ordre. Mais on avait représenté *Britannicus,* quelque temps auparavant, et
dans *Britannicus,* il y a ces vers :

Pour toute ambition, pour vertu singulière,
Il excelle à conduire un char dans la carrière,
A disputer des prix indignes de ses mains,
A se donner lui-même en spectacle aux Romains.

Alors, le Roi ne dansa pas dans les intermèdes des *Amans magnifiques,* ou bien, s'il dansa, ce fut seulement la première fois qu'on donna *le Divertissement royal.* Il ne pouvait pas faire autrement ; il était sur le programme ; il ne pouvait pas infliger à toute la cour un gros désappointement. Neptune, Apollon, c'était bien tentant ; les costumes étaient prêts, merveilleux, splendides. Enfin ! il dansa encore cette fois-là ; mais il ne dansera plus désormais, et il laissera dire que c'est à cause des vers de Racine ; et Racine, qui était trop bon courtisan pour avoir voulu donner une leçon à Louis XIV, put, tout de même, se féliciter d'avoir flétri Néron avec sincérité.

Molière ne semble pas avoir attaché une grande importance à cette comédie des *Amans magnifiques.* Il ne pouvait pas la représenter sur son théâtre du Palais-Royal, à cause des somptueux décors et des machines compliquées; mais il ne la fit même pas imprimer ; elle ne le fut que dans l'édition de 1682.

Au commencement de l'automne de 1670, la troupe partit pour Chambord où il y avait de grandes fêtes à l'occasion des chasses. Le 14 octobre, on joua, pour la première fois, *le Bourgeois gentilhomme.* Le Roi avait demandé à Molière une comédie, et le poète était libre de choisir tel sujet qu'il lui plairait, pourvu que la comédie fût agré-

mentée de chants et de danses et qu'une bouffonne
cérémonie turque y fût intercalée. C'est donc encore une pièce de commande avec conditions.
Pourquoi le Roi tenait-il à une cérémonie turque?
Il faut rattacher *le Bourgeois gentilhomme* à nos
affaires d'Orient ; voici comment. Dans les premiers jours de l'année précédente, un ambassadeur du sultan était arrivé à la cour de France,
car les deux gouvernements étaient en négocia-
tions. Candie avait été emportée par les Turcs et
avaient participé à sa défense. Beaucoup avaient
péri ; d'autres étaient prisonniers, si bien que,
l'ambassadeur de France ayant quitté Constanti-
nople au mois d'avril, il y avait d'importantes
un grand nombre de gentilshommes français
questions à régler. Soliman, c'était le nom de
l'envoyé du Grand Seigneur, était arrivé le 1ᵉʳ novembre 1669. Le Roi lui fit attendre assez longtemps une audience. Enfin, il la lui donna à Versailles, le 5 décembre, dans la galerie du nouveau château que l'on avait superbement déco-
rée, et au bout de laquelle on avait disposé un
trône élevé. Louis XIV voulait étonner le « chaoux
capigi ou bacha », comme dit Gui Patin, par sa
magnificence. Il s'était fait faire un habit tout
couvert de diamants, et l'on disait qu'il y en avait
pour quatorze millions. Monsieur, frère du Roi,
était aussi couvert de pierreries et de perles. Il y
avait un énorme déploiement de troupes. Le Turc
arriva avec une petite escorte, une trentaine
d'hommes, dont les turbans, paraît-il, étaient fort
sales. Lui-même était très simplement vêtu. Il eut,

pour toutes les splendeurs que le Roi étalait, une indifférence orientale ou affectée. Il tira d'un sac de toile une lettre du sultan et la remit à Louis XIV, qui ne se leva même pas pour la recevoir. Soliman dit qu'on le traitait mal et se retira mécontent. Louis XIV n'aimait pas qu'on résistât à ses pompes. Je ne sais pas pourquoi cela me rappelle l'histoire de cet homme qui avait invité un ami à venir déjeuner à la campagne : il le guettait derrière une fenêtre et, dès qu'il l'aperçut au bout d'une allée, il mit le feu à son chapeau de paille et vint recevoir son hôte, comme si de rien n'était, avec, sur la tête, ce chapeau qui flambait. Mais l'ami fit semblant de ne pas s'en apercevoir, et le farceur, qui s'était mis en frais ou plutôt en flammes pour rien, ne le lui pardonna jamais. Louis XIV ne pardonna pas non plus à Soliman de n'avoir pas été ébloui par les quatorze millions de diamants qui jetaient mille feux ; et il pria Molière d'intercaler, dans sa prochaine comédie, une turquerie bouffonne avec mascarades et turbans. Et voilà l'origine de la cérémonie du *Bourgeois gentilhomme*. Molière imagine qu'un bourgeois vaniteux, entiché de noblesse, ne veut pas marier sa fille Lucile à Cléonte qui n'est pas un gentilhomme. Alors Covielle, le valet de Cléonte, dit à son maître :

Il s'est fait depuis peu une certaine mascarade qui vient le mieux du monde ici, et que je prétends faire entrer dans une bourde que je veux faire à notre ridicule. Tout cela sent un peu sa comédie ; mais avec lui on peut hasarder toute chose, il ne faut point chercher tant de façon : il est homme à y jouer son rôle à merveille, et à donner aisément dans toutes les fariboles qu'on s'avisera de lui dire. J'ai les acteurs, j'ai les habits tout prêts. Laissez-moi faire seulement.

Et, à l'acte suivant, Covielle, déguisé en Turc, vient annoncer à M. Jourdain que le fils du Grand Turc est amoureux de sa fille. Oui, il a dit : *Marababa sahem !* ce qui signifie : Ah ! que je suis amoureux d'elle !

MONSIEUR JOURDAIN

Par ma foi, vous faites bien de me le dire ; car, pour moi, je n'aurais jamais cru que *marababa sahem !* eût voulu dire : Ah ! que je suis amoureux d'elle ! Voilà une langue admirable que ce turc.

COVIELLE

Plus admirable qu'on peut croire. Savez-vous ce que veut dire : *cacaracamouchem ?*

MONSIEUR JOURDAIN

Cacaracamouchem ? Non.

COVIELLE

C'est-à-dire, ma chère âme.

MONSIEUR JOURDAIN

Cacaracamouchem veut dire : ma chère âme.

COVIELLE

Oui.

MONSIEUR JOURDAIN

Voilà qui est merveilleux ! *Cacaracamouchem,* ma chère âme. Dirait-on jamais cela ! Voilà qui me confond.

« Enfin, dit Covielle, le fils du Grand Turc, pour avoir un beau-père digne de lui, veut vous faire *mamamouchi* qui est une grande dignité de son pays ; et, même, il va venir tout à l'heure, amenant toutes choses pour la cérémonie de votre dignité, car son amour ne peut souffrir aucun retardement. » Et alors, c'est la cérémonie turque, avec le muphti, les derviches et quantité de Turcs « chantans et dansans ». Pour les costumes, les paroles, Molière avait été renseigné par le chevalier d'Arrieux qui avait beaucoup voyagé en Orient. C'était Jean-Baptiste Lulli, souple, grimacier, pantomime admirable, qui faisait le muphti, coiffé d'un turban d'une grosseur démesurée et garni de bougies allumées ; c'était Molière qui faisait M. Jourdain et qui, la tête rasée, à genoux, les deux mains par terre, servait de pupitre à mettre l'alcoran, recevait la bastonnade, puis, coiffé du turban, tournait sur lui-même en criant : « Hou la ba, ba la chou, ba la ba, ba la ba » et enfin tombait par terre.

On comprend qu'autour d'une telle turquerie, Molière ne pouvait écrire que cinq actes très gais, sans nulle prétention à la comédie de caractère ; ce n'est pas non plus la comédie de la vanité, mais une extraordinaire fantaisie sur une sorte de vanité, vanité à grelots sonnant joyeusement. *La Gazette* du 18 octobre 1670 dit du *Bourgeois gentilhomme* : un ballet de six entrées accompagné d'une comédie. Pour *la Gazette,* la comédie est le prétexte, l'accessoire ; le principal auteur, c'est le musicien, c'est Lulli. Molière, collaborant avec Lulli, écrit sa pièce dans une atmosphère de musique dansante ; même en dehors **des en-**

trées du ballet, il y a, dans la pièce, de la danse et du mouvement. M. Jourdain danse le menuet, apprend à faire la révérence, prend une leçon d'armes, fait un assaut avec sa servante Nicole, exécute, devant la marquise Dorimène, la révérence qu'il vient d'apprendre. Le dialogue semble danser, tant il est souple, léger, rapide, presque tout entier en répliques cadencées. Rien de plus caractéristique à ce point de vue que la grande scène de dépit amoureux, au troisième acte, entre Cléonte, Lucile, Covielle et Nicole. Les quatre personnages semblent véritablement danser le pas de la brouille et du raccommodement. Leurs répliques sont croisées, mêlées, alternées de façon à former des figures symétriques.

Cléonte a rencontré Lucile, ce matin, à la promenade ; elle a détourné ses regards et passé brusquement comme si, de sa vie, elle ne l'avait vu.

LUCILE

Je veux vous dire, Cléonte, le sujet qui m'a fait ce matin éviter votre abord.

CLÉONTE, *voulant s'en aller pour éviter Lucile.*

Non, je ne veux rien écouter.

NICOLE, *à Covielle.*

Je te veux apprendre la cause qui nous a fait passer si vite.

COVIELLE, *voulant s'en aller pour éviter Nicole.*

Je ne veux rien entendre.

LUCILE, *suivant Cléonte.*

Sachez que ce matin...

CLÉONTE, *marchant toujours sans regarder Lucile.*

Non, vous dis-je.

NICOLE, *suivant Covielle.*

Apprends que...

COVIELLE, *marchant aussi sans regarder Nicole.*

Non traîtresse.

LUCILE

Ecoutez.

CLÉONTE

Point d'affaire.

NICOLE

Laissez-moi dire...

COVIELLE

Je suis sourd.

LUCILE

Cléonte !

CLÉONTE

Non.

NICOLE

Covielle !

COVIELLE

Point.

LUCILE

Arrêtez.

CLÉONTE

Chansons !

NICOLE

Entends-moi.

COVIELLE

Bagatelle !

LUCILE

Un moment

CLÉONTE

Point du tout.

NICOLE

Un peu de patience.

COVIELLE

Tarare !

LUCILE

Deux paroles.

CLÉONTE

Non, c'en est fait.

NICOLE

Un mot.

COVIELLE

Plus de commerce.

Le procédé est évident et il se poursuit pendant toute la scène.

Et, il y a aussi le pas des voyelles, quand le maître de philosophie montre à M. Jourdain comment se prononcent A. E. I. O. U ; il y a encore le pas du « tapage », quand le comte Dorante, qui doit déjà à M. Jourdain quinze mille huit cents livres, vient lui emprunter deux cents louis (1) pour faire justement dix-huit mille francs, une somme ronde.

(1) Le louis valait alors onze livres.

Oui, *le Bourgeois gentilhomme* est écrit en musique, en danse et en gaieté. Pouvons-nous prendre M. Jourdain au sérieux; à qui quatre garçons tailleurs viennent mettre un habit neuf, en dansant ? Pourtant, on vous dira que M. Jourdain est un dément, qu'il a la folie des grandeurs caractérisée ; on vous dira aussi qu'il a une âme basse, qu'il est un manant aussi sot que lâche, parce qu'au maître d'armes qui lui enseigne la manière de toucher sans être touché, il observe : « De cette façon donc, un homme, sans avoir du cœur, est sûr de tuer son homme et de n'être point tué ». Mais c'est le bon sens même et retirez « sans avoir du cœur » : c'est tout l'art de l'escrime. La première fois que je suis entré dans une salle d'armes, j'ai lu sur une pancarte : *L'escrime est l'école de l'honneur.* Mais, sur la planche, un prévôt donnait la leçon à un élève : « Une, deux, *trompez* », lui disait-il. Aussi sot que lâche ! Pauvre M. Jourdain ! Il est charmant, c'est un fantoche délicieux ; nous ne pouvons pas croire à la possibilité, à la réalité de M. Jourdain. C'est une dupe de théâtre, un frère de M. de Pourceaugnac. Est-il symbolique ? Représente-t-il cette petite bourgeoisie du dix-septième siècle qui voulait s'élever au-dessus de sa condition ? Soit, mais il la représente en gaieté, en folie ; il ne fait pas réfléchir ; il excite le rire et parfois le fou rire, le fou rire qui tord Nicole devant son maître habillé en homme de qualité, et la fait tomber par terre, aimant mieux être **battue que** de ne pas rire tout son saoul.

Mais il y a deux nobles dans *le Bourgeois gentilhomme* : la marquise Dorimène et le comte Dorante. Dorimène est veuve et libre. Ce Dorante est tapeur et un peu escroc. Prié d'offrir un beau diamant à Dorimène de la part de M. Jourdain qui l'a bel et bien payé, il l'offre de sa part à lui, Dorante ; il régale encore sa maîtresse d'une collation et d'un ballet chez M. Jourdain, et aux frais de M. Jourdain. Tout cela n'est pas très délicat assurément, mais ne nous autorise pas à voir dans *le Bourgeois gentilhomme* une satire violente contre la noblesse.

Une satire violente suppose de l'indignation, et Molière, à aucun moment, n'est indigné. La logique théâtrale exige que M. Jourdain soit la dupe d'un homme de qualité, d'où le personnage de Dorante. Mais ce jeune seigneur est charmant. Il dit à Mme Jourdain : « Je pense, madame Jourdain, que vous avez eu bien des amans dans votre jeune âge, belle et d'agréable humeur comme vous étiez ». C'est délicieux ! on lui pardonnerait tout pour cette phrase-là. Dorimène est un peu équivoque ; mais ce n'est pas une coquine et nous pouvons nous amuser sans arrière-pensée de l'amour de M. Jourdain pour la marquise. Nous savons qu'elle aime Dorante et que le bonheur de Mme Jourdain ne court aucun danger. A côté de son mari vaniteux, la logique théâtrale veut que Mme Jourdain soit une femme commune et simple, pleine d'un admirable bon sens. Elle est cela : une bonne bourgeoise, une brave commerçante, comme Molière en a pu connaître et obser-

ver dans sa famille, au magasin ou à la boutique.
Alors, quelqu'un a vu dans Mme Jourdain, de-
vinez qui ? Sancho Pança ! Oh ! les commentateurs.

On connaît la scène entre M. Jourdain et Nicole, quand le bourgeois veut enseigner à sa servante ce qu'il vient d'apprendre lui-même de son
maître de philosophie.

MONSIEUR JOURDAIN

Sais-tu bien comment il faut faire pour dire un U ?

NICOLE

Comment ?

MONSIEUR JOURDAIN

Oui. Qu'est-ce que tu fais, quand tu dis un U ?

NICOLE

Quoi ?

MONSIEUR JOURDAIN

Dis un peu U pour voir.

NICOLE

Eh bien, U.

MONSIEUR JOURDAIN

Qu'est-ce que tu fais ?

NICOLE

Je dis U.

MONSIEUR JOURDAIN

Oui ; mais quand tu dis U, qu'est-ce que tu fais ?

NICOLE

Je fais ce que vous me dites.

MONSIEUR JOURDAIN

Oh ! l'étrange chose que d'avoir affaire à des bêtes ! Tu allonges les lèvres en dehors, et approches la mâchoire d'en haut de celle d'en bas. U, vois-tu ? Je fais la moue ; U.

NICOLE

Ah ! que cela est beau !

Eh bien, cette scène, je l'imagine, dans un dialogue des ombres, aux Champs-Elysées, entre Molière et quelque commentateur :

LE COMMENTATEUR

Monsieur Molière, qu'est-ce que Mme Jourdain ?

MOLIÈRE

C'est Mme Jourdain.

LE COMMENTATEUR

Mais encore ?

MOLIÈRE

C'est la femme de M. Jourdain.

LE COMMENTATEUR

Vous ne m'entendez pas. Quel rôle est-ce qu'elle joue à côté de M. Jourdain, Mme Jourdain ?

MOLIÈRE

Le rôle d'une brave femme.

LE COMMENTATEUR

Vous n'y êtes pas. A qui ressemble-t-elle ?

MOLIÈRE

Quoi ?

LE COMMENTATEUR

A qui avez-vous pensé, en faisant Mme Jourdain ?

MOLIÈRE

Je ne sais pas, moi ; j'ai pensé à une **excellente dame** que nous connaissions, rue Saint-Honoré, dont le **mari** vendait justement du drap.

LE COMMENTATEUR

Pourquoi essayer de me tromper ! Monsieur Molière, vous avez voulu faire Sancho Pança.

MOLIÈRE

Mme Jourdain est Sancho Pança !

LE COMMENTATEUR

N'en doutez pas !

MOLIÈRE

Par ma foi ! voilà la première nouvelle. Ah ! que cela est beau ! Vive la science ! Ce que c'est, tout de même, que d'avoir étudié, et la belle chose que de savoir quelque chose !

Il ne faut pas chercher dans *le Bourgeois gentilhomme* la philosophie, la pensée profonde de Molière. Il y a quelque étude de mœurs, si l'on veut, de jolis traits d'observation, surtout au troisième acte, mais tout cela emporté au mouvement d'une farce débridée et que l'on devine écrite dans la joie, peut-être à un moment où il y avait eu un rapprochement entre Molière et Armande. Elle faisait Lucile, et c'est elle que le poète a dépeinte dans la scène entre Covielle et Cléonte.

CLÉONTE

Fais-moi de sa personne une peinture qui me la rende méprisable ; et marque-moi bien, pour m'en dégoûter, tous les défauts que tu peux voir en elle.

COVIELLE

Elle, monsieur ? voilà une belle mijaurée, une pimpesouée bien bâtie, pour vous donner tant d'amour ! Je ne lui vois rien que de très médiocre ; et vous trouverez cent personnes qui seront plus dignes de vous. Premièrement, elle a les yeux petits.

CLÉONTE

Cela est vrai, elle a les yeux petits ; mais elle les a pleins de feu, les plus brillans, les plus perçans du monde, les plus touchans qu'on puisse voir.

COVIELLE

Elle a la bouche grande.

CLÉONTE

Oui ; mais on y voit des grâces qu'on ne voit pas aux autres bouches ; et cette bouche, en la voyant, inspire des désirs ; elle est la plus attrayante, la plus amoureuse du monde

COVIELLE

Pour sa taille, elle n'est pas grande.

CLÉONTE

Non ; mais elle est aisée et bien prise.

COVIELLI

Elle affecte une nonchalance dans son parler et dans ses actions.

CLÉONTE

Il est vrai ; mais elle a grâce à tout cela ; et ses manières sont engageantes, ont je ne sais quel charme à s'insinuer dans les cœurs.

COVIELLE

Pour de l'esprit !

CLÉONTE

Ah ! elle en a, Covielle, du plus un et du plus délicat.

COVIELLE

Mais enfin, elle est capricieuse autant que personne au monde.

CLÉONTE

Oui, elle est capricieuse, j'en demeure d'accord ; mais tout sied bien aux belles; on souffre tout des belles.

COVIELLE

Puisque cela va comme cela, je vois bien que vous avez envie de l'aimer toujours.

Et Molière aimait toujours Armande ; mais il semble qu'il écrit ce portrait avec une tendresse heureuse et que la passion parle là toute pure.

On joua *le Bourgeois gentilhomme* quatre fois à Chambord. Les fêtes furent d'ailleurs très brillantes. « On dit que Leurs Majestés se sont bien diverties à Chambord, écrit le marquis de Saint-Maurice, que toutes choses y sont dans la magnificence ; il y a des chasses, comédies, ballets, grand jeu et grande chère. » Trois mois auparavant, il écrivait à propos de la mort subite de Madame : « On est ici dans un des plus déplorables deuils où on ait été depuis longtemps... le roi est au désespoir et toute la Cour dans un abattement et une surprise qui n'est pas concevable. »

Le 23 novembre, *le Bourgeois gentilhomme* fut représenté au théâtre du Palais-Royal. Cette comédie était donnée aux Parisiens avec les divertissements, les musiciens. Cela coûtait fort cher, mais les spectateurs venaient en foule.

Le roi ne laissait pas à Molière le temps de se reposer. Le 17 janvier 1671 eut lieu, aux Tuileries, la première représentation de *Psyché*, tragédie-ballet en un prologue, cinq actes et cinq grands intermèdes. Molière et Corneille avaient collaboré pour la tragédie, Quinault et Lulli pour les intermèdes et le ballet. C'était encore une pièce de commande avec condition : il fallait utiliser un superbe décor des Enfers, conservé dans le garde-meuble du roi. La Fontaine, s'inspirant d'Apulée, avait écrit une sorte de roman-poème sur le sujet de *Psyché*. Molière, s'inspirant à son tour de son grand ami La Fontaine, eut l'idée d'écrire sa tragédie sur le même sujet.

Voici comment Apulée, dans *l'Ane d'or*, raconte la jolie fable de Psyché : Il était une fois un roi et une reine qui avaient trois filles ; les deux aînées étaient très jolies, mais la cadette était une merveille de grâce, de charme et de beauté, jusque-là qu'on l'adorait comme Vénus descendue sur la Terre et que les temples de la déesse étaient désertés. Vénus irritée appelle son fils Cupidon et lui dit : « Venge-moi. Fais que le cœur de cette péronnelle s'enflamme d'une violente passion pour le dernier des misérables, le plus laid, le plus vieux, le plus sale, le plus gueux ». Mais Cupidon s'éprend de Psyché et il éloigne d'abord de la jeune fille tous les prétendants. Le roi, son père, qui avait déjà marié ses deux filles aînées à deux rois, s'étonne que personne ne lui demande la main de la cadette ; il consulte l'oracle d'Apollon. Celui-ci ordonne d'exposer la jeune fille sur un rocher pour un hymen de mort, car son mari ne doit pas être un mortel, mais il porte des ailes comme un oiseau de proie dont il a la cruauté. On expose donc Psyché sur un rocher. Zéphire l'enlève, la transporte dans une profonde vallée et la dépose mollement sur l'herbe épaisse d'une prairie émaillée de mille fleurs, devant un palais. Psyché franchit le seuil de cette belle demeure ; ce ne sont autour d'elle que richesses et merveilles, mais elle se trouve dans une solitude absolue ; elle entend des voix mystérieuses ; elle est servie par des personnes invisibles qui, la nuit venue, la conduisent dans une chambre délicieuse. Psyché s'endort ; son époux se glisse à ses côtés pendant son sommeil et disparaît avant l'aube. Plusieurs nuits se passent ainsi : mais, un jour, ayant cru entendre les gémissements et les sanglots de ses sœurs pleurant son malheureux sort, elle demande mentalement à son invisible époux la permission de les faire venir auprès d'elle ; et Zéphire transporte les deux jeunes femmes dans le palais merveilleux.

Quand elles voient les splendeurs dont leur sœur cadette est entourée, elles deviennent horriblement jalouses et elles finissent par lui persuader que son époux invisible n'est pas, comme elle le croit, un mortel, mais un dragon affreux et qu'elle subit des embrassements monstrueux. Une

nuit, sur leurs conseils, pendant que son époux
est endormi, Psyché se lève, allume sa lampe,
s'approche du lit et reconnaît le fils de Vénus :
son arc, son carquois et ses flèches sont en effet
auprès de lui ! Elle s'approche pour le mieux admirer, mais une goutte d'huile tombe de la lampe
sur l'épaule de l'Amour qui se réveille, s'envole
et ne revient plus. Le lendemain, les sœurs de
Psyché, voulant savoir si leur conseil a été suivi,
se rendent sur le rocher d'où Zéphire les emporte
habituellement : une brise se lève, elles s'y abandonnent, tombent au pied du rocher et s'écrasent
sur le sol.

Cependant, Vénus poursuit sa vengeance contre
Psyché : elle la fait battre de verges, la tient en
esclavage, lui impose les plus pénibles travaux ;
finalement, elle l'envoie aux Enfers demander à
Proserpine un certain fard dont la déesse a le
dépôt. Psyché part en se disant : « Je ne reviendrai jamais, on ne revient pas des Enfers » ; mais
elle rencontre une vieille tour qui parle ; cette
vieille tour, prise de pitié, lui enseigne comment
elle doit s'y prendre et la met en garde contre sa
curiosité. Psyché arrive devant Proserpine, qui
lui remet dans une boîte le secret de beauté. Mais,
à peine Psyché est-elle sortie des Enfers que, pour
reconquérir l'amour de l'Amour, elle veut se servir du fard des déesses. Elle ouvre la boîte ; une
vapeur délétère s'en échappe ; la jeune femme
s'évanouit ; aussitôt l'Amour est auprès d'elle, la
réveille, vole auprès de Jupiter, pleure, supplie ;
et le maître des dieux donne l'immortalité à

Psyché et invite tous les dieux au repas des noces.

Cette admirable histoire permettait donc d'utiliser le décor des Enfers. C'est le conte d'Apulée, en passant par le roman-poème de La Fontaine, que Molière a mis à la scène avec d'importants changements. Après un brillant prologue dans lequel Vénus explique le sujet de la pièce, le premier acte commence par un dialogue entre les sœurs de Psyché, Aglaure et Cydippe, qui se montrent jalouses dès la première scène, sans attendre d'avoir vu leur cadette richement établie, ce qui est beaucoup plus humain.

AGLAURE

Il est des maux, ma sœur, que le silence aigrit :
Laissons, laissons parler mon chagrin et le vôtre,
     Et de nos cœurs, l'un à l'autre,
     Exhalons le cuisant dépit.
     Quelle fatalité secrète,
     Ma sœur, soumet tout l'Univers
     Aux attraits de notre cadette,
     Et, de tant de princes divers
     Qu'en ces lieux la fortune jette,
     N'en présente aucun à nos fers ?

CYDIPPE

     Ah ! ma sœur, c'est une aventure
     A faire perdre la raison ;
     Et tous les maux de la nature
     Ne sont rien en comparaison.

Les deux princes, Cléomène et Agénor, qui plaisent fort à Cydippe et Aglaure, aspirent à la main de Psyché ; et la jeune fille, invitée à choisir

un époux entre ces deux amants, s'en tire d'une façon adroite et délicate :

Ma main pour se donner attend l'ordre d'un père
Et mes sœurs ont des droits qui vont devant les miens.

. . . .

> A l'ardeur de votre poursuite
Je répondrais assez de mes vœux les plus doux ;
> Mais c'est, parmi tant de mérite,
Trop que deux cœurs pour moi, trop peu qu'un cœur
> > [pour vous.
Oui, princes, à tous ceux dont l'amour suit le vôtre,
> Je vous préférerais tous deux avec ardeur,
> > Mais je n'aurois jamais le cœur
De pouvoir préférer l'un de vous deux à l'autre.
> A celui que je choisirois
Ma tendresse feroit un trop grand sacrifice ;
Et je m'imputerois à barbare injustice
> Le tort qu'à l'autre je ferois.
> J'ai deux sœurs capables de plaire
Qui peuvent bien vous faire un destin assez doux.

Mais Agénor et Cléomène ne veulent rien savoir de Cydippe et Aglaure, ils s'en tirent aussi très gentiment :

AGÉNOR

Aux princesses, madame, on feroit trop d'outrage ;
Et c'est, pour leurs attraits, un indigne partage
> Que les restes d'une autre ardeur.
Il faut d'un premier feu la pureté fidèle
> Pour aspirer à cet honneur
> Où votre bonté nous appelle ;
> Et chacune mérite un cœur
> Qui n'ait soupiré que pour elle.

Mais voici le capitaine Lycas qui vient demander Psyché de la part du roi. Psyché sort avec les deux princes. Les deux sœurs interrogent Lycas :

« Qu'y a-t-il ? — Ah ! mesdames, il y a que l'oracle a parlé et voilà ses propres termes :

« Que l'on ne pense nullement
« A vouloir de Psyché conclure l'hyménée,
« Mais qu'au sommet d'un mont, elle soit promptement
« En pompe funèbre menée ;
« Et que, de tous abandonnée,
« Pour époux elle attende en ces lieux, constamment,
« Un monstre dont on a la vue empoisonnée,
« Un serpent qui répand son venin en tous lieux,
« Et trouble dans sa rage et la terre et les cieux. »

Et, après que le capitaine Lycas est parti, les deux sœurs échangent leurs impressions :

CYDIPPE

Ma sœur, que sentez-vous à ce soudain malheur
Où nous voyons Psyché par les Destins plongée ?

AGLAURE

Mais vous, que sentez-vous, ma sœur ?

CYDIPPE

A ne vous point mentir, je sens que, dans mon cœur,
Je n'en suis pas trop affligée.

AGLAURE

Moi, je sens quelque chose au mien
Qui ressemble assez à la joie.
Allons, le destin nous envoie
Un mal que nous pouvons regarder comme un bien.

Comme vous le voyez, ce sont des charmantes natures. Tout ce premier acte est écrit sur le ton de la comédie, dans la manière d'*Amphitryon*. Psyché, Cydippe, Aglaure, les deux princes Agénor et Cléomène sont des dames et des gentilshommes de la cour de Louis XIV qui s'expriment avec élégance, esprit, subtilité et parfois préciosité. C'est ainsi qu'on parlait d'amour, il y a deux cent cinquante ans, entre honnêtes gens. Ce premier acte est très agréable.

« La scène est changée en des rochers affreux et fait voir dans l'éloignement une effroyable solitude. C'est dans ce désert que Psyché doit être exposée pour obéir à l'oracle. Une troupe de personnes affligées y viennent déplorer sa disgrâce. » Le deuxième acte commence par une très belle scène entre Psyché et le Roi. Celui-ci exprime noblement, mais un peu longuement, toute la douleur d'un père qui déteste d'avance son gendre et se sépare de sa fille pour la marier à un serpent qu'il ne connaît pas. Les deux princes Cléomène et Agénor veulent rester auprès de Psyché pour la défendre contre le monstre. Ils sont braves : « Un serpent n'est pas invincible », dit Agénor. Ce n'est qu'un vers de huit pieds, mais il est cornélien. Zéphire enlève Psyché et la transporte « dans une cour magnifique ornée de colonnes de lapis enrichies de figures d'or, qui forment un palais pompeux et brillant que l'Amour destine pour la jeune fille ». L'Amour ne reste pas invisible à Psyché, comme dans le conte d'Apulée. Il se présente bientôt à elle ; et ce n'est pas Cupidon, l'enfant ailé et audacieux que l'on a vu dans le prologue, c'est un bel adolescent pour qui Psyché a tout de suite les plus tendres mouvements. Elle se sent en telle confiance avec son futur époux qu'elle lui demande l'autorisation de faire venir ses sœurs auprès d'elle, craignant qu'elles ne s'inquiètent de son sort et, peut-être aussi, pour leur montrer comme elle est bien installée.

Le fidèle Zéphire transporte Aglaure et Cydippe auprès de Psyché. La jalousie des deux méchantes filles s'exaspère, à la vue de tant de splendeurs : non seulement leur sœur n'a pas épousé un serpent, mais encore elle habite un palais brillant et pompeux. Alors Aglaure et Cydippe laissent entendre à Psyché que son époux est peut-être un homme marié ; peut-être aussi tout cela n'est-il qu'enchantement. Et quand ses sœurs sont parties, Psyché, inquiète, troublée, demande à son époux qui il est, et l'Amour finit par le lui dire :

Hé bien ! je suis le dieu le plus puissant des dieux,
Absolu sur la terre, absolu dans les cieux ;
Dans les eaux, dans les airs, mon pouvoir est suprême ;
    En un mot, je suis l'Amour même
Qui, de mes propres traits, m'étois blessé pour vous.

Il s'envole et le jardin s'évanouit.

A partir de ce moment-là, tout se passe, à peu près, comme dans le conte d'Apulée ; Psyché descend aux enfers, ouvre la boîte que lui a remis Proserpine, se trouve mal ; l'Amour accourt auprès d'elle et cette tragédie-ballet se termine dans le ciel, où toutes les Divinités, par des concerts, des chants et des danses, célèbrent la fête des noces de l'Amour avec Psyché.

Molière a tracé le plan de l'ouvrage, ecrit le prologue, le premier acte, la première scène du deuxième acte entre Psyché et le Roi et la première scène du troisième acte entre Zéphire et l'Amour. Tout le reste est de Corneille.

Toujours pressé par le temps, Molière avait appelé à son aide le vieux tragique. Il y avait eu un rapprochement entre eux, après la brouille avec Racine. Le Palais-Royal avait représenté *Attila* en 1667, et, en novembre 1670, *Tite et Bérénice* que l'on voulait opposer à la *Bérénice* de Racine jouée à l'Hôtel de Bourgogne.

C'était toujours la lutte entre les deux théâtres. Corneille collabora donc à *Psyché* et écrivit, en quinze jours, trois actes et demi, douze cents vers. Il avait soixante-quatre ans. Admirons sa facilité, sa générosité. Dans l'espèce, c'est une générosité un peu fluide ; les scènes sont délayées ; les personnages disent longuement ce qu'ils ont à dire, n'abandonnent pas une idée qu'ils ne l'aient retournée dans tous les sens ; leur langage est parfois précieux, mais toujours noble ; la scène où l'Amour se présente à Psyché est classique :

Le voilà ce serpent, ce monstre impitoyable,
Qu'un oracle étonnant pour vous a préparé,
Et qui n'est pas, peut-être, à tel point effroyable
    Que vous vous l'êtes figuré.

PSYCHÉ

Vous, seigneur, vous seriez ce monstre dont l'oracle
    A menacé mes tristes jours,
Vous qui semblez plutôt un dieu qui, par miracle,
    Daigne venir lui-même à mon secours ?

Ainsi Corneille, à soixante-quatre ans, écrit la **plus jolie scène d'amour.** C'est que lui-même est amoureux ; oui, il est amoureux d'Armande, de la femme de son collaborateur, de sa principale interprète. Ah ! c'est un homme de théâtre ; et comme j'aime ce vieux poète qui flambe, à soixante-quatre ans, pour son héroïne. Il me rappelle ces marronniers qui ont une seconde floraison, par les beaux jours des septembres dorés, et dressent, vers le ciel bleu, leurs thyrses blancs et roses. Corneille refleurit comme un vieux marronnier.

Psyché, c'était Armande ; et l'Amour, c'était Baron, qui était entré à Pâques dans la troupe de Molière et venait de créer le rôle de Domilien dans *Tite et Bérénice*. « La Molière représentait Psyché à charmer, et Baron, dont le personnage était l'Amour, enlevait les cœurs, dit l'auteur de *la Fameuse comédienne*. » Il arrive souvent qu'un comédien et une comédienne qui échangent en scène des paroles d'amour s'enflamment tout de bon l'un pour l'autre. C'est ce qui arriva, paraît-il, à Mademoiselle Molière et au jeune Baron. Les louanges communes qu'on leur adressait les obligèrent de s'examiner avec plus d'attention et même avec quelque sorte de plaisir. » Oui, l'on a dû s'écrier autour d'eux : Qu'elle est jolie ! qu'il est aimable ! c'est Psyché elle-même ! c'est le même Amour ! on ne saurait trouver un couple mieux ajusté... ne semblent-ils pas faits l'un pour l'autre ? Ah ! les personnes qui disent de telles choses ne se doutent pas du métier qu'elles font, par suggestion. Bref, Baron oublia la gifle qu'il avait reçue à Saint-Germain, quand il jouait

Mélicerte ; et « il rompit le premier le silence par un compliment qu'il fit à Armande sur le bonheur qu'il avait d'avoir été choisi pour représenter son amant... Qu'il n'était pas difficile de jouer un personnage qu'on sentait naturellement et qu'il serait toujours le meilleur acteur du monde si l'on disposait les choses de la même manière ». Armande lui répondit sur le même ton ; et l'on devine comment cela finit. Je laisse toute la responsabilité de ce gros potin à l'auteur de *la Fameuse comédienne*. Cette aventure n'a d'ailleurs rien d'invraisemblable. Ce jeune Baron, le protégé de Molière, son élève favori, ne faisait qu'obéir strictement aux lois de l'ingratitude en trahissant son maître et son bienfaiteur. On dit toujours : un monstre d'ingratitude ; l'expression n'est pas juste, on devrait dire : un monstre de reconnaissance. Cette liaison d'Armande et de Baron aurait été, en tout cas, de courte durée ; ils eurent bientôt épuisé leur curiosité l'un pour l'autre. Cela ne surprend pas : ils se ressemblaient trop, tous deux comédiens, l'une coquette fieffée, l'autre homme à femmes, le Roscius que dépeint La Bruyère ; Célimène et Don Juan ne peuvent pas s'entendre ; chacun a une trop grande opinion de soi, chacun croit accorder ses faveurs.

Cette tragédie-ballet de *Psyché,* avec de beaux décors, des changements à vue, les Enfers, le Ciel, toutes les Divinités, des Sylvains, des Nymphes, des Dryades, des Amours, des Cyclopes, des Zéphyrs, des Furies dansantes, des Lutins qui faisaient le saut périlleux, c'était le spectacle le plus nombreux et divers qu'on eût encore vu. On en parlait dans tout Paris. Molière voulait le donner au Palais-Royal avant l'interruption de Pâques. La troupe délibéra et résolut de refaire tout le théâtre, de le rendre propre pour des machines, de remplacer par un grand plafond une grande toile bleue suspendue avec des cordages et qui, jusque-là, avait couvert la salle.

Ces travaux de réparation et de décoration, commencés le 18 mars, furent terminés le 15 avril; mais *Psyché* était une pièce très longue à monter ; on ne pouvait la donner avant l'été ; d'un autre côté, il fallait jouer une nouveauté; alors Molière écrit *les Fourberies de Scapin.* Vous voyez, c'est toujours la même chose; il faut que le directeur-acteur alimente son théâtre, et l'on ne représente plus chez Molière que du Molière. Les autres auteurs n'apportent plus de pièces au Palais-Royal ; ils se disent : « On ne joue plus que les pièces du patron ; si nous apportons une comédie, pour peu que les recettes baissent, on reprend *Tartuffe* ou *le Misanthrope* et même *le Cocu imaginaire* et *l'Etourdi* ».

Entre Pâques 1670 et Pâques 1671 (c'est, à cette époque, l'année théâtrale), en dehors des comédies de Molière, le Palais-Royal n'a joué qu'une petite pièce et une tragédie : *le Désespoir extravagant,* de Subligny, et *Tite et Bérénice,* de Corneille.

Les Fourberies de Scapin, trois actes en prose. Rien qu'à regarder la liste des personnages, nous

avons une idée de ce qui va se passer. Deux pères :
Argante, Géronte ; deux fils : Léandre, Octave ;
deux jeunes filles : Zerbinette, Hyacinthe ; deux
valets : Scapin, Silvestre. Groupons-les par familles ; nous avons : Argante, Octave, Zerbinette, Silvestre ; Géronte, Léandre, Hyacinthe, Scapin.

Disposons les amoureux par couples ; cela nous
donne : Zerbinette, Léandre ; Hyacinthe, Octave.
Nous savons déjà que les deux mariages ne se
feront pas tout seuls, que les deux pères Argante
et Géronte, avares naturellement, s'y opposeront,
mais qu'ils seront bernés, brimés, dupés par les
deux valets, Scapin et Silvestre, et le titre de
la comédie nous renseigne sur Scapin ; c'est un
maître fourbe, fertile en ruses et inventions de
toutes sortes, comme le Mascarille de *l'Étourdi*,
et c'est lui qui va tout mener. Enfin, en lisant,
dans cette liste de personnages, à côté du nom
de Zerbinette, cette indication : « crue égyptienne », nous nous attendons à quelque reconnaissance romanesque. Nous pouvons parier à
coup sûr. Scapin est, en effet, d'une virtuosité
étonnante : il fait accepter à Argante que son fils
Octave se soit marié secrètement avec une fille de
rien ; à Géronte que son fils se soit fiancé à une
Egyptienne ; il soutire à Argante deux cents pistoles, en le faisant intimider par son camarade
Silvestre, déguisé en matamore ; il arrache à Géronte cinq cents écus avec l'invention de son fils
gardé en otage par un Turc, sur une galère :
« Que diable allait-il faire dans cette galère ? »
Il fait entrer Géronte dans un sac et le roue de

coups de bâton et, ici, Molière s'est servi de la farce de *Gorgibus dans le sac*, qu'il a jouée dans les provinces et à Paris. Il s'est souvenu aussi du *Phormion* de Térence : les deux jeunes gens épousant chacun une fille d'une condition inférieure viennent de la comédie latine, ainsi que le protecteur de l'une des demoiselles demandant une indemnité pour faire rompre le mariage. Il emprunte encore une scène au *Pédant joué* de Cyrano de Bergerac, la scène où Corbinelli annonce à Granger, principal du collège de Beauvais, que des corsaires turcs, en passant sur la Seine, près du quai de l'Ecole, ont enlevé son fils. Moitié inventions, moitié imitations, *les Fourberies de Scapin*, c'est une farce amusante, sans prétentions, rapide, dans la première manière de Molière, et qui ne méritait pas la sévérité de Boileau :

> Dans ce sac ridicule où Scapin s'enveloppe
> Je ne reconnais plus l'auteur du *Misanthrope*.

Les spectateurs de 1671 semblent avoir été de l'avis de Boileau. La pièce ne réussit pas admirablement; cependant on préparait *Psyché*; on travaillait « tant aux machines, décorations, musique, ballet et généralement tous les ornemens nécessaires pour ce grand spectacle ». Les répétitions commencèrent le 7 juin et la première eut lieu le 24 juillet. Le succès fut très grand, mais ne dépassa pas celui de *Tartuffe*, de *l'Ecole des Femmes*, et les frais étaient considérables.

Monsieur ayant épousé la princesse Palatine, le Roi voulut offrir à sa nouvelle belle-sœur Liselotte un spectacle dans lequel on verrait les plus belles entrées de ballets représentés devant la cour depuis quelques années. Il demanda à Molière une comédie pour encadrer ces divertissements ; et Molière écrivit *la Comtesse d'Escarbagnas,* qui fut représentée le 2 décembre à Saint-Germain. C'est la quatrième pièce de commande en deux ans.

La Comtesse d'Escarbagnas, resserrée depuis en un acte, faisait à l'origine plusieurs actes. Je n'ai pas le temps de vous parler de cette petite comédie : c'est une satire de la noblesse provinciale, une étude de mœurs qui, paraît-il, plaisait fort à Boileau. Quoi qu'en disent certains commentateurs, il n'y faut pas voir une peinture très exacte et très poussée de la société d'Angoulême, à cause que la scène est dans cette ville.

Le 17 février 1672, Madeleine Béjart mourut après une longue maladie. Depuis quelques mois, elle s'était retirée du théâtre : son dernier rôle fut Nérine dans *Monsieur de Pourceaugnac.* Elle avait cinquante-cinq ans ; elle était devenue très pieuse, très dévote, regrettant ses erreurs passées ; malade, âgée, elle considérait comme des erreurs d'avoir été jeune, d'avoir aimé, d'avoir vécu. Alors, elle se préparait chrétiennement à la mort. Elle vivait sans luxe, sans dépense ; elle occupait une petite chambre simplement meublée, au quatrième étage, dans la maison qu'habitaient Molière et Armande, prenant ses repas avec eux. Le 9 janvier, elle dictait son testament à ses notaires, Mes Ogier et Moufle, qui la trouvèrent « gisante au lit, malade de corps, saine toutefois d'esprit, mémoire et jugement ».

Elle assurait le repos de son âme par des œuvres pies et charitables : « deux messes basses de *Requiem* pour chacune semaine », cinq sous par jour à distribuer à cinq pauvres « en l'honneur des cinq plaies de notre Seigneur » ; elle laissait 400 livres de rente viagère à ses sœurs Armande et Geneviève et à son frère Louis ; mais elle instituait Armande légataire universelle, usufruitière du reste de ses biens pour les transmettre à la fille née (Madeleine-Esprit) et aux enfants à naître de son mariage. Elle était triste de voir le mauvais ménage de Molière et d'Armande. Sans doute, avant de mourir, elle leur demanda de se rapprocher ; d'où l'enfant qui naquit le 15 septembre 1672. Le jour qu'elle mourut, la troupe était à Saint-Germain : elle était partie le 9 février par ordre du Roi et ne devait être de retour que le 26. Molière put s'échapper, accourir en toute hâte, pour recevoir le dernier soupir de sa vieille amie, lui fermer les yeux, lui rendre les derniers devoirs. Après une messe célébrée à Saint-Germain-l'Auxerrois, sa paroisse, elle fut inhumée, avec une permission de l'archevêque, dans les charniers de l'église Saint-Paul, auprès de son frère Joseph Béjart et de sa mère Marie Hervé.

O Molière, Madeleine Béjart, c'était votre premier amour, l'*Illustre Théâtre*, les belles années de misère, le *Roman comique* ; c'était votre insousiance et votre jeunesse. Sur les bords de l'horrible fosse, avec le pressentiment si clair de l'avenir qui traverse l'esprit dans les heures sombres, le poëte malade a-t-il vu qu'il rejoindrait bientôt celle qui, par une aventure singulière, fut sa maîtresse d'abord et ensuite sa belle-mère ? Il arrive souvent que dans des ménages qui furent longtemps unis, si l'un s'en va, l'autre ne tarde pas à le suivre. Eh bien, un an, jour pour jour, après Madeleine, le 9 février 1673, Molière mourait, comme si elle eût été la véritable et l'unique compagne de sa vie, de cette vie douloureuse et tourmentée dont Armande était la douleur et le tourment.

Les Femmes savantes. — Le Malade imaginaire. — La mort de Molière.

Le 11 mars 1672, eut lieu la première représentation des *Femmes savantes* au Palais-Royal. Enfin, ce n'est pas une pièce de commande, mais une grande comédie préméditée, voulue, à laquelle Molière travaille au moins depuis 1668 ; il y a donc beaucoup pensé, il l'a longtemps portée en lui. Il faut la classer avec *Tartuffe* et *le Misanthrope*. Il l'avait annoncée quatre ans auparavant, après *l'Avare,* par l'espérance qu'il avait donnée de faire représenter au Palais-Royal une pièce comique de sa façon qui fût tout achevée. Dès le 31 décembre 1670, il avait pris un privilège d'imprimer. *Les Femmes savantes,* c'est une comédie d'intérieur, où nous voyons quels troubles peuvent apporter dans une famille le goût des lettres et de la science, l'étude, l'instruction, la culture chez les femmes, comme nous avons vu l'action que peuvent avoir sur une famille, l'hypocrisie et l'avarice. Quoi, me direz-vous, vous comparez l'étude et l'instruction, même chez les femmes, à des vices comme l'hypocrisie et l'avarice ? Ce n'est pas moi, c'est Molière, et vous allez voir comment.

D'abord, *les Femmes savantes,* c'est *la Farce des Précieuses,* transformée, développée, épanouie dans une comédie en cinq actes. Cathos et Madelon sont devenues Philaminte, Armande et Bélise ; le bon bourgeois Gorgibus est devenu le bon bourgeois Chrysale ; à Marotte correspond Martine ; les deux amants rebutés, La Grange et Du Croisy, se réunissent en Clitandre qui, d'abord dédaigné par Armande, aime sa jeune sœur Henriette ; celle-ci n'a pas son esquisse, son crayon, dans la petite pièce de 1659 ; enfin, les deux valets déguisés, Mascarille et Jodelet, se sont transformés en deux pédants, Trissotin et Vadius. Trissotin ou Tricotin, trois fois sot ou trois fois Cotin, c'est l'abbé Cotin dont Molière voulait se venger. Cet abbé Cotin et Ménage assistaient à la première représentation du *Misanthrope ;* au sortir de là, ils allèrent sonner le tocsin à l'hôtel de Rambouillet, disant que Molière jouait ouvertement le duc de Montausier. Mais Molière avait pris ses précautions et communiqué sa pièce, avant qu'elle fût jouée, à ce seigneur qui remercia le poète d'avoir pensé à lui pour représenter le caractère du plus parfait honnête homme qui puisse être. La démarche de Cotin et de Ménage fut donc sans effet ; mais elle n'en était pas moins hostile. En outre, dans *la Satire des Satires,* l'abbé Cotin avait fort maltraité Molière et Boileau, et, dans *la Critique désintéressée sur les satires du temps,* il avait écrit à propos des comédiens : « Que peut-on répondre à des gens qui sont déclarés infâmes par les lois mêmes des païens ? Que peut-on dire

contre ceux à qui l'on ne peut rien dire de pis que
le nom ? » Molière ne pardonnait pas ces choses-
là. Alors, il met Cotin en scène et dans une posture ridicule, en lui faisant réciter, devant les
femmes savantes qui se pâment, le sonnet sur la
fièvre de la princesse Uranie, et les vers sur un
carrosse de couleur amarante ; les deux poésies
se trouvent en effet dans les œuvres galantes de
l'abbé. Mais Trissotin n'est pas seulement ridicule,
il devient bientôt odieux. Il veut épouser Henriette qui aime Clitandre ; il le sait, elle le lui
dit ; cela lui est égal, et il ne renonce à la main
de la jeune fille que lorsque, par la ruse du frère
de Chrysale, Ariste, il croit la famille ruinée. Il
faut bien le dire : le procédé de Molière n'est pas
très élégant. Après avoir fait reconnaître dans
Trissotin, bel esprit et pédant, l'abbé Cotin, il
sort tout à coup de la littérature et fait du personnage un cuistre cynique et cupide, une sorte
de Tartuffe de lettres. Mais pour l'intrigue et le
dénouement de sa comédie, l'auteur a besoin que
Trissotin soit cynique et cupide ; il n'hésite pas,
tant pis pour l'abbé Cotin. Et pourtant, on peut
faire de mauvais vers et être un fort honnête
homme, comme l'on peut avoir du talent et même
du génie, et commettre toutes les indélicatesses.
Pauvre abbé Cotin ! Il n'est guère connu que
par les railleries de Boileau et de Molière ; on
est en train de le réhabiliter ; c'était, paraît-il, un
homme très savant, sans pédantisme, qui avait
donné lui-même, comme des plaisanteries, les pièces débitées sur la scène par Trissotin. Quant à

Vadius, c'est Ménage. L'abbé Cotin et Ménage avaient été d'abord grands amis et s'étaient brouillés, précisément à l'occasion du sonnet sur la fièvre de la princesse Uranie. Ménage, à qui l'on avait lu ce sonnet devant Cotin, sans lui dire qui en était l'auteur, l'avait trouvé méchant ; les deux amis échangèrent alors des injures ; c'est la scène que Molière a reproduite au troisième acte entre Vadius et Trissotin.

Les femmes savantes sont Bélise, Philaminte et Armande. Bélise, la sœur de Chrysale, est une caricature ; c'est la vieille fille qui croit que tous les hommes sont amoureux d'elle.

Philaminte appartient tout entière à la littérature et à la science ; elle ne s'occupe pas de son ménage, mais elle a écrit huit chapitres du plan d'une académie, alors que Platon s'est simplement arrêté au projet ; elle s'indigne que les hommes bornent les talents des femmes à des futilités ; elle revendique pour son sexe la porte ouverte aux sublimes clartés ; elle veut montrer à de certains esprits que les femmes peuvent faire, comme les hommes, de doctes assemblées,

> Mêler le beau langage et les hautes sciences,
> Découvrir la nature en mille expériences,
> Et sur les questions qu'on pourra proposer,
> Faire entrer chaque secte et n'en point épouser.

Cet orgueil de son sexe, ce désir d'égaler les hommes en savoir, sinon de les surpasser, c'est du féminisme et, hâtons-nous d'ajouter, du meilleur. Philaminte s'occupe d'astronomie ; elle est cartésienne. Mais sa philosophie ne l'empêche point

d'être colère ; elle est terrible avec son humeur,
dit son mari, le bonhomme Chrysale, qui nous la
représente comme un vrai dragon :

> Pour peu que l'on s'oppose à ce que veut sa tête
> On en a pour huit jours d'effroyable tempête.

Elle chasse Martine, parce que la pauvre servante, après trente leçons, a employé un mot bas
et sauvage et qu'en termes précis condamne Vaugelas. Chose plus grave, elle veut marier sa plus
jeune fille Henriette avec Trissotin, sans consulter
le cœur de la petite, à cause qu'elle veut avoir un
gendre bel esprit, de même qu'Orgon, dans *Tartuffe,* veut un gendre dévot ou qu'il croit tel. En
résumé, prétentieuse, impérieuse, déraisonnable,
telle est Philaminte.

Armande, elle, est assez compliquée. Clitandre
a voulu l'épouser, mais elle l'a rebuté ; elle voit
dans le mariage des images blessantes, sales et
dégoûtantes, et n'entend se marier qu'à la philosophie. Elle veut se donner tout entière aux choses
de l'esprit ; elle n'est sensible qu'aux charmantes
douceurs que l'amour de l'étude épanche dans
les cœurs ; elle ne veut pas être asservie en esclave
aux lois d'un homme, et tout cela peut se défendre. Cette Armande montre d'abord de la fierté et
de l'indépendance, et tout ce qu'elle dit là dénote
les plus louables préoccupations et les plus nobles aspirations. Déjà elle nous fait penser à quelque jeune féministe moderne. Mais attendez ! Clitandre, ayant subi, sous le joug d'Armande, cent
mépris différents, a pleuré auprès d'Henriette.

Celle-ci a été pitoyable, consolatrice; elle a séché les larmes du jeune homme ; elle lui a sans doute laissé comprendre qu'elle ne dédaignait pas le rebut d'une sœur philosophe. Alors, Clitandre s'est aperçu qu'Henriette était jolie, douce, simple, sensée, aimante, aimable ; il l'a aimée et il a résolu de demander sa main. Cela, Armande ne peut le supporter ; elle s'emploie pour que ce mariage ne se fasse pas ; elle excite Philaminte contre les deux amants ; elle se ligue avec sa mère pour qu'Henriette épouse ce cuistre de Trissotin, dont elle-même ne voudrait à aucun prix. Bref, elle commet une série de petites infamies. Son excuse, c'est qu'elle aime Clitandre, la malheureuse. Enfin, malgré son dégoût pour le mariage « et tout ce qu'il s'ensuit », malgré son horreur pour les réalités, malgré ses grands mots sur l'amour pur (cette union des cœurs où les corps n'entrent pas, ce beau feu pur et net comme le feu céleste), elle s'aperçoit qu'elle a un corps. Alors, elle s'offre à Clitandre, en mariage, bien entendu, acceptant ainsi « des nœuds de chair et des chaînes corporelles ». Il n'est plus temps, répond Clitandre, une autre a pris la place. Pauvre Armande, tout de même nous la plaignons : elle n'accorde pas son cœur et ses sens avec son esprit et sa raison ; elle n'est pas tout d'une pièce, comme la plupart des autres personnages de Molière ; elle est humaine, presque moderne, et c'est par là qu'elle nous intéresse.

Quant à Henriette, ce n'est pas une philosophe, une rêveuse; aucune prétention au bel esprit.

Elle trouve qu'à son âge, on n'a rien de mieux à faire

> Que d'attacher à soi par le titre d'époux
> Un homme qui vous aime et soit aimé de vous,
> Et de cette union de tendresse suivie
> Se faire les douceurs d'une innocente vie.

Un mari, un mari chéri, des enfants ; l'idéal de cette petite bourgeoise parisienne est modéré ; elle reste sur la terre ; elle ne demande pas la lune, mais elle boit dans son verre. Les réalités ne l'effraient point, elle sait ce qui l'attend, elle en parle avec sincérité, sans baisser niaisement les yeux. Elle ne ressemble pas aux autres ingénues de Molière et, dans toute l'œuvre du poète, on sent que c'est sa fille préférée ; c'est à celle-là qu'il aurait voulu qu'Armande Béjart ressemblât ; mais alors l'eût-il aimée et elle, à dix-neuf ans, aurait-elle épousé un homme de quarante ans ? Et remarquons encore que Clitandre et Henriette forment un couple unique dans le théâtre de Molière. Ils ne perdent pas de temps, ceux-là, à se faire des scènes de dépit amoureux ; ils ne font pas que se dire des choses tendrement banales ; ils n'ont pas recours pour servir leurs amours à des valets fourbes et à des servantes effrontées ; ils sont profonds, sincères et vaillants ; ils savent ce qu'ils veulent ; ils préparent et défendent leur bonheur eux-mêmes ; ils marchent résolument la main dans la main, vers leur but, le mariage.

Dans une telle comédie qui soulève une question aussi importante, aussi essentielle dans une

société que l'instruction et l'éducation des
femmes, il est intéressant de connaître l'idée de
l'auteur. Or, son cœur et sa raison sont avec
Henriette, Clitandre, Chrysale, Ariste et Martine ;
sa haine, ses rancunes et ses railleries sont contre
Bélise, Philaminte, Armande, Trissotin et Vadius.

Henriette, nous l'avons dit, c'est la fille chérie
de Molière ; Martine, c'est la paysanne, l'instinct
et la nature même : pour elle la poule ne doit
point chanter devant le coq, ni la femme au logis
porter le haut-de-chausse. Chrysale, le mari de
Philaminte, est un homme plein de bon sens,
mais il aime fort le repos, la paix et la douceur.
Alors, il est faible ; il cède toujours pour avoir la
paix. Tout de même, lorsque sa femme chasse
Martine, à cause qu'elle manque à parler Vaugelas, Chrysale se met, ma foi, en colère ; c'est qu'il
vit de bonne soupe et non de beau langage ; il ne
veut pas que l'on brûle son rôt ou qu'on sale trop
son pot, et ses idées sur l'éducation des femmes,
les voici :

Il n'est pas bien honnête, et pour beaucoup de causes,
Qu'une femme étudie et sache tant de choses.
Former aux bonnes mœurs l'esprit de ses enfans,
Faire aller son ménage, avoir l'œil sur ses gens,
Et régler la dépense avec économie,
Doit être son étude et sa philosophie.
Nos pères, sur ce point, étoient gens bien sensés,
Qui disoient qu'une femme en sait toujours assez,
Quand la capacité de son esprit se hausse
A connoître un pourpoint d'avec un haut-de-chausse.
Les leurs ne lisoient point, mais elles vivoient bien;
Leurs ménages étoient tout leur docte entretien ;

Et leurs livres, un dé, du fil, des aiguilles,
Dont elles travailloient au trousseau de leurs filles.
Les femmes d'à présent sont bien loin de ces mœurs :
Elle veulent écrire et devenir auteurs ;
Nulle science n'est pour elles trop profonde,
Et céans beaucoup plus qu'en aucun lieu du monde ;
Les secrets les plus hauts s'y laissent concevoir,
Et l'on sait tout chez moi, hors ce qu'il faut savoir.
On y sait comment vont lune, étoile polaire,
Vénus, Saturne et Mars, dont je n'ai point affaire,
Et dans ce vain savoir, qu'on va chercher si loin,
On ne sait comment va mon pot, dont j'ai besoin.
Mes gens à la science aspirent pour vous plaire,
Et tous ne font rien moins que ce qu'ils ont à faire ;
Raisonner est l'emploi de toute ma maison,
Et le raisonnement en bannit la raison.

Ainsi Chrysale renvoie les femmes à la cuisine (il parle toujours de son pot), à la couture et à la marmaille. C'est le bourgeois de l'ancien temps ; il exprime les vieilles idées ; ce ne sont pas tout à fait celles de Molière ; mais on sent bien que Molière ne les déteste pas. A la scientifique, littéraire, philosophique et spéculative Philaminte l'auteur oppose un Chrysale terre à terre, mais plaisant dans sa vulgarité ; il arrange les choses pour que, dans l'espèce, le bonhomme ait raison. Tout est là. Et l'honnête homme Clitandre, plus jeune, moins bourgeois, d'esprit plus large, que dit-il sur l'instruction et l'éducation des femmes ? Il dit ceci :

... les femmes-docteurs ne sont point de mon goût.
Je consens qu'une femme ait des clartés de tout ;
Mais je ne lui veux point la passion choquante
De se rendre savante afin d'être savante ;

Et j'aime que souvent, aux questions qu'on fait,
Elle sache ignorer les choses qu'elle sait :
De son étude enfin je veux qu'elle se cache,
Et qu'elle ait du savoir sans vouloir qu'on le sache,
Sans citer les auteurs, sans dire de grands mots,
Et clouer de l'esprit à ses moindres propos.

Et Clitandre, d'une façon assez vague et sommaire, semble exprimer la pensée de Molière.

Alors, les modernes féministes, ardentes et passionnées pour tout ce qui concerne l'instruction des femmes — et elles ont raison, car de cette question dépendent pour elles toutes les autres, — les féministes s'écrient : « Alors, c'est cela la pensée de votre Molière ; et son Clitandre va jusqu'au bout des concessions possibles qui consent qu'une femme ait des clartés de tout ? Il consent, notez bien, il n'encourage pas, il n'y pousse pas. Il emploie des mots vagues pour fixer les idées. Qu'est-ce que cela signifie : des clartés de tout ? Il ne nous est donc pas permis d'approfondir quoi que ce soit ? Si nous avons le désir, l'admirable désir d'apprendre, l'esprit curieux et ouvert, si nous acquérons des idées sur la littérature, la philosophie, et même les mathématiques, tout est possible, il faudra donc les cacher soigneusement et n'avoir que des lumières honteuses? Pourquoi aurions-nous à rougir de notre savoir ? Les hommes peuvent traiter les plus hautes questions et même faire étalage de leur science (certains ne s'en privent pas) mais, si nous nous mêlons à la conversation, ils ricanent, ils nous demandent spirituellement : « Qu'est-ce qu'on portera cet hiver? » bornant l'effort de notre intelligence

A juger d'une jupe ou de l'air d'un manteau
Ou des beautés d'un point ou d'un brocart nouveau.

Par qui les femmes savantes sont-elles représentées? Par Bélise, Philaminte et Armande. Bélise est une grotesque qui croit que tous les hommes sont amoureux d'elle ; comme si ce ridicule ne pouvait pas appartenir aussi bien, et même davantage, à une femme ignorante. Philaminte est un dragon et, dans le ménage, porte le haut-de-chausse ; mais une .gnorante peut aussi le porter et même il y a beaucoup de chances pour qu'une femme sotte soit autoritaire. Vouloir exercer de l'autorité, faire peser le joug sur le mari et les enfants, c'est le triste privilège des imbéciles ; il faut de l'intelligence et de la culture pour respecter la liberté chez les autres, liberté de penser, d'agir, de rêver ou de se taire. Et cette pauvre Armande, voyez comme Molière l'a accablée, comme il l'a chargée gratuitement d'inconséquence, d'illogisme et de méchanceté! Ou bien, s'il a voulu prouver que le cœur et les sens, c'est une chose, et que la philosophie, c'en est une autre, ce qui peut être vrai, hélas! pourquoi n'avoir pas fait souffrir Armande en silence, en sacrifice, en fierté? Pourquoi la représenter savante et d'âme vilaine, instruite et rosse, comme si tout cela devait forcément aller ensemble? Pourquoi la faire s'accrocher ainsi à Clitandre, pourquoi l'humilier à deux reprises ?

Quel manque de générosité ! Et s'il voulait encore prouver, votre Molière, que le mariage est la fin dernière de la femme, sa fin et son commencement, ce qui était vrai de son temps, pourquoi n'avoir pas fait prévoir qu'Armande se marierait bientôt avec un autre? N'était-ce pas la mettre suffisamment en contradiction avec elle-même, lui faire renier ses théories sur l'amour pur, et satisfaire la fameuse philosophie de la nature ? Non, non, la vérité, c'est qu'il y a, chez Molière, un parti pris évident ; d'abord il n'aime pas les femmes... oui, il les aime pour ce que vous savez... il les aime pour lui et non pour elles.

Il est misogyne, comme son ami Boileau, — voyez dixième satire. Est-il encore assez injuste, celui-là ! Au moins Boileau avait l'excuse de ne les aimer ni pour elles, ni pour lui. Enfin, Molière veut que les femmes restent dans l'ignorance, c'est-à-dire dans l'esclavage. Vous nous direz qu'il avait les idées de son temps. Mais, pour rester dans le dix-septième siècle, qu'est-ce qu'il fait, l'auteur des *Femmes savantes,* de Mme de Sévigné, de Mme de Lafayette, de Mme Dacier qui savait le grec autant qu'homme de France, de Mme de Sablé, de Mme de Maintenon, de Mlle de Scudéry, laquelle, entre parenthèses, dit sur l'instruction et l'éducation des femmes les mêmes choses que Clitandre, mais beaucoup mieux, plus clairement et dans un esprit plus large.

Ces femmes distinguées, Molière les renverra-t-il au dé, aux aiguilles, au fourneau, au rôt et au pot ? En écrivant sa comédie, il a commis une mauvaise action jusque-là que Mme de Lambert, encore une qu'il n'aurait pas aimée, a pu écrire : « Un auteur espagnol disait que le livre de *Don Quichotte* avait perdu la monarchie espagnole, parce que le ridicule qu'il a répandu sur la valeur que cette nation possédait autrefois dans un degré si éminent, en a amolli et énervé le courage. Molière, en France, a fait le même désordre par la comédie des *Femmes savantes.* » Oui, Mme de Lambert a raison : Molière a fait beaucoup de mal parce que, pendant deux siècles, les hommes moyens, médiocres, bourgeois (et, comme Flaubert, nous appelons bourgeois tout ce qui pense bassement) se sont appuyés sur cette comédie pour déclarer que les·femmes doivent demeurer dans l'état d'ignorance ou à peu près, et que, si elles en sortent, elles sont mauvaises épouses, mauvaises mères, mauvaises ménagères, ridicules et insupportables. »

Voilà ce que disent, avec beaucoup d'autres choses, les modernes féministes, ardentes et passionnées, et elles n'ont pas tout à fait tort. Il faut cependant leur répondre que Molière n'a certainement pas vu aussi loin ; il ne se doutait pas que son œuvre, en général, serait ainsi discutée, commentée et, en particulier, *les Femmes savantes :* il ne songeait pas à la postérité, je l'affirme. Autour d'un ridicule, il a fait, selon sa coutume, une pièce de théâtre. Il a choisi des personnages comiques dont il pût tirer des effets comiques ; pour lui c'est l'essentiel, et il a rejeté tout le reste. Il a exprimé l'opinion publique, la tradition, les idées moyennes, peut-être ses idées à lui et, pour avoir raison, il n'a montré que des femmes extravagantes qu'il a observées, car il y en avait en 1672, n'en doutez pas.

Aujourd'hui, cela va sans dire, les féministes ne sauraient être extravagantes ; elles le voudraient, elles ne le pourraient pas. Mais au dix-septième siècle, il en allait autrement. La question du féminisme était déjà posée. Elle l'avait même été bien avant et le premier écrivain féministe est un Allemand, Cornelius Agrippa de Nettesheim qui, en 1529, faisait paraître un livre intitulé : *De nobilitate et præcellentia féminei sexes,* c'est-à-dire : De la noblesse et de précellence du sexe féminin.

En 1661, nous dit M. Abel Lefranc (1), le P. Le Moyne entrait en lice pour défendre le sexe féminin avec sa *Galerie des femmes fortes*. Il écrivait des choses comme celles-ci :

Il se voit des hommes qui n'ont pas seulement la première lueur de bon sens. Vous jugeriez qu'ils ont été faits de la lie et du marc de la matière, vous diriez qu'il n'est pas entré une seule étincelle du feu céleste en leur constitution ; et leur âme est si chargée, l'écorce qui l'environne est si obscure et si massive, qu'il n'y a point de lumière qui la puisse pénétrer d'un seul rayon de vérité, qui lui puisse donner un commencement de chaleur honnête. Au contraire, il se voit des femmes qui ne semblent être faites que du pur extrait de la matière rectifiée.

(1) Molière, *les Femmes savantes*, par Abel Lefranc. *Revue des cours et conférences*, numéro du 30 décembre 1909,

Et il avait paru beaucoup d'autres bons livres, c'est-à-dire qui proclamaient l'égalité et même la supériorité de la femme. Molière les avait-il lus ? J'en doute : il n'avait pas le temps, nous savons quel travail prodigieux il devait fournir. Ou bien, il les a lus, mais son siège était fait. Une chose certaine, c'est que Molière, à cinquante ans, était moins calé sur le féminisme qu'une petite féministe à dix-huit ans, de nos jours.

Molière évidemment ne pénètre pas dans les profondeurs de la question ; il reste fidèle à ce qu'on appelle sa philosophie de la nature. Or la nature tend bien vers la différenciation des sexes, mais vers la différenciation physique. La civilisation, au contraire, tend vers leur assimilation intellectuelle et morale. Plus on s'éloigne de la nature, plus une société est civilisée, plus il est inadmissible que l'instruction et l'éducation creusent un abîme entre l'homme et la femme. Il y a là une injustice et un danger. La vraie compagne de l'homme instruit est la femme instruite. A l'époque où Molière écrivait *les Femmes savantes*, la civilisation était assez avancée pour que Molière pût accorder aux femmes le droit de s'instruire, du moins à celles qui en éprouvaient le noble désir. Il ne l'a pas fait ; sa pensée sur ce point est restée vague, obscure. Comme toujours, il a fait avant tout une pièce de théâtre. Et au point de vue théâtre, c'est une de ses meilleures comédies, bien qu'il y ait, au quatrième acte, une scène assez longue, entre Trissotin et Clitandre.

C'est la scène où Clitandre défend la cour contre

les petits auteurs qui l'accusent, cette pauvre cour, de ne pas tenir pour l'esprit, et d'avoir quelque intérêt à appuyer l'ignorance. Il y a là des tirades que Molière eût mieux employées à nous faire connaître son idée de derrière la tête sur l'instruction et l'éducation des femmes. Cela n'empêche pas que c'est la comédie la mieux écrite, parmi ses pièces en vers. On y rencontre, à chaque instant, des vers parfaits, des vers modèles, des vers types dont plusieurs sont devenus proverbes. Il n'y a presque plus de mots impropres, d'inversions forcées, comme il y en avait encore dans *Tartuffe* et le *Misanthrope*. On pourrait voir dans ce fait un phénomène d'émulation. Quand Molière, après *l'Avare*, annonce une pièce en vers tout a fait achevée, Racine vient de faire représenter *les Plaideurs*, montrant à quelle souplesse, à quelle perfection, le vers peut atteindre dans la comédie. Oui, je crois bien que Molière a écrit *les Femmes savantes* sous l'influence de Racine, comme il avait écrit *Amphitryon* sous l'influence de La Fontaine; mais, ce qui est merveilleux, c'est qu'il garde son originalité, sa personnalité. Et puis, il y a dans *les Femmes savantes* deux types de femmes nouveaux : Henriette et Armande.

C'est Armande Béjart qui jouait le rôle d'Henriette. Le 15 septembre 1672, elle mit au monde un fils, Pierre-Jean-Baptiste-Armand, qui eut pour parrain Pierre-Boileau Puymorin, frère de Despréaux, et pour marraine la fille de Pierre Mignard. La joie de Molière dut être grande ; il n'avait qu'une fille, Esprit-Madeleine ; mais l'enfant mourut à peine âgé d'un mois. La mort était autour du poëte... En moins de huit mois elle emportait Madeleine Béjart, sa vieille compagne, et cet enfant, ses espérances; et, au mois de mai, il avait encore perdu son vieil ami François La Mothe Le Vayer. Oui, la mort était autour de lui ; bientôt elle allait être sur lui. En cet automne de 1672, il était très malade ; sa santé donnait les plus grandes inquiétudes et il écrivait *le Malade imaginaire*.

Le roi revenait de faire la guerre de Hollande, et *le Malade imaginaire,* avec un prologue pastoral, des intermèdes, des entrées de ballet, une cérémonie burlesque, était destiné à divertir Louis XIV. Pourtant, la première représentation ne fut pas donnée à la cour. C'est que Molière était fâché avec Lulli. Ce dernier avait fondé l'Académie royale de musique; l'habile Florentin, plus que le poète, était indispensable aux plaisirs de la cour et il entrait chaque jour davantage dans les faveurs du roi. Il en profita pour obtenir des lettres patentes interdisant aux théâtres les ballets et la musique. C'était, pour son académie, un beau privilège. Les comédiens du Palais-Royal s'opposèrent à la vérification de ces lettres patentes et on leur permit six chanteurs et douze violons. C'était peu. Molière, irrité par les procédés de son ancien collaborateur, ne voulut plus rien faire avec lui. Il avait confié la musique du *Malade imaginaire* à Charpentier. Lulli trouva que la partition était trop développée, et Charpentier fut obligé de la réduire. Dans ces conditions, Molière ne voulut pas faire représenter sa comédie à la cour, et la première représentation eut lieu, sur le théâtre du Palais-Royal, le 10 février 1673.

Le bourgeois Argan se croit malade ; il ne l'est pas, quoique ce soit une maladie, du moins une maladie mentale, une sorte de folie, une psycho-névrose, une neurasthénie, de se croire malade quand on ne l'est pas. Argan est la proie et le jouet de M. Purgon qui le purge et le saigne, et il est une vache à lait pour son apothicaire, M. Fleurant, qui lui fournit des lavements et des médecines. Dès que le rideau se lève, cela sent la pharmacie. Argan est encore dans les mains de sa seconde femme Béline, mégère sournoise et avide, qui le soigne, le dorlote, flatte sa manie, pensant bien que tous ses remèdes finiront par le tuer. Tout en l'appelant mon cœur, mamour, mon petit fils, mon petit ami, elle guette la succession. Argan a deux filles, Angélique et Louison. Béline, en véritable marâtre, les déteste, et voudrait qu'on mît l'aînée au couvent. Louison est encore trop jeune ; c'est une petite fille. Argan n'hésite pas à déshériter Angélique au profit de sa femme. Il fait venir un notaire peu scrupuleux, M° Bonnefoi, et lui demande un moyen de donner toute sa fortune à Béline, et, M° Bonnefoi s'en va dans un petit cabinet pour disposer un testament. Argan, qui se croit malade, veut marier sa fille à un jeune homme qui vient d'être reçu médecin, Tho-mes Diafoirus, neveu de M. Purgon. De même Orgon, dévot, veut donner sa fille Mariane à un dévot Tartuffe, et Philaminte, femme savante, veut marier Henriette au pédant Trissotin. C'est toujours, chez Molière, le même procédé ; et le ressort de la comédie est une jeune fille qui risque, par la manie d'un père ou d'une mère, d'être la victime dans un sot mariage. Angélique aime Cléante, et la servante Toinette se charge de faire avis au jeune homme du mariage qu'on a résolu. M. Diafoirus vient présenter son fils à Argan. Thomas Diafoirus est un grand bénêt tout à fait ridicule. Cléante, cependant, a trouvé le moyen de s'introduire chez Argan, sous le prétexte de remplacer le maître de musique d'Angélique. Il chante avec la jeune fille, devant les Diafoirus, un petit opéra impromptu et, par ce moyen, il exprime ses sentiments amoureux à Angélique qui lui donne la réplique de la bergère au berger.

Après ce petit opéra-comique impromptu, Angélique résiste à son père qui veut lui faire épouser Thomas Diafoirus. Et Argan finit par dire à sa fille : « Ecoute, il n'y a pas de milieu à cela... choisis d'épouser dans quatre jours ou monsieur, ou un couvent. »

A côté d'Argan, maniaque, pauvre être, faible d'esprit, il y a un frère Béralde, raisonnable et raisonneur. Béralde expose à Argan ses idées sur la médecine, et ce sont les idées de Molière dans le temps qu'il écrit *le Malade imaginaire*. Béralde trouve que la médecine est une des plus grandes folies qui soient parmi les hommes.

Je ne vois rien de plus ridicule, dit-il, qu'un homme qui veut se mêler d'en guérir un autre, par la raison

que les ressorts de notre machine sont **des mystères,**
jusqu'ici, où les hommes ne voient goutte, **et** que la
nature nous a mis au-devant des yeux des voiles trop
épais pour y connaître quelque chose.

Que faire, alors, quand on est malade?

Rien. Il ne faut que demeurer en repos. La nature
d'elle-même, quand nous la laissons faire, se tire doucement du désordre où elle est tombée. C'est notre inquiétude, c'est notre impatience qui gâte tout ; et presque
tous les hommes meurent de leurs remèdes, et non pas
de leurs maladies... Lorsqu'un médecin vous parle d'ai-
der, de secourir, de soulager la nature, de racommoder
votre poitrine, de réparer le foie, de fortifier le cœur,
de rétablir et conserver la chaleur naturelle, et d'avoir
des secrets pour étendre la vie à de longues années, il
vous dit justement le roman de la médecine. Mais quand
vous en venez à la vérité et à l'expérience, vous ne
trouvez rien de tout cela ; et il en est comme de ces
beaux songes qui ne vous laissent au réveil que le déplaisir de les avoir crus.

Quelle mélancolie ! quel découragement dans
cette dernière phrase ! Et Béralde dit encore à son
frère que, pour le tirer de l'erreur où il est, et
pour le divertir, il aurait souhaité de le mener
voir, sur ce chapitre, quelqu'une des comédies de
Molière.

ARGAN

C'est un bon impertinent que votre Molière, avec ses
comédies ; et je le trouve bien plaisant d'aller jouer
d'honnêtes gens comme les médecins !...

Si j'étois que des médecins, je le laisserois mourir
sans secours. Il auroit beau faire et beau dire, je ne
lui ordonnerois par la moindre petite saignée, le moindre
petit lavement : et je lui dirois : Crève, crève ; cela t'ap-
prendra une autre fois à te jouer de la Faculté.

BÉRALDE

Vous voilà bien en colère contre lui.

ARGAN

Oui, c'est un malavisé ; et si les médecins sont sages,
ils feront ce que je dis.

BÉRALDE

Il est encore plus sage que vos médecins, car il ne
leur demandera point de secours.

ARGAN

Tant pis pour lui, s'il n'a point recours aux remèdes.

BÉRALDE

Il a ses raisons pour n'en point vouloir, et il soutient
que cela n'est permis qu'aux gens vigoureux et robustes,
et qui ont de la force de reste pour porter les remèdes
avec la maladie ; mais que, pour lui, il n'a justement
de la force que pour porter son mal.

Et vous allez voir tout à l'heure comme tout
cela prendra une signification tragique. Après
cette scène l'apothicaire, M. Fleurant, vient pour
donner un lavement à Argan, mais celui-ci, devant
les railleries de son frère, renvoie M. Fleurant.
M. Purgon qui venait faire une visite à Argan a
rencontré sur la porte l'apothicaire éconduit. Alors
le médecin s'emporte contre son malade. « Ne pas
prendre un clystère que j'avais pris plaisir à com-
poser moi-même! C'est une action exorbitante!
Un attentat énorme contre la médecine ! Un crime
de lèse-faculté qui ne se peut assez punir. »
M. Purgon ne veut plus d'alliance avec Argan: son

neveu Thomas Diafoirus n'épousera pas Angélique. Toinette, une servante délurée qui a son franc-parler comme la Dorine de *Tartuffe,* mais qui est plus jeune, plus fantaisiste, se déguise en médecin et donne une consultation à Argan ; elle conseille à son maître de contrefaire le mort, afin de connaître les véritables sentiments de sa femme. Argan suit le conseil de Toinette. Béline, devant son mari qu'elle croit trépassé, ne manifeste aucune douleur ; elle le traite « d'homme incommode à tout le monde, malpropre, dégoûtant, sans cesse avec un lavement ou une médecine dans le ventre, mouchant, toussant, crachant toujours, sans esprit, ennuyeux, de mauvaise humeur ». Elle s'approche du faux défunt pour lui prendre toutes ses clefs, afin de fouiller dans ses tiroirs, se saisir des papiers et de l'argent. Argan, à ce moment, se lève brusquement et Béline sort épouvantée. Mais voici qu'Angélique vient. Toinette conseille à Argan d'employer le même stratagème vis-à-vis de sa fille. Argan contrefait encore le mort ; mais Angélique fait éclater les transports d'une douleur véritable ; elle déclare qu'elle ne veut plus être du monde, et qu'elle y renonce pour jamais. Argan, ému, s'écrie : « Viens, n'aye point peur, je ne suis pas mort. Va, tu es mon vrai sang, ma véritable fille, et je suis ravi d'avoir vu ton bon naturel. » Et il lui promet qu'elle épousera Cléante si ce dernier consent à se faire médecin. « Mais, mon frère, il me vient une idée, lui dit Béralde : faites-vous médecin vous-même. La commodité sera encore plus grande d'avoir en vous tout ce qu'il vous faut. » Et c'est aussitôt la cérémonie burlesque d'un homme qu'on fait médecin, en récit, chant et danse, et dans laquelle Argan fait le principal personnage. C'est chez Mme de La Sablière, après un souper auquel assistaient Boileau, La Fontaine et Ninon de Lenclos, que fut composée la cérémonie.

Il y a de tout dans ce *Malade imaginaire :* de la comédie gaie, de la comédie cruelle, de la grande comédie et de la farce. Malgré la gaîté qui circule à travers la plupart des scènes, malgré le dialogue si amusant, c'est la comédie de la maladie et de la mort ; c'est la comédie de la désillusion médicale, comme *George Dandin* était la comédie de la désillusion conjugale. Les scènes du testament, les scènes où Argan contrefait le mort témoignent des pressentiments et des préoccupations de Molière. Serai-je sincèrement regretté quand je ne serai plus ? qui me pleurera ? Ah ! que je voudrais assister à mes obsèques, voir ma femme, ma fille, mes amis, entendre ce qu'ils diront !

Parfois, un homme pense à ces choses, qui sent sa fin prochaine. Le bourgeois Argan a peur de mourir ; il est pusillanime, ridicule, abruti par la médecine comme Orgon par la dévotion, et M. Jourdain par la vanité. Il y a une grande ressemblance entre M. Jourdain et Argan ; tous deux sont traités, chacun dans sa manie, avec les mêmes procédés. **Mais M. Jourdain** ne peut que faire rire ; Argan est attristant. Est-ce parce que nous savons que ce malade imaginaire est l'imagination d'un malade véritable, d'un poète qui ne

sera pas lâche devant la mort, mais qui aime la
vie ; Molière sait bien que ses jours sont comptés
et que les médecins ne lui raccommoderont pas
la poitrine, ne lui fortifieront pas le cœur et n'ont
pas de secrets pour étendre la vie à de longues
années. D'où la scène entre Argan et Béralde,
dont je vous citais des passages tout à l'heure ;
c'est dans cette farce lugubre, une scène de grande
comédie, et qui montre bien la pensée de Molière:
négation désolée de l'art et de la science du médecin. Molière jouait le rôle d'Argan et il faisait exprimer ses idées par Béralde. Plus d'une fois,
pendant sa carrière de poète-comédien, il aura
joué dans ses pièces le rôle d'un personnage comique, ridicule, alors que son cœur, son bon sens,
sa raison, sa philosophie, sa morale il les mettait
dans un autre personnage. Il était, dans ce rôle
d'Argan, d'un comique irrésistible et l'on peut dire
du dernier comique, car ce fut aussi son dernier
rôle ; c'est en le jouant qu'il mourut.

C'était le vendredi 17 février 1673 ; avant la
quatrième représentation du *Malade imaginaire,*
Molière se sentait très fatigué. Sa femme et Baron
se trouvaient auprès de lui ; il leur avait dit ces
douloureuses paroles: « Tant que ma vie a été
mêlée également de douleur et de plaisir, je me
suis cru heureux ; mais aujourd'hui que je suis
accablé de peines sans pouvoir compter sur
aucuns momens de satisfaction et de douceur, je
vois bien qu'il me faut quitter la partie ; je ne
puis plus tenir contre les douleurs et les déplai-
sirs qui ne me donnent pas un instant de relâche.

Mais — ajouta-t-il en réfléchissant — qu'un homme souffre avant de mourir ! Cependant, je sens bien que je finis ». Armande et Baron effrayés, le supplièrent de ne pas jouer tout à l'heure. Il répondit en directeur charitable, paternel. « Comment voulez-vous que je fasse ? il y a cinquante pauvres ouvriers, qui n'ont que leur journée pour vivre ; que feront-ils si l'on ne joue pas ? Je me reprocherais d'avoir négligé de leur donner du pain, un seul jour, le pouvant faire absolument. »

Il joua donc avec une difficulté extrême, mais soutenu par ce devoir et cet honneur professionnels qui peuvent faire du moindre comédien un héros. Il jouait, et les spectateurs étaient secoués par le fou rire, et cela le soutenait aussi. Pourtant, quand on fut arrivé à la cérémonie burlesque, quand le Præses dit à Argan :

> Juras gardare statuta
> Per Facultatem prœscripta
> Cum sensu et jugamento ?

en prononçant le premier *Juro,* Molière eut une convulsion ; une partie des spectateurs s'en aperçut, et, lui, ayant remarqué qu'on s'en était aperçu, « il se fit un effort et cacha par un ris forcé ce qui venait de lui arriver ». Oh! ce ris forcé, c'est horrible, et tout cela et ce qui va suivre pourrait s'appeler vraiment le récit de la Passion de notre poète-comédien Molière.

Il acheva pourtant de jouer; tous les chirurgiens et apothicaire vinrent lui faire la révérence

en cadence, et il eut la force de dire sa longue
tirade :

> Grandes Doctores doctrinæ
> De la rhubarbe et du séné,

à laquelle le chœur répondit :

> Vivat, vivat, vivat, vivat, cent fois vivat,
> Novus doctor qui tam bene parlat !
> Mille, mille annis, et manget, et bibat,
> Et seignet et tuat !

Puis, tous les chirurgiens et les apothicaires
dansèrent au son des instruments et des voix,
et des battements de mains et des mortiers d'apothicaires.

Enfin, quand le rideau fut baissé, Molière alla
dans la loge de Baron et lui demanda ce que l'on
pensait de sa pièce ; et cette préoccupation d'auteur, à ce moment-là, je la trouve aussi bien émouvante. Mais il se sent plus mal qu'avant la représentation ; il a un froid qui le tue ; il a les mains
glacées. Baron les lui met dans son manchon. Il
est tout à fait mal. Vite, une chaise! Baron prête
la sienne et on transporte le moribond chez lui,
rue Richelieu.

Je laisse la parole à Grimarest qui a raconté la
mort du poète avec une simplicité et un réalisme,
des détails naïfs qui rendent son récit plus poi-
gnant que ne l'auraient fait mille beaux ornements. C'est un tableau de primitif.

Quand il fut dans sa chambre, Baron voulut lui faire
prendre du bouillon, dont la Molière avait toujours pro-

vision pour elle ; car on ne pouvoit avoir plus de soins de sa personne qu'elle en avoit. « Eh ! non », dit-il, « les bouillons de ma femme sont de vraie eau forte pour moi ; vous savez tous les ingrédiens qu'elle y fait mettre : donnez-moi plutôt un petit morceau de fromage de Parmesan. » La Forest lui en apporta ; il en mangea avec un peu de pain et il se fit mettre au lit. Il n'y eut pas été un moment, qu'il envoya demander à sa femme un oreiller rempli d'une drogue qu'elle lui avoit promis pour dormir. « Tout ce qui n'entre point dans le corps », dit-il, « je l'éprouve volontiers ; mais les remèdes qu'il faut prendre me font peur ; il ne faut rien pour me faire perdre ce qui me reste de vie. » Un instant après, il lui prit une toux extrêmement forte, et après avoir craché, il demanda de la lumière. « Voici, dit-il, du changement. » Baron aïant vu le sang qu'il venoit de rendre, s'écria avec frayeur : « Ne vous épouvantez point, lui dit Molière, vous m'en avez vu rendre bien davantage. Cependant, ajouta-t-il allez dire à ma femme qu'elle monte. »

Armande n'était pas aupres de lui : elle envoyait valet et servante à Saint-Eustache chercher un prêtre que Molière réclamait avec insistance. MM. Lenfant et Lechat, deux prêtres habitués en ladite paroisse, refusèrent plusieurs fois de venir. Mais reprenons le récit de Grimarest.

Il resta assisté de deux sœurs religieuses, de celles qui viennent ordinairement quêter pendant le carême. et auxquelles il donnoit l'hospitalité.

Elles lui donnèrent à ce dernier moment de sa vie tout le secours édifiant que l'on pouvoit attendre de leur charité, et il leur fit paroître tous les sentiments d'un bon chrétien, et toute la résignation qu'il devoit à la volonté du Seigneur. Enfin il rendit l'esprit entre les bras de ces deux bonnes sœurs ; le sang qui sortoit par sa bouche en abondance l'étouffa. Ainsi quand sa

femme et Baron remontèrent, ils le trouvèrent mort.

J'ai cru que je devois entrer dans le détail de la mort de Molière, pour désabuser le public de plusieurs histoires que l'on a faites à cette occasion. Il mourut le vendredi, 17ᵉ du mois de février de l'année 1673, âgé de cinquante-trois ans ; regretté de tous les Gens de Lettres, des Courtisans et du Peuple.

On peut ajouter foi à ce récit de Grimarest qui avait été renseigné par Baron sur tous ces événements.

Un prêtre de Saint-Eustache, nommé Paysant, que le beau-frère de Molière, Jean Aubry, était allé chercher lui-même et qu'il avait fait lever à grand'peine, arriva lorsque tout était fini.

Bossuet n'avait pas compris ou ignorait sans doute tout ce côté *passion,* quand il écrivait en 1694, dans ses *Maximes et réflexions sur la Comédie:* « La postérité saura peut-être la fin de ce poète-comédien qui, en jouant son *Malade imaginaire* ou son *Médecin par force* (l'éloquent prélat n'était pas fixé), reçut la dernière atteinte de la maladie dont il mourut peu d'heures après, et passa des plaisanteries du théâtre parmi lesquelles il rendit presque le dernier soupir, au tribunal de celui qui dit: « Malheur à vous qui riez, car vous pleurerez... »

Armande avait demandé que son mari fût inhumé dans le cimetière de l'église Saint-Eustache, sa paroisse. Le curé refusa cette sépulture, parce que Molière était décédé sans avoir reçu le sacrement de confession, dans un temps où il venait de représenter la comédie; la veuve fut obligée d'adresser une requête à M. de Harlay, l'archevêque de Paris, lui représentant que son mari avait communié à Pâques de l'année précédente et qu'à ses derniers moments, il avait demandé un prêtre avec insistance. Elle ne s'en tint pas à cette requête, et fut à Saint-Germain, accompagnée par le curé d'Auteuil, se jeter aux pieds du roi. Aussitôt après la mort de Molière, Baron était allé à Saint-Germain en informer le roi. « Sa Majesté en fut touchée et daigna le témoigner. » Il n'est donc pas vraisemblable que Louis XIV renvoya avec brusquerie Armande et le curé d'Auteuil, comme on l'a dit.

Le roi invita M. de Harlay à faire en sorte d'éviter l'éclat et le scandale ; et l'archevêque révoqua sa défense, à condition que l'enterrement serait fait sans pompe et sans bruit. « Le Mardy, 21 février 1673, dit un témoin, l'on a fait le convoy de Jean-Baptiste Poquelin Molière, tapissier, valet de chambre, illustre comédien, sans autre pompe sinon de trois ecclésiastiques; quatre prêtres ont porté le corps dans une bière de bois, couverte du poèlle des tapissiers; six enfants bleus portans six cierges dans six chandeliers d'argent; plusieurs laquais portans des flambeaux de cire allumez. » Une foule incroyable de peuple s'était amassée devant la maison mortuaire. Armande en fut effrayée, ne devinant pas les intentions de tous ces gens. On lui conseilla de jeter une centaine de pistoles par les fenêtres, ce qu'elle fit en demandant qu'on priât pour son mari. Les amis du poète suivaient le convoi; chacun avait un flambeau à la main. Ses amis, c'étaient Pierre Mignard, La Fontaine, Boileau qui avait aidé à la fabrication du latin macaronique du *Malade imaginaire*, Chapelle qui se montrait si profondément affligé qu'on doutait qu'il survécut à sa douleur. Il y survécut pourtant. Le corps fut porté au cimetière de Saint-Joseph qui dépendait d'une chapelle auxiliaire de Saint-Eustache et enterré au pied d'une croix, disent les uns; dans un endroit plus éloigné attenant à la maison du chapelain, disent les autres, c'est-à-dire dans une partie du cimetière qui n'était pas de la terre sainte. Ici ou là, Molière ne devait pas être laissé tranquille dans sa tombe. Il avait pourtant bien mérité le grand repos. C'est une histoire singulière et macabre. A la Révolution, en 1792, ses restes furent exhumés par deux commissaires de la section dite de Molière et de La Fontaine. Ces deux commissaires qui n'avaient pas, pour se guider dans leurs recherches, les méthodes patientes et scrupuleuses de M. Paul Mesnard, croyaient que les deux amis reposaient l'un près de l'autre, ayant négligé de consulter le registre de Saint-Eustache qui établit que le corps du bonhomme conteur et fabuliste avait été inhumé dans le cimetière des Innocents.

Mais ce qu'il y a de plus bizarre dans cette aventure extraordinaire, c'est, alors qu'on croyait que les deux amis reposaient l'un près de l'autre, qu'on alla chercher La Fontaine au pied de la croix (là, un cercueil de chêne, qui fut rencontré, *parut* être le sien), et on alla chercher Molière dans l'endroit plus éloigné dont nous avons parlé, attenant à la maison du chapelain, dans la terre des mort-nés. Là, on mit la main sur des débris de planches et des ossements au hasard. C'est ce La Fontaine et ce Molière, très probablement illusoires, dont, quelques années plus tard, Cailhava pressa les têtes sur son cœur, en les baisant religieusement. Et il écrivait: « J'ai pressé sur mon sein les têtes de ces deux hommes de génie; je les ai baisées religieusement. Celle du fabuliste inimitable m'a fait venir des larmes d'attendrissement. Je me suis prosterné devant celle du premier des comiques et j'ai sollicité, j'ai obtenu la permission de la ceindre d'un bandeau sur lequel, me défiant de moi-même, je me suis borné à écrire un seul vers emprunté à l'un de ses chefs-d'œuvre:

C'est un homme qui... ah ! un homme, un homme enfin !

Ce Cailhava d'Estandoux, Gascon, auteur dramatique, nommé membre de l'Institut en remplacement de Fontanes, avait le culte de Molière à un tel point qu'il avait osé refaire en cinq actes le *Dépit amoureux*. Mais que dites-vous de ce fanatique, de cet Hamlet de Gascogne, ceignant d'un bandeau avec inscription un hideux crâne vide qui n'était sans doute pas celui de son dieu?

C'est une scène qui me paraît due à la collaboration de Molière et de Shakespeare, une scène d'une farce macabre qui s'appellerait *le Grand Homme imaginaire*. Et, c'est pour recueillir la poussière de ce La Fontaine et de ce Molière

problématiques, qu'Alexandre Lenoir construisit,
en 1793, deux mausolées qui furent transportés,
en 1817, au cimetière du Père-Lachaise et res-
taurés en 1875. Ils s'élèvent aujourd'hui, à quelques pieds au-dessus du sol d'un petit terre-plein
rectangulaire ainsi que le plateau d'un théâtre,
autour duquel les autres tombes se disposent par
rangées et serrées comme des spectateurs.

L'œuvre de Molière est celle d'un poète-comédien, d'un grand acteur qui, comme Shakespeare,
mais moins lyrique que le poète des roses et de
l'épouvante, eut le don merveilleux de créer avec
une facilité, une générosité admirables. C'est
l'homme de théâtre complet; c'est un phénomène
considérable.

Mais son génie, il ne le découvre que lentement, que progressivement. A vingt ans, il n'a
pas d'autre ambition que d'être un comédien, et ce
n'est que vers quarante ans qu'il se considère
comme un auteur, comme un écrivain.

Mais il ne cesse pas d'être comédien, et il meurt
en jouant la comédie. Il joue un rôle dans toutes
ses pièces et, pour qui connaît la psychologie du
comédien, ce rôle, il l'écrit avec la préoccupation
des effets comiques qu'il peut y produire, et il

possède à fond son art et son métier. Cette préoccupation l'influence aussi pour la composition des autres rôles qui doivent lui préparer ses effets comiques. Cette préoccupation est éclatante dans *Tartuffe* et dans l'*Avare,* pour ne parler que des grandes pièces.

Il commence par écrire des petites farces. On peut dire que la farce est dans toute son œuvre, excepté le *Misanthrope* et les *Femmes savantes,* et sa dernière pièce est une farce attristante, mais une farce.

« Le temps ne fait rien à l'affaire », dit Alceste à Oronte qui lui veut lire un sonnet. C'est possible, s'il ne s'agit que d'un sonnet; mais, tout de même, pour juger l'œuvre de Molière, il faut se rappeler que, depuis l'*Etourdi* jusqu'au *Malade imaginaire,* en moins de vingt ans, il a écrit trente pièces, une comédie en cent actes divers, sans compter les intermèdes et les prologues. Depuis ses débuts à Paris jusqu'à sa mort, le Palais-Royal a monté, sous sa direction, vingt-cinq pièces nouvelles d'autres auteurs et vingt-six pièces déjà représentées au Marais ou à l'Hôtel de Bourgogne, et dans lesquelles il jouait le plus souvent un rôle. Quel prodigieux labeur ! Il a écrit des comédies farces, des comédies d'intrigue, des comédies de caractère, des comédies héroïques, des comédies mythologiques; et, dans chaque genre, il laisse au moins un chef-d'œuvre. Presque toutes ses comédies farces sont des chefs-d'œuvre: les *Précieuses ridicules,* le *Mariage forcé,* l'*Amour médecin,* le *Médecin malgré lui,* le *Sicilien*, le *Bourgeois gentilhomme*. C'est un genre qu'il a porté au plus haut degré de perfection, dans lequel il est inimitable, et qui ne peut plus être exploité après lui. Il est moins à son aise dans la comédie héroïque. Il est supérieur chaque fois qu'il est lui-même, quand il obéit à son génie comique ou bien à des influences subjectives, quand il est inspiré par la souffrance, l'indignation, la rancune, la haine, le besoin de se défendre. Il trouve même des formules nouvelles de théâtre: la *Critique de l'Ecole des Femmes* et le *Misanthrope* qui, encore aujourd'hui, peuvent servir de purs modèles.

Ses haines, ses rancunes, et toujours la volonté de faire rire, l'entraînent à du parti pris, à des injustices, à des contradictions, à des invraisemblances, rendent parfois ses intentions obscures. A l'heure qu'il est, nous ignorons s'il n'a pas aussi attaqué, dans *Tartuffe*, la pure et respectable religion. La plupart du temps nous savons bien ce qu'il déteste, nous ne savons pas ce qu'il aime; à moins qu'il ne soit établi que l'on aime généralement le contraire de ce qu'on déteste; mais cela n'est pas toujours vrai.

Il hait les préjugés, le dogmatisme, la doctrine, la scolastique, c'est entendu; mais, en ne nous montrant que des philosophes, des médecins, des savants pédants et autres, il nous convie à penser que la science ne produit que des êtres falots, grotesques et insupportables. Pour toutes ces raisons, il est assez difficile de parler de **sa**

philosophie et de sa morale, surtout de les rattacher à un système.

On nous dit que sa philosophie est la philosophie de la nature, qu'il enseigne à suivre la nature, à se conformer à la nature. Je veux bien,
mais comment se conformer à la nature au sein
d'une société civilisée? Ne serait-il pas plus juste
de dire que Molière enseigne à ajuster la nature
à la civilisation? dans la mesure du possible, car
cela n'est pas toujours commode.

Jean-Jacques Rousseau le trouve immoral, et,
de nos jours, quelques personnes sont de l'avis
du philosophe de Genève. Quelqu'un a même
écrit: « Le rire que suscitent les farces de Molière
procède toujours de la bassesse et de la méchanceté »; et l'on pense à George Dandin bafoué, à
Pourceaugnac brimé, à Armande humiliée, aux
pères bernés par leurs enfants, leurs valets et
leurs servantes, aux maris trompés, ridiculisés.
Certains admirateurs de Molière ont voulu en
faire le plus grand moraliste du dix-septième
siècle — ce sont les partisans du « Tout dans
Molière » — sans se douter qu'ils rendent le pire
service à leur idole, parce qu'alors on a envie de
réagir. Or, il faut distinguer, dans l'œuvre de
Molière, les pièces qu'il a écrites uniquement
pour faire rire sans prétention à la morale (ce
sont les plus nombreuses), et les grandes comédies dans lesquelles le poète semble nous pro-
poser des règles de conduite. Dans ces comédies, sa morale n'est pas basse ; dans *le Misanthrope,* elle est même élevée ; ailleurs, elle est

moyenne, bourgeoise, réaliste. Une jeune fille à qui je demandais si elle aimait Molière, m'a répondu : « Oui, je l'aime bien, mais je ne voudrais être aucune de ses héroïnes ». Et je sais bien qu'à vingt ans, à l'âge où l'on a de l'imagination, où l'on voudrait être, comme Fantasio, le monsieur qui passe, un jeune homme ne désire être aucun des personnages de Molière.

Et je ne vous ai pas encore parlé de son style. Vous connaissez le jugement de La Bruyère : « Il n'a manqué à Molière que d'éviter le jargon et d'écrire purement ». Et Fénelon : « En pensant bien, il parle souvent mal ; il se sert des phrases les plus forcées et les moins naturelles. Térence dit en quatre mots avec la plus élégante simplicité ce que celui-ci ne dit qu'avec une multitude de métaphores qui approchent du galimatias ». Ce sont des jugements sévères. Molière ne pouvait pas écrire comme La Bruyère et Fénelon. Il appartient à une autre génération littéraire, qui précède celle de Boileau et de Racine ; il appartient à la France de Louis XIII et de la Fronde ; il est tout près de la vieille langue et du vieil esprit français. Son style a la plus grande qualité pour le théâtre, c'est qu'il est de première venue et prime-sautier ; il imite et reproduit le jaillissement et le mouvement de la parole. Un style plus correct au théâtre paraîtrait froid. Certes, il y a dans ses vers des inversions forcées, des expressions impropres, des chevilles, des ellipses rudes. des métaphores qui surprennent. On peut en être affligé à la lecture, parce qu'on lit des yeux et sans prononcer les mots ; mais, au théâtre, éclairé, souligné par le geste, la physionomie et surtout la diction d'un bon acteur, ce qui nous paraissait laborieusement compréhensible prend un relief saisissant.

D'ailleurs, Molière disait que les pièces sont faites pour être jouées, et les meilleurs commentateurs de Molière sont les bons acteurs. Molière écrit à la hâte ; il n'a pas le temps de se relire, de polir et de repolir. Nous le savons, il est toujours pressé. Mais il s'est fait un style pour lui, conforme à son talent et à son génie ; même ses barbarismes et ses solécismes sont bien à lui, et ce sont à proprement parler des moliérismes. Il y a certaines tirades de Molière qui ressemblent à ces belles étoffes solides dont Jean Poquelin, le maître tapissier, son père, devait dire : « C'est inusable, on n'en voit pas la fin, c'est une soie qui se tient debout, on en a plein la main ». Et, à côté de ces vers cossus, il y a les jolis vers d'*Amphitryon* et du premier acte de *Psyché,* remplis de grâce et de fantaisie. Si Molière a pu tomber dans la préciosité qu'il raillait tant chez les autres, c'est que cette préciosité était dans l'air, tout autour de lui, qu'il ne pouvait y échapper. Cette préciosité, on ne peut d'ailleurs la lui reprocher que dans les petits vers des intermèdes, des pastorales, ou bien dans ses comédies, quand il fait parler des jeunes amants conventionnels ; mais s'il s'agit d'exprimer des sentiments qu'il a éprouvés, l'amour tel qu'il le ressent (encore et toujours le *Misanthrope*), ou bien de peindre des travers, des vices, des ridicules; s'il s'agit surtout de faire rire, son style est le plus clair, le plus imagé, le plus pittoresque; son dialogue est étourdissant et le plus naturel qu'on puisse imaginer, en même temps que le plus personnel. Oui, c'est surtout par le style, par le dialogue et par la force comique que Molière est Molière.

En résumé, sa philosophie, sa morale, son style, sont une philosophie, une morale et un style de théâtre. C'est un homme de théâtre, le plus grand, le plus nombreux, le plus divers, le plus complet que nous ayons.

Et quand je pense dans quelles conditions, dans quelles circonstances, dans quelle sujétion, dans quelles souffrances, au milieu de quelles misères physiques et morales il a accompli son œuvre, si, le long de ces dix conférences, j'ai fait des restrictions, des réserves, des critiques, je suis tenté de lui en demander humblement pardon.

Je me rappelle les belles pages où Sainte-Beuve énumère avec tant d'éloquence les raisons de l'aimer. Je me laisse aller à la joie si belle et si douce d'admirer. Il faut s'incliner très bas; sa force est la plus forte.

Table des Matières

CINQUIÈME CONFÉRENCE

SIXIÈME CONFÉRENCE

SEPTIÈME CONFÉRENCE

HUITIÈME CONFÉRENCE

NEUVIÈME CONFÉRENCE

DIXIÈME CONFÉRENCE

IMP. G. GAMBART, 52, AVENUE DU MAINE, PARIS

www.ingramcontent.com/pod-product-compliance
Lightning Source LLC
LaVergne TN
LVHW020608180726
843502LV00002B/410